D1935020

Heinrich Schliemann

Der Traum von Troja

Heinrich Schliemann

Der Traum von Troja

Biographie von
Franz Georg Brustgi

Mit 20 Abbildungen

198

nymphenburger

Bildnachweis (die Seitenzahlen verweisen auf die Reihenfolge der Bildseiten des Bildteiles):

Hirmer S. 6; Bildarchiv Foto Marburg S. 4 unten, 5, 7; Staatsbibliothek Berlin Bildarchiv (Handke und Feldhaus) S. 1, 4 oben, 8; Süddeutscher Verlag Bildarchiv S. 2; Heinrich Schliemann, Troja, Leipzig 1884, S. 3

Besuchen Sie uns im Internet unter
www.nymphenburger-verlag.de

1. Auflage 1971
2. Auflage 2004

© 1971 nymphenburger in der
F. A. Herbig Verlagsbuchhandlung GmbH, München
Alle Rechte vorbehalten
Druck und Binden: GGP Media, Pößneck
Printed in Germany
ISBN 3-485-01034-0

Inhalt

Dein Glaube war dein zugewognes Glück.

Schiller

Jedes Problem durchläuft bis zu seiner Anerkennung drei Stufen: In der ersten erscheint es lächerlich, in der zweiten wird es bekämpft und in der dritten erscheint es als selbstverständlich.

Schopenhauer

Der Traum von Troja

Jahrhunderte waren seit dem Untergang Trojas, von dem uns Homer in seinem Epos »Ilias« berichtet, vergangen. Ilion, die ragende Burg, der Dichter Homer und seine Helden waren für viele zu bloßen Namen geworden.

Wohl gab es zu Beginn des 19. Jahrhunderts unter den Gebildeten kaum einen, den die »Ilias« und die »Odyssee« nicht ergriffen und begeistert hätten. Aber der Kampf um Troja galt ihnen als schöne Dichtung, und Priamos, Hektor und Paris, Odysseus, Agamemnon und Achilles, Helena und Kassandra blieben für sie nur Gestalten der Phantasie eines großen Dichters.

Und die Gelehrten der damaligen Zeit, die Philologen, Historiker und Archäologen? Bis auf wenige leugneten sie, daß Homer je gelebt habe, und sie hielten die Heldensagen, wie die Göttermythen, für Märchen.

Einer aber vertraute noch nach zweieinhalbtausend Jahren den Worten Homers blindlings und glaubte, daß alles, was der Dichter so lebendig geschildert hat, einmal wirklich so gewesen sei – Heinrich Schliemann.

Seit seinen Knabenjahren hing er einem einzigen Traum nach: einmal das versunkene Troja zu suchen und mit allen seinen Schätzen auszugraben. Acht Jahre alt war er, als dieser Traum von Troja in seinem Herzen erwachte; sechsundvierzig war er geworden, als er 1868 zum erstenmal Ilions heiligen Boden unter seinen Füßen hatte und daranging, seinen Kindheitswunsch zu verwirklichen. Zuvor aber war der arme mecklenburgische Pastorensohn ein Großkaufmann in Petersburg geworden, der ein Millionenvermögen besaß, die ganze Welt bereist hatte und zwanzig Fremdsprachen beherrschte.

In dem kleinen Landstädtchen Neubukow bei Wismar wurde er am 6. Januar 1822 geboren. Der Vater war Pastor, die Mutter Tochter eines Rektors mit theologischer Ausbildung und späteren Bürgermeisters im mecklenburgischen Sternberg. Als seine eigentliche Heimat empfand er Ankershagen, ein kleines Tagelöhnerdorf im Kreis Waren, in das die Pfarrfamilie mit dem erst eineinhalbjährigen Heinrich 1823 umzog.

Diese acht Ankershagener Jugendjahre blieben unvergeßlich in seiner Erinnerung. Da war das breit und behaglich in einem mit Hecken umsäumten Garten liegende Pfarrhaus mit seinen Wirtschaftsgebäuden, und gegenüber, auf einer kleinen Anhöhe, inmitten des Friedhofs, die von einem massigen Turm überragte Kirche. Draußen im welligen Gelände die Wiesen und Äcker, die weiten Kiefernwälder und die stillen, dunklen Moorseen. Hinter dem Hügel eines Hünengrabs, von Birken und Wacholderbüschen halb versteckt, lag das mittelalterliche Ritterschloß mit Geheimgängen in den sechs Fuß starken Mauern.

»In dem Schloß hat vor Zeiten der Raubritter Henning Bradenkierl gehaust«, versicherte der einäugige Schneider und Totengräber Wöllert, im Dorf Peter Hüppert genannt, weil er mit einem verkrüppelten Fuß so komisch daherhüpfte. Nicht nur einmal mußte Vater Wöllert die schaurige Geschichte von Henning Bradenkierl erzählen, wenn Heinrich, die gleichaltrige Jugendfreundin Minna Meincke und sein ein Jahr jüngerer Bruder Ludwig um ihn herum in der rauchgeschwärzten Schneiderstube hockten.

»Der Henning, müßt ihr wissen, war ein allerwärts gefürchteter Bösewicht, der niederbrannte, raubte und plünderte, wo er nur konnte. Seinen eigenen Kuhhirten ließ er in einer eisernen Pfanne braten – darum heißt er ja ›der Bradenkierl‹. Hat dafür auch nach seinen vielen Missetaten ein böses Ende genommen. Zuvor aber hat er seine ungeheuren Schätze im Schloßgarten beim runden Turm vergraben; die Ruinen könnt ihr ja heute noch sehen. Auf unsrem Kirchhof kann ich euch auch sein Grab zeigen, aus dem jahrhundertelang sein linkes Bein, mit einem schwarzen Seidenstrumpf bekleidet, immer wieder herausgewachsen ist.«

»Ist das wahr und ganz wahrhaftig so geschehen?« fragte Heinrich.

»Bei meiner Seele«, schwor der Schneider. »Fragt nur den Küster Prange! Wir beide haben als Knaben das Bein abgeschnitten und mit den Knochen Birnen von den Bäumen geworfen.«

Der Peter Hüppert und die alten Leute in Ankershagen wußten aber noch viele andre wunderliche Sagen und Gruselgeschichten zu erzählen: von dem kleinen Teich hinterm Pfarrgarten, den man das »Silberschälchen« nannte, weil um Mitternacht eine gespenstische Jungfrau aus ihm emporstieg, eine silberne Schale in den Händen. Oder von dem Heidenhügel nahe beim Dorf, in dem ein Ritter sein Lieblingskind in einer goldenen Wiege begraben hatte.

»Natürlich glaubte ich all dies in kindlicher Einfalt«, schrieb der sechzigjährige Schliemann in seiner Selbstbiographie. »Es machte einen ungemein tiefen Eindruck auf mein empfängliches Gemüt, und die in meiner Natur begründete Neigung für alles Geheimnisvolle und Wunderbare wurde durch die Wunder, welche jener Ort enthielt, zu einer wahren Leidenschaft entflammt. Mein Glaube an das Vorhandensein aller dieser Schätze war so fest, daß ich jedesmal, wenn ich meinen Vater über seine Geldverlegenheiten klagen hörte, verwundert fragte, weshalb er denn nicht die silberne Schale oder die goldene Wiege ausgraben und sich dadurch reich machen wolle.«

Noch eine andere Welt, die sein Interesse und seine Phantasie anregte, war dem Jungen durch den Vater nahegebracht worden – das klassische Altertum. Manches Mal erzählte er ihm vom tragischen Untergang der Städte Pompeji und Herkulaneum und den Ausgrabungen, die wundervolle Schätze und Kunstwerke zutage brachten. Noch herrlicher und erregender waren die Abenteuer des listenreichen Odysseus und die ruhmreichen Taten der Helden im Kampf um Troja. Der Vater konnte nicht Griechisch; er erzählte oder las die Übersetzung der »Odyssee« und der »Ilias« von Johann Heinrich Voß, und der Junge freute sich an den klangvollen Versen um so mehr, als er hörte, daß der Dichter Voß ein Mecklenburger war und als junger Mann zwei Jahre lang als Hauslehrer des Grafen im Ankershagener Schloß gelebt hatte.

Es war der Weihnachtsabend 1829, an dem im Herzen des Achtjährigen der Traum von Troja erwachte. Der Vater hatte ihm die illustrierte »Weltgeschichte für Kinder« von Ludwig Jerrer geschenkt. In ihr fand er eine Abbildung des brennenden Troja mit seinen ungeheuren Mauern und dem Skäischen Tor, durch das eben der tapfere Äneas, den alten Vater Anchises auf dem Rücken und sein Söhnlein Askanios an der Hand, zur rettenden Küste floh.

»Vater!« rief er da voller Freude, »Vater, du hast dich geirrt! Du hast mir erzählt, Troja sei einst völlig zerstört worden und vom Erdboden verschwunden. Sieh her! Jerrer muß Troja gesehen haben, er hätte es ja sonst hier nicht abbilden können!« – »Das ist nur ein vom Maler erfundenes Bild«, antwortete der Vater. »Aber ... hat das alte Troja einstmals wirklich so mächtige Mauern und Türme gehabt, wie sie auf dem Bild zu sehen sind?« Als der Vater diese Frage bejahte, entgegnete ihm der Junge: »Wenn einmal solche Mauern dagewesen sind, so können sie nicht ganz verschwunden sein, sondern sind wohl unter Gras und Staub und Schutt verborgen.« – »Niemand weiß die Stätte, an der die trojanische Burg einst gestanden«, versicherte der Vater. Doch der Achtjährige blieb fest bei seiner Ansicht. »Wenn ich groß bin«, sagte er, »werde ich Troja suchen und die Burg des Priamos mit allen untergegangenen Schätzen ausgraben!« Da hatte ihm der Vater lächelnd die Hand auf den blonden Schopf gelegt und gesagt: »Ja, dann sieh nur zu, daß du bald groß wirst, mein Junge!«

Begreiflich, daß der mit einer so schwärmerischen Phantasie begabte Heinrich seinen Spielkameraden bald von nichts anderem mehr erzählte als von Troja und alle so lebendig geschilderten Geschehnisse mit den an Wundern und Geheimnissen überreichen Sagen der Heimat vermengte. Die Kameraden lachten ihn alle aus. Nur Minna Meincke, eine Pächterstochter vom nahen Gut Zahren, lauschte gespannt seinen wunderlichen Geschichten und ging bereitwillig auf seine Träume und Zukunftspläne ein. Mit ihr zusammen wollte er einmal nicht nur die goldene Wiege im Hünengrab und die Schätze in Hennings Raubritterschloß, sondern auch das rätselhafte Troja ausgraben. So wuchs eine warme Zuneigung zwischen ihnen, und in kindlicher Einfalt gelobten sie sich ewige Liebe und Treue.

Alle Wunder von Ankershagen und die großen Forscherpläne, die er einmal mit Minna zusammen ausführen wollte, wurden durch den Tod der Mutter zunichte. Sie starb, wenige Wochen, nachdem sie ihr neuntes Kind zur Welt gebracht hatte, am Kindbettfieber. Eine nicht geringe Schuld an ihrem frühen Tod trug das Verhältnis des Vaters mit der Magd, das durch eine Beschwerde einiger Gutsbesitzer vor die Kirchenbehörde kam und die Entlassung des Pastors zur Folge hatte.

Onkel Friedrich Schliemann, der Pfarrer in Kalkhorst war, nahm den neunjährigen Heinrich zu sich. Es dauerte lange, bis er sich in die Familie eingelebt hatte, obwohl man ihn mit aller Liebe und Güte umsorgte. Er grämte sich um die verlorene Mutter; noch viel schmerzlicher aber war für ihn, daß ihm jetzt jeder Verkehr mit der Familie Meincke verboten wurde, daß er sich ganz von Minna trennen und sie nie wiedersehen sollte. Eines half ihm darüber hinweg: die Hoffnung, das Gymnasium und später auch die Universität besuchen zu dürfen. In dem Kandidaten Carl Andreß aus Neustrelitz, einem Kenner der alten und neuen Sprachen, besaß er einen vortrefflichen Lateinlehrer. Heinrich hatte schon durch den Unterricht bei seinem Vater gute Grundlagen, lernte fleißig und machte so große Fortschritte, daß er schon zu Weihnachten 1832 dem Vater einen lateinischen Aufsatz überreichen konnte, in dem er die Hauptereignisse des Trojanischen Kriegs und die Abenteuer des Odysseus schilderte. Ostern 1833 trat er in die Tertia des Gymnasiums Carolinum in Neustrelitz ein. Da jedoch der des Amtes Enthobene die Mittel nicht aufbringen konnte, um den Sohn länger auf dem Gymnasium und später während eines Universitätsstudiums zu unterhalten, mußte Heinrich schon nach drei Monaten in die Realschule überwechseln, die im Verlauf von drei Jahren die Abschlußprüfung für einen praktischen Beruf ermöglichte. Damit war für den begabten, lernbegierigen Jungen die Tür zu höherer Bildung für immer verschlossen.

Kaufmann sollte er werden und als Lehrling in einen Krämerladen im mecklenburgischen Kleinstädtchen Fürstenberg eintreten. Ein schicksalhafter, nie vergessener Abschied wurde sein Scheiden aus Neustrelitz durch die letzte Begegnung mit der geliebten Jugendfreundin Minna. Nach 45 Jahren, als Schliemann seine Selbstbiographie niederschrieb, hielt er diese Stunde fest: »Am Karfreitag 1836 traf ich im Hause des Hofmusikus Laue zufällig mit Minna Meincke zusammen, die ich seit mehr denn fünf Jahren nicht gesehen hatte. Sie war jetzt vierzehn Jahre alt, sehr gewachsen, einfach schwarz gekleidet, und gerade diese Einfachheit ihrer Kleidung schien ihre bestrickende Schönheit noch zu erhöhen. Als wir einander in die Augen sahen, brachen wir beide in einen Strom von Tränen aus und fielen, keines Wortes mächtig, einander in die Arme. Mehrmals versuchten wir zu sprechen, aber unsere Aufregung war zu groß; wir konnten kein Wort hervorbringen. Bald jedoch traten Minnas Eltern in das Zimmer, und so mußten wir uns trennen. Jetzt war ich sicher, daß Minna mich noch liebte, und dieser Gedanke feuerte meinen Ehrgeiz an: Von jenem Augenblick an fühlte ich eine grenzenlose Energie und das feste Vertrauen in mir, daß ich durch unermüdlichen Eifer in der Welt vorwärtskommen und mich Minnas würdig zeigen werde. Das einzige, was ich damals von Gott erflehte, war, daß sie nicht heiraten möchte, bevor ich mir eine unabhängige Stellung errungen haben würde.«

Wenige Tage später trat er seinen Dienst als Lehrling in der Materialwarenhandlung des Herrn Holtz in Fürstenberg an der Havel an. Als schon nach Jahresfrist das Geschäft an den Schwiegersohn Hückstädt überging, wurde er im Kaufvertrag zusammen mit dem andern Lehrling Bendix wie lebendes Inventar namentlich aufgeführt. Fünfeinhalb trostlos traurige Jahre war er von morgens fünf Uhr bis abends elf Uhr damit beschäftigt, an kleine Leute bei einer Tageseinnahme von zehn bis fünfzehn Talern Heringe, Salz, Öl, Zucker, Talglichter und billigen Kartoffelbranntwein zu verkaufen, die Kartoffelmühle in der Brennerei zu drehen und den Fußboden zu fegen. Eingespannt in den Trott geistloser Arbeit, in der Enge einer Welt, die ihm keinen Weg ließ, sein heißes Verlangen nach Bildung zu stillen. Was galten die eingenommenen Krämergroschen gegen all die herrlichen Schätze der Weisheit, die zu erlangen er begehrte!

Wieviel heimliche Tränen vergoß er während dieser Jahre, jedesmal, wenn ihm ein Schüler mit der bunten Mütze zu Gesicht kam! Er empfand es wie eine Botschaft aus einer lichten, höheren Welt, als eines Tages ein betrunkener Müllersbursche – der sich nachher als ein Pastorensohn und aus der Bahn geworfener Student entpuppte – in die düstere Krämerbude trat und auf dem Ladentisch sitzend in griechischer Sprache wohl an die hundert Verse aus Homers »Ilias« vorzutragen begann. Obgleich Heinrich kein Wort davon verstand, machte doch der berauschende Wohlklang dieser Sprache einen so tiefen Eindruck auf ihn, daß der Müllerbursche die göttlichen Verse dreimal wiederholen mußte. Er bekam dafür drei Gläser Branntwein, für die Heinrich die wenigen Pfennige, die gerade sein ganzes Vermögen ausmachten, gerne hingab.

Es waren ergreifende Verse, die vom letzten Kampf um Troja berichteten:

Auf dem heiligen Turm stand Priamos ragend, der Alte,
und bemerkte Achilleus, den grausigen, wie sich die Troer
vor ihm flüchteten, bang und ohne an tapfere Abwehr
irgend zu denken; und seufzend stieg er vom Turm hernieder,
um an den Toren der Mauer die rühmlichen Wächter zu mahnen:
›Haltet die Tore geöffnet in Händen, bis flüchtig die Mannen
alle wieder die Stadt erreichen, denn dieser Achilleus
drängt schon dicht heran. Mir ahnt, nun nahe das Unheil.‹ . . .
Sprach's. Da öffneten sie die rasch entriegelten Tore,
durch die Flügel flutete Licht. Doch Phoibos Apollon
sprang den Feinden entgegen, die Not von den Troern zu wehren.
Diese flohen gerad auf die Stadt und die ragenden Mauern
aus der Ebene, heiser vor Durst und staubüberladen . . .
So nun kühlten im Innern der Feste wie flüchtige Rehe
sich die Troer den Schweiß und tranken und stillten ihr Dürsten,
an die prächtigen Zinnen gelehnt. Die Danaer aber
rückten der Mauer schon näher, die Schilde gelehnt an die Schultern.
Doch ein verderbliches Schicksal verstrickte den Hektor, zu bleiben
draußen vor Ilios dort und vor dem skäischen Tore . . .
Klagend seufzte der Greis, und hoch erhob er die Hände,
schlug sein Haupt und rief mit lautem Seufzen und Jammern
flehend den teuren Sohn, der vor den Toren noch draußen
stand voll wilder Begier, sich mit Achilleus zu messen;
gramvoll rief ihn der Greis und streckte verlangend die Hände:
›Hektor, mein teures Kind, bestehe nicht ohne die andern
jenen Mann allein, daß nicht mit schnellem Verderben
dich Achilleus bezwingt, der viel gewalt'ger und stärker . . .
O, wie beraubte mich der da so vieler herrlicher Söhne! . . .
Wenn nur du nicht im Tode erliegst der Hand des Achilleus!
Eil doch hinter die Mauer, mein Kind, damit du der Troer
Männer und Weiber beschützt und nicht den Ruhm des Peliden
noch erhöhst und selbst verlierst dein blühendes Leben!
Fühl doch auch Mitleid mit mir, der ich mühselig noch lebe,
mit mir Armen, den Zeus nun an der Schwelle des Alters
grausam vernichtet, nachdem ich so viele Leiden gesehen:
Wie mir die Söhne sinken und wie man die Töchter hinwegreißt,
wie man die Kammern verwüstet und die unmündigen Kinder
wider die Erde schleudert . . . O welch ein Anblick des Jammers!‹

Der Müllerbursche war Heinrich Schliemann als der abenteuernde Odysseus selbst erschienen und hatte den Traum von Troja in seiner Seele wieder lebendig werden lassen.

Doch der Alltag zwang ihn bald wieder in die harte Wirklichkeit zurück. Da wurde unversehens ein Unglück zu seinem Glück. Eines Tages brach der Neunzehnjährige beim Heben eines schweren Fasses mit einem Blutsturz zusammen, und so war er gezwungen, sich nach einer leichteren Stellung umzusehen. Schon mehrmals hatte er mit dem Gedanken gespielt, nach Amerika zu fliehen – und nun bot sich ihm wirklich eine Gelegenheit. Der Vater eines einstigen Schulfreunds war bereit, ihn zusammen mit seinem Sohn nach den Vereinigten Staaten mitzunehmen. Schiff und Abfahrtstermin standen bereits fest. Heinrich bat seinen Vater um Geld, doch der weigerte sich, ihm auch nur einen Taler vorzustrecken.

Nun aber zeigte sich zum erstenmal einer der wesentlichsten Züge im Charakter Schliemanns: sein unbändiger Wille, einen einmal gefaßten Plan unbeirrbar durchzuführen. Er war nicht nur ein Träumer und phantastischer Schwärmer, wie sie daheim in Ankershagen immer geglaubt hatten. Er war mehr. Er hatte offene Augen und einen klaren Verstand. Das Elend im Vaterhaus hatte ihn hellsichtig und hart gemacht. Er wußte früh schon, was er wollte: heraus aus diesem Armutsleben! Armut lähmt. Wer etwas werden, wer vorankommen will, muß den andern überlegen sein. Kenntnisse und Reichtum machen überlegen. Also mußte er beides erwerben, mochte der Weg dahin noch so lang und schwer sein.

Er mußte aus der Enge heraus in die Welt; Hamburg war ein Tor zu ihr. Zunächst aber ging er nach Rostock, um dort zur Erweiterung seiner kaufmännischen Kenntnisse die Schwanbecksche doppelte Buchführung zu erlernen.

Nach dem Ausscheiden aus dem Pfarramt hatte sich der Vater in Gehlsdorf bei Rostock niedergelassen, wo er mit Sophie, einer armen Weberstochter, in einer unguten Ehe zusammenlebte. Was wäre für den neunzehnjährigen, mittellosen Jungen nähergelegen, als beim Vater Unterkunft zu finden. – Lange später bekennt Schliemann den Schwestern in einem Brief: »Den schönen Sommer mußte ich auf eine jämmerliche Weise hinbringen... Nicht ohne Bedauern erblickte ich das ruchlose Leben und Treiben im elterlichen Hause in Gehlsdorf... Ihr werdet leicht einsehen, daß ich unter diesen Umständen nicht zu Hause leben konnte; ich mietete mir daher in Rostock ein Kämmerchen bei einem Freund meines früheren Prinzipals ... und arbeitete vom frühen Morgen bis zum späten Abend.«

In kürzester Zeit beherrschte er die neue Buchführung und nahm Sprachstunden in Englisch, für das er sich in den paar Realschuljahren in Neustrelitz die Grundlagen erworben hatte.

Nach Abschluß der Kurse ließ er sich vom Vater das mütterliche Erbteil auszahlen. Nach Abzug der Kosten für die ärztliche Behandlung, für den Lebensunterhalt und die Kurse in Rostock verblieben ihm noch ganze 29 Reichstaler. Mit ihnen machte er sich auf den Weg nach Hamburg.

In seiner Freude berichtete er den älteren Schwestern Doris und Wilhelmine: »Am 10. September reiste ich mit Extrapost ab nach Neu-Bukow, wo wir ›Zur goldenen Trompete‹ am Markt abstiegen... Als ich dem Wirt erzählte, daß ich auch ein Neu-Bukower und Sohn des früheren dortigen Predigers sei, entspann sich gar eine dicke Freundschaft unter uns... Trotz mancher angenehmen Unterhaltung ließ sich der gemeine Mann für eine Portion garstiges Rührei, was nicht halb gar war, sechs Groschen bezahlen... Dann setzten wir unsere Reise nach dem dreitürmigen Wismar fort, wo ich einen Brief an Pastor Hager abzugeben hatte. Sowohl er als Frau Gemahlin empfingen mich mit der größten Herzlichkeit. Ach, wie glücklich lebt dies sich so innig liebende Ehepaar, umringt von fünf freundlichen Kinderchen, die unter der Mutter sorgsamer Leitung eine so gute Erziehung genießen! ... Obwohl es schon zwei Uhr nachmittags war und die Familie bereits gespeist hatte, wurde dennoch für den hinzugekommenen Gast von neuem zubereitet. Der Gast wandte zwar alle seine ciceronischen Talente an, um die Sache zu hintertreiben, indem er versicherte, soeben ›Zum Erbgroßherzog‹ an der table d'hôte gespeist zu haben, sah aber dennoch mit gieriger Erwartung und einiger Ungeduld den dampfenden Gerichten entgegen, denn er hatte außer dem garstigen Rührei in seinem Geburtsorte seit dem vorigen Mittag nichts gegessen... Nach aufgehobener Tafel wurde ich von allen zu dem meiner harrenden Wagen begleitet und fort ging es durchs Schweriner Tor nach Gadebusch und über das weltberühmte Mölln nach dem Heydkrug, zwei Meilen von Hamburg, wo wir die Nacht blieben.

Wie ich am andern Morgen erwachte und aus dem Fenster blickte, sah ich schon die fünf höchsten Hamburger Türme, deren große Entfernung voneinander die Größe der Stadt anzeigte. Großartige, ahnungsvolle, unbeschreibliche Gefühle bemächtigten sich meiner bei diesem Anblick; jetzt endlich sah ich das große Ziel vor Augen, nach dem meine Sehnsucht schon so lange stand. Über eine Stunde stand ich nackend da, ohne zu wissen, daß ich nackend sei – Hamburgs Anblick hatte mich gleichsam in den dritten Himmel erhoben, bei Hamburgs Anblick war ich zum Träumer geworden...

Oh, Ihr solltet diese Pracht und diese Eleganz sehen, die sich unseren Blicken darbot; Ihr würdet einen ganz anderen Begriff von dem Reichtum dieser Welt bekommen! ... Welch ein Gewühl von Menschen, welch ein Auflauf und welch ein Handel und Wandel in den Straßen. Alles läuft, alles rennt, alles drängt sich durcheinander, und das ganze ist gleichsam ein ungeheures Chaos... Ich wandte mich zum neuen Hafen, besah die unzähligen, hier von allen Weltteilen zusammenströmenden, Schiffe und stieg zum sogenannten ›Stintfang‹ in die Höhe, der eine schöne Ansicht über den Hafen gewährt.«

Heinrich fragte sich nach den Kaufleuten durch, an die ihm Hückstädt Empfehlungsbriefe zugesandt hatte. Alle versprachen, ihm nach Kräften behilflich zu sein, und schon am andern

Tag, als er wieder zur Börse kam, hatte einer der Makler eine Stelle für ihn in der Firma S. H. Lindemann gefunden. Er sollte die Expedition auf dem Speicher wahrnehmen; diese Arbeit war jedoch für seine Kräfte viel zu schwer. Er mußte mit den Arbeitern den ganzen Tag die Winde bedienen oder auf- und abladen helfen und hatte deswegen zu befürchten, einen Rückfall in seine frühere Brustkrankheit zu bekommen. Er bat darum schon am dritten Morgen um seine Entlassung, und Lindemann willigte ein. Wohin nun?

Im Brief an die Schwestern fährt er fort: »Mein Geld war mittlerweile nach Abzug der Maklerprovision auf siebzehn Reichstaler geschmolzen und nach Verlauf von acht Wochen war mein Geld rein all geworden und ich war, obgleich ich mich fortwährend kärglich behalf, meinem Wirt einige Reichstaler schuldig. Zu schwach, um mir allein zu helfen, schrieb ich an Onkel in Wipperow, stellte ihm meine Not vor und bat ihn, mir bis Weihnachten zehn Reichstaler zu leihen; worauf er mir zwar umgehend das Begehrte schickte, mir jedoch durch Schwester Elise einen solch impertinenten gemeinen Brief schreiben ließ, daß ich ihm sein elendes Geld ohne Bedenken augenblicklich retour geschickt haben würde, wenn ich nicht in so großer Verlegenheit gewesen wäre. Ich legte jedoch ein heiliges Gelübde ab, nie, in welch schreckliche Lage ich auch kommen würde, um die Hilfe eines Verwandten zu bitten und lieber den furchtbarsten Hungertod zu sterben, als einen solchen Menschen zu bitten, mir ein Brotkrümel zu leihen.«

Tagelang rannte Heinrich vom Markt zur Börse, von der Börse zum Hafen, von einem Reeder und Makler zum andern, um irgendwo ein Unterkommen zu finden. Doch wer konnte einen jungen Mann brauchen, der andauernd hustete, Blut spuckte und immer wieder von Fiebern befallen wurde? Wohl badete er, im Oktober und November, täglich morgens in der eiskalten Alster, um sich abzuhärten; aber sein Gesundheitszustand besserte sich nicht.

Da führte ihn der Zufall mit dem Schiffsmakler Wendt aus

Sternberg zusammen, der seine Mutter gekannt hatte. Sie waren in ihrer Jugend Nachbarskinder und gut befreundet gewesen. Wendt versprach dem Jungen zu helfen, soweit seine Beziehungen von Nutzen sein könnten. Sie trafen sich am andern Morgen wieder, und der gute Mann fragte ihn, ob er Lust habe, nach Übersee zu gehen. In La Guayra in Venezuela wäre eine aussichtsreiche Stelle offen; die Brigg »Dorothea« liege fahrbereit. Schliemann sagte mit Freuden zu. In der kurzen Zeit, die ihm noch blieb, kaufte er mit seinem letzten Geld einen Reisekoffer, eine Seegrasmatratze und zwei wollene Decken. Dann ging er an Bord.

Der Weg in die Freiheit

Die »Dorothea« war ein ganz neuer, dreimastiger Schnellsegler, der alle an den Kais liegenden Hamburger Schiffe an Schönheit übertraf. Achtzehn Mann Besatzung und drei Passagiere – neben Schliemann ein Tischler aus Hamburg und sein Sohn – waren auf dem Schiff versammelt, als es am 28. November 1841 morgens vier Uhr zu seiner großen Fahrt über den Ozean auslief. Günstiger Ostwind schwellte die Segel. Das Wetter war wunderschön, der Himmel klar, die Sonne glänzte und alles schien die glücklichste Reise zu versprechen.

Bei einem Feuerschiff hinter Neuwerk gingen die beiden Lotsen von Bord, die die »Dorothea« durch die Elbemündung gesteuert hatten. Kaum aber war nahe bei Helgoland die offene See erreicht, schlug plötzlich der Wind um und pfiff aus Nordnordwest. Von Stunde zu Stunde nahm er zu und steigerte sich gegen Abend zu einem heftigen Sturm, der das Schiff wie einen Spielball hin und her warf.

Schliemann schilderte später dieses Erlebnis seinen älteren Schwestern in einem langen Brief: »Der Sturm wütete acht Tage, bald aus Nord, bald aus West und mit ihm meine Seekrankheit. Schon acht Tage hatte ich keinen Bissen gegessen. Den andern Passagieren ging es ebenso, auch sie wimmerten wie ich. Da endlich trat Windstille ein, und das Schiff schwankte weniger. Auch meine Seekrankheit schien sich dadurch zu verlieren, ich genoß wieder etwas und konnte den ganzen Tag auf dem Vordeck sein. Es war der 7. Dezember, die Luft war eisig kalt, doch klar und heiter, und das Meer war beschäftigt sich auszugleichen ... Gegen Abend trat guter Ostwind ein, alle Segel wurden gespannt. Mit Sehnsucht erwartete jeder, daß wir nur erst den Kanal passiert sein möchten, denn alsdann hatten wir keine Gefahr mehr... Leider aber bekamen wir am andern Abend Sturm aus Norden, alle Segel bis auf das Bram G wurden eingezogen, und wir mußten, da wir nicht zurücksteuern konnten, so hoch Nordwest halten wie wir konnten.

Am 9. Dezember wurde der Sturm immer heftiger, die Wellen schlugen fortwährend übers Deck, das Schiff zog viel Wasser und die Pumpen mußten fortwährend in Bewegung sein. Unsere Seekrankheit hatte nachgelassen und an deren Statt war ein grenzenloser Hunger getreten, den wir mit hartem Schiffszwieback befriedigten. Ich saß den ganzen Tag in einer Ecke der Kajüte, wo ich mir einen Sessel festgebunden, und lernte spanische Briefe, hatte jedoch oft das Malheur, die Balance zu verlieren und erbärmlich hinzufallen.

Die anderen Passagiere lagen der Bequemlichkeit halber in den Kojen.

Am 10. tobte der Sturm immer noch aus Norden ... und wir wurden immer mehr nach Süden getrieben. So dauerte es fort bis zum 11. mittags. Seemöven umflogen uns heute in ungewöhnlicher Anzahl, was jeder für ein böses Zeichen hielt. Das Wetter schlecht, die Luft eisig und sechs Grad Kälte, Schnee traf fortwährend auf uns, der Wind blies immer mit gleicher Heftigkeit. Die Pumpen waren Nacht und Tag in Bewegung, die See tobte fürchterlich. Gegen Mittag wurde der Sturm immer heftiger und brach gegen fünf Uhr in den schrecklichsten Orkan aus. Die Wellen gingen turmhoch, bald wurden wir wie ein Federball Hunderte von Füßen in die Höhe geworfen, bald lagen wir in dem schrecklichen Abgrund. Um sechs Uhr riß das Bramsegel G, und mit banger Erwartung sah jeder der Nacht entgegen, denn das Schiff wurde immer mehr von der Seite weggeworfen. Es wurde Geitau H und B aufgespannt, jedoch zerrissen sie, ehe sie ihre Wirkung taten. Wir mußten uns daher dem Schicksal preisgeben. Die anderen Passagiere, so wie ich, lagen in den Kojen und wußten nichts davon, was oben vorging, ja, ich ahnte keine Gefahr... Die

Mannschaft war fortwährend auf dem Deck, schon seit dem Mittag war keiner zur Koje gewesen. Um sieben Uhr brachte uns der Junge wie immer Tee und Zwieback, indem er bitterlich weinte und sagte, daß dies das Letzte wäre, was er uns brächte; ich lachte ihm derb was aus.

Um zehn Uhr kam der Kapitän mit dem Untersteuermann zur Kajüte, kriegte die Charten hervor und zeigte ihm, wo wir nach seiner Meinung seien; seine ängstliche Miene ließ bange Besorgnis verraten. Plötzlich kam der Obersteuermann und sagte zum Kapitän, er sehe in der Ferne zwei Lichter. Der Kapitän eilte erschreckt nach oben und ließ die beiden Anker werfen, deren Ketten jedoch in wenigen Sekunden wie Zwirnsfäden zerrissen, und das Schiff flog pfeilschnell fort. Noch nie hatte ich so sanft und ruhig geschlafen; ich träumte von den schönen kolumbianischen Gefilden und ahnte nichts von der drohenden Gefahr.

Es mochte Mitternacht sein, wie der Kapitän plötzlich die Kajütentür öffnete und rief: ›Passagiere, kommen Sie schnell nach oben, denn es ist die größte Gefahr!‹ Kaum hatte er ausgesprochen, als ein furchtbarer Stoß es uns auch schon anzeigte. Alle Fenster der Kajüte sprangen entzwei. Ich sprang so schnell ich konnte aus der Koje und wollte mich ankleiden, als das Wasser schon von allen Seiten eindrang und ich nur noch mit Lebensgefahr nackend das Verdeck erreichte. Das erste, was mich da empfing, war eine ungeheure Welle, die über mich wegschlug und mich von Steuerbord- bis Backbordseite fortriß, wo ich jämmerlich gequetscht wurde, mich jedoch festhielt, wieder nach Steuerbordseite hinkletterte und mich da festband. Ein gleiches Schicksal widerfuhr den übrigen Passagieren, die jedoch so vernünftig gewesen waren, ihre Kleider gar nicht auszuziehen; auch sie banden sich an den herabhängenden Tauen neben mir fest. Der Kapitän war mit dem Volke eifrig beschäftigt, die beiden in der Mitte auf dem Schiff liegenden großen Boote flott zu machen; die Verwirrung und Angst war jedoch so groß, daß man selbst kaum wußte, was man tat und tun sollte. Das erste Boot wurde unsinnigerweise auf Steuerbordseite, worauf der Sturm stand, hinabgelassen, war daher längst vollgelaufen, ehe es auf dem Wasser war, und mußte gekappt werden. Das zweite, bei weitem größere, wurde an Backbordseite hinuntergelassen, kam zwar glücklich hinunter, war jedoch in wenig Augenblicken voller Wasser.

Jetzt war jede Hoffnung auf Rettung verloren, weil uns die Mittel dazu fehlten. Ich war erstlich in einer verzweiflungsvollen Angst und ganz außer mir vor Betrübnis. Ach! wie oft hatte ich mir früher den Tod gewünscht, wenn es mir nicht wohl ging, aber ich Narr! ich wußte nicht, wie süß das Leben ist, wenn der Tod wirklich kommt... Gewiß, Ihr müsset in diesen Schreckensstunden von mir geträumt haben, denn wieviel, wie unendlich viel dachte ich an Euch und bedauerte, hier so verlassen von Euch sterben zu müssen, ohne daß Ihr es jemals erfahren haben würdet. In Gedanken nahm ich von Euch allen Abschied, betete zu Gott, empfahl ihm meine Seele zur Übersendung in das mir zweifelhafte Jenseits, übergab den Haifischen meinen Leib und mein Testament war gemacht. Wohl mochte ich in der furchtbaren Lage, wo die Wellen mir fortwährend über den Kopf schlugen, mit so peinlichen Gedanken eine Stunde hingebracht haben, als zu meinem Glück meine Entschlossenheit vollends wiederkehrte; die trüben Gedanken wichen von meiner Seele und statt dessen trat eine nie gefühlte Todestollkühnheit ein, und ich beschloß, mich dem Tod getrost in die Arme zu werfen... Die Gefahr aller wuchs mit jeder Sekunde.

Das Volk hatte sich bisher noch ruhig verhalten und die Befehle des Kapitäns befolgt; wie es jedoch gar keine Rettung mehr sah, brach es in das greulichste Fluchen aus, nur einige schrien und bejammerten ihre Angehörigen. Das Krachen des Schiffes war furchtbar, und wahrscheinlich dadurch wurde die Schiffsglocke in Bewegung gesetzt, denn sie läutete, wie von unsichtbarer Hand gezogen, ohne Aufhören. Die Nacht war kalt und eisig, mindestens sieben bis acht Grad Kälte, der Himmel erschien wie eine schwarze Wolke, aus der Schnee in feinen Flocken auf uns fiel. Das Schiff sank immer mehr, und mit jeder über uns weg schlagenden Welle erwartete ich den Tod. Das Volk glaubte sich sicherer in den Masten und flüchtete sich in dieselben, um den Morgen abzuwarten. Auch ich glaubte mich da sicherer, band mich daher los und wollte auch hinauf, als mit einem schrecklichen Gekrach das Wrack über Backbord zusammensank und auch ich mit in den Abgrund gerissen wurde. Ich kam jedoch bald wieder nach oben und kriegte eine schwimmende leere Tonne zu fassen, der ich krampfhaft in die Kimmung griff und mit der ich fortgeschlagen wurde. Bald hundert Fuß in die Höhe gehoben, bald in den schrecklichen Abgrund gestürzt, mochte ich vier Stunden besinnungslos fortgetrieben sein, als ich auf eine Sandbank getrieben wurde, deren ganz niedrige Wellen und seichter Wasserstand Nähe des Landes andeutete.

Am ganzen Körper verklammt und halb tot vor Ermattung beschloß ich hier den Tod oder Rettung abzuwarten, jedoch beides kam nicht. Endlich, endlich wurde es Morgen, und zu meiner Freude sah ich vor mir – Land.« – Er war mit neun andern der Schiffsmannschaft auf eine Sandbank nahe der Küste von Texel geschleudert worden, so hören wir 40 Jahre nach diesem Geschehen aus Schliemanns Selbstbiographie. »Welche Küste es war, an die wir geworfen worden, wußte ich nicht, wohl aber, daß wir uns in einem fremden Lande befanden. Mir war, als flüsterte mir eine Stimme dort auf der Sandbank zu, daß jetzt die Flut in meinen irdischen Angelegenheiten eingetreten sei und daß ich ihren Strom benutzen müsse. Und noch derselbe Tag bestätigte mir diesen frohen Glauben; denn während der Kapitän und meine Gefährten ihren ganzen Besitz bei dem Schiffbruch eingebüßt hatten, wurde mein kleiner Koffer, der einige Hemden und Strümpfe, sowie mein Taschenbuch und einige mir von Herrn Wendt verschaffte Empfehlungsbriefe nach La Guayra enthielt, unversehrt auf dem Meere schwimmend gefunden und herausgezogen.«

In Eilandshuis auf Texel erwachte Schliemann, gefoltert von entsetzlichen Schmerzen. Sein Körper war mit Wunden bedeckt, seine Füße dick geschwollen, zwei Vorderzähne abgebrochen. Einige Tage verstrichen, bis die Geretteten wieder aufstehen konnten. Da Schliemann selbst noch nicht dazu imstande war, erbot sich der Kapitän, für ihn einen Brief an Makler Wendt in Hamburg zu schreiben, um ihn über den Schiffbruch zu benachrichtigen. Vom Hauswirt mit Unterzeug, einer alten Jacke und Holzschuhen ausgerüstet, stellte er sich beim Konsulat auf der Burg Texel vor. Die Konsuln machten ihm den Vorschlag, mit der übrigen Mannschaft nach Hamburg und von dort aus in seine Heimat zurückzukehren. Er lehnte aber entschieden ab, wieder nach Deutschland zu gehen, wo er so unglücklich gewesen war. Er wolle in Holland bleiben, erklärte er und habe die Absicht, nach Amsterdam zu gehen.

Die paar Gulden, die man ihm außer dem Reisegeld in die Hand drückte, waren rasch zusammengeschmolzen, so daß er sich in seiner Not einfallen ließ, Krankheit vorzutäuschen, um ins Hospital aufgenommen zu werden. Dort wurde ihm eine unerwartete Weihnachtsfreude zuteil: Sein väterlicher Freund Wendt hatte unter seinen Kollegen für den armen Schiffbrüchigen 250 holländische Gulden gesammelt, und es kamen noch weitere 100 Gulden Entschädigung von den Hamburger Schiffseignern hinzu. So hatte Schliemann für die Zeit, in der er ohne sichere Stelle war, wenigstens einen kleinen Rückhalt. Einen weiteren, warmherzigen und hilfreichen Freund hatte er in dem preußischen Konsul und Mitinhaber der Amsterdamer Firma Hoyak u. Co., W. Hepner. Durch seine Vermittlung fand er eine Anstellung, zuerst in Hoyaks Firma, dann als Bürodiener bei F. C. Quien.

Bei seinen täglichen Botengängen und an den freien Sonntagen hatte er Gelegenheit, Amsterdam kennenzulernen. Der damals etwa 200 000 Einwohner zählende Überseehafen, neben Rotterdam der zweitgrößte Hollands, mußte ihm als eine wahre Wunderwelt erscheinen. Er durchstreifte die von der Amstel und zahllosen Kanälen oder Grachten durchzogene Stadt. An den von Linden gesäumten breiten Straßen beiderseits der Grachten lagen die prunkvollen Geschäftshäuser und Villen der vornehmen Handelsherren. Das Haus seines ersten Chefs Hoyak war eines der schönsten und größten. »Es gibt kein Haus«, berichtete er den Schwestern, »welches so viel Geschäftsbedienten hat und so viel Umsatz macht als das unsere ... Wir haben einunddreißig eigene Schiffe, worunter elf nur zur Fahrt nach Batavia angewiesen sind, drei Schiffsladungen Weizen liegen augenblicklich bei Texel segelfertig nach Baltimore.« Er versäumt aber nicht zu bemerken: »Das Leben ist hier ungeheuer teuer ... Vergnügungen werden hier mit Geld aufgewogen, und ich denke daher nicht daran, irgend etwas mitzumachen. Mein einziges Amusement ist, daß ich des Abends nach Comtoirschluß in der Stadt spaziere und die herrliche Erleuchtung der Straßen und Häuser besehe, denn jede Straßenlaterne und jedes einzige Geschäftshaus bis auf das des Eierhändlers ist mit schönem Gase erleuchtet, oder ich gehe vors Harlemertor und sehe, wie die vielen Dampfwagen auf der Amsterdam–Harlemer Eisenbahn abfahren.«

Über die Arbeit im Kontor von F. C. Quien heißt es in der Selbstbiographie: »Mein Jahresgehalt betrug nur 800 Frank, wovon ich die Hälfte für meine Studien ausgab; mit der andern Hälfte bestritt ich meinen Lebensunterhalt, und zwar kümmerlich genug. Meine Wohnung, für die ich monatlich acht Frank bezahlte, war eine elende unheizbare Dachstube, in der ich im Winter vor Frost zitterte, im Sommer aber unter der glühendsten Hitze zu leiden hatte. Mein Frühstück bestand aus Roggenmehlbrei, das Mittagessen kostete mich nie mehr als 16 Pfennig. Aber nichts spornt mehr zum Studieren an als das Elend und die gewisse Aussicht, sich durch angestrengte Arbeit daraus befreien zu können. – In meiner neuen

Stellung war meine Beschäftigung: Wechsel stempeln zu lassen und sie in der Stadt einzukassieren, Briefe nach der Post zu tragen und dort zu holen. Diese mechanische Beschäftigung war mir sehr genehm, da sie mir ausreichende Zeit ließ, an meine vernachlässigte Bildung zu denken ... Bei allen meinen Botengängen trug ich, selbst wenn es regnete, ein Buch in der Hand, aus dem ich etwas auswendig lernte; auf dem Postamte wartete ich nie, ohne zu lesen. So stärkte ich allmählich mein Gedächtnis.«

Nachdem er endlich Fuß gefaßt hatte im Leben, fiel es ihm nicht schwer, sich mit eisernem Willen und Selbstvertrauen einzuschränken, um seine versäumte Bildung nachzuholen. Es war ihm bald klar, daß er in seinem Kaufmannsberuf nur dann Aussicht hatte, eine bessere Stellung zu erlangen, wenn er einige Fremdsprachen beherrschte. Zunächst hielt er es für notwendig, sich in einem zwanzigstündigen Kurs bei einem Brüsseler Meister der Kalligraphie eine gute, gefällige Handschrift anzueignen. Dann ging er an das Studium der modernen Sprachen. Er stürzte sich mit so leidenschaftlichem Eifer in die Arbeit, daß die Welt der Großstadt, trotz ihrer tausend Lockungen, um ihn versank. Und schon wieder kreisten seine Gedanken und Träume um ferne Ziele. »Meine alte Reisewut ist noch nicht geschwunden«, heißt es im großen Brief an die Schwestern vom 20. Februar 1842, »und ich werde jedenfalls, wenn ich sechs Jahre hier gewesen bin, das hiesige Geschäft recht gründlich kenne und mir etwas erspart habe, über Batavia nach Japan gehen, um da mein Glück zu machen, denn der Instinkt sagt mir gleichsam: Du sollst nicht in Europa bleiben, dein Glück liegt weit von hier.« Hinter all der angestrengten Arbeit im Büro und beim nächtelangen Studium der Fremdsprachen spürte Schliemann den Sporn, sich aus dem Elend und der Enge eines kleinen Daseins zu befreien – und den nie erlöschenden Wunsch, sich einmal Minnas würdig zu erweisen.

Zur Erlernung der englischen Sprache, die Schliemann zunächst in Angriff nahm, machte er eine eigene, neuartige Methode ausfindig. Täglich nahm er eine Stunde, in der er viel und laut einzelne Wörter und ganze Sätze sprach, Aufsätze über ihn interessierende Dinge niederschrieb, sie unter Aufsicht des Lehrers verbesserte und auswendig lernte. Auf diese Weise brachte er es schon nach drei Monaten so weit, daß er seinen beiden Stundenlehrern täglich zwanzig gedruckte Proseiten aus dem Kopf hersagen und schließlich den »Vicar of Wakefield« von Goldsmith und Walter Scotts »Ivanhoe« auswendig konnte. Um sich so rasch wie möglich eine gute Aussprache anzueignen, besuchte er sonntags regelmäßig zweimal den Gottesdienst in der englischen Kirche und sprach beim Anhören der Predigt jedes Wort leise für sich nach. »Vor übergroßer Aufregung«, so bekennt Schliemann in seiner Selbstbiographie, »schlief ich nur wenig und brachte alle meine wachen Stunden der Nacht damit zu, das am Abend Gelesene noch einmal in Gedanken zu wiederholen... So gelang es mir, in der Zeit von einem halben Jahre mir eine gründliche Kenntnis der englischen Sprache anzueignen.«

Dieselbe Methode wandte er beim Studium des Französischen an, das er in den folgenden sechs Monaten meisterte, indem er Fénélons »Aventures de Télémaque« und »Paul et Virginie« von Bernardin de Saint-Pierre auswendig lernte. Im Laufe eines Jahres verstärkte sich sein Gedächtnis dermaßen, daß ihm die Erlernung des Holländischen, Spanischen, Italienischen und Portugiesischen leicht fiel und er nicht mehr als sechs Wochen brauchte, um jede dieser Sprachen fließend sprechen und schreiben zu können.

Da seine Vorgesetzten in der Firma F. C. Quien nicht daran dachten, ihn zu befördern, trat er zum 1. März 1844 als Korrespondent und Buchhalter in das Handelshaus B. H. Schröder u. Co. ein. Es war schon außergewöhnlich genug, daß der erst 22jährige junge Mann sechs Fremdsprachen beherrschte; seine kaufmännischen Fähigkeiten, sein Fleiß und sicheres Auftreten beeindruckten seinen Chef Heinrich Schröder und bewogen ihn, Schliemann schon nach kurzer Zeit bei 2000 Franken Jahresgehalt mit der Prokura zu betrauen.

Auf den westlichen Großmärkten war eines der bedeutendsten Importgeschäfte der Indigohandel mit Rußland. Ihn für die Firma Schröder zu sichern, gab es nur einen Weg – den unmittelbaren Kontakt über die Sprache. Schliemann erkannte seine große Chance; er lernte Russisch. Die einzigen russischen Bücher, die er sich verschaffen konnte, waren eine alte Grammatik, ein Lexikon und eine schlechte Übersetzung der »Aventures de Télémaque«. Außer dem russischen Vizekonsul gab es in ganz Amsterdam niemand, der auch nur ein Wort Russisch verstanden hätte. Also nahm Schliemann seine alte Methode wieder auf und lernte die Télémaque-Übersetzung und mühsam selbst geschriebene Aufsätze auswendig. Dann kam ihm ein fast grotesker Einfall. »Es kam mir vor«, schrieb er später, »als ob ich schnellere Fortschritte machen würde, wenn ich jemand bei mir hätte, dem ich die Abenteuer Telemachs erzählen könnte: so engagierte ich einen armen Juden, der für vier Franken pro Woche allabendlich zwei Stunden zu mir kommen und meine russischen Deklamationen anhören mußte, von denen er keine Silbe verstand.« Schon nach sechs Wochen konnte er seinen ersten russischen Brief an den Londoner Agenten der größten Indigohandelsfirma schreiben und war imstande, auf den Amsterdamer Indigoauktionen mit den russischen Vertretern in ihrer Muttersprache zu unterhandeln.

Seine russischen Sprachkenntnisse öffneten ihm den Weg in die Freiheit. Als Auslandsvertreter der Welthandelsfirma Schröder u. Co., die Stammhäuser in Amsterdam, London und Hamburg hatte, machte sich Schliemann im Januar 1846 auf den Weg nach Petersburg, der damaligen Haupt- und Residenzstadt Rußlands.

Großkaufmann in Petersburg

Schliemann traf am 30. Januar 1846 in Petersburg ein, nahm dort sogleich erste geschäftliche Verbindungen auf und fuhr bereits nach sieben Tagen bei strengster Kälte im Schlitten nach Moskau. Nach dem raschen Aufstieg in Amsterdam war sein Selbstbewußtsein und sein Drang, nach eigenen Entschlüssen zu handeln, grenzenlos gewachsen. Er ging gleich groß ins Geschäft und auf gewagt hohe, unsichere Abschlüsse ein, im besonderen mit dem Moskauer Kaufmann Wladimir Alexejew; nach seinen eigenen Worten bestrebt, »durch vorteilhafte Spekulationen meinen Geldbeutel schwerer zu machen«. Wohl begreiflich, daß die Herren Schröder ihrem mit größtem Vertrauen entsandten 24jährigen Vertreter warnend und bremsend entgegentraten.

Nun wird erstmals ein Wesenszug seines Charakters deutlich: ungebändigte Leidenschaft und Neigung zu jähem Stimmungswechsel. Seine Briefe an die Herren der Firmenniederlassungen in Amsterdam und Hamburg waren ausfallend und gelegentlich in so verletzendem und überheblichen Ton gehalten, daß sie sich gezwungen sahen, ihn in ebenso höflichen wie deutlichen Antworten zurechtzuweisen. »Sie nehmen in Ihrer Korrespondenz einen Ton an, wie er durchaus keinem Geschäftsmann eigen ist«, heißt es in einem Brief vom Juni 1846 aus Amsterdam. »Wir sehen ein, daß Sie noch kein ausgebildeter Geschäftsmann sind und sich Projekte und Illusionen machen, die für einen soliden, denkenden Kaufmann nicht passen ... Ferner messen Sie sich einen Einfluß und Macht bei, die wir durchaus nicht teilen.« Und im Februar 1847, nachdem die Verbindung zu Alexejew mit erheblichen Verlusten in die Brüche gegangen war, sprach der Hamburger Chef eine klare Sprache: »Wundern tut es mich nicht im entferntesten, vielmehr habe ich es längst erwartet... Sie haben durchaus keine Kenntnisse von Menschen und Welt, ... schwärmen immerwährend für Hirngespinste, nur in Ihrer Einbildungskraft erreichbar, in der Wirklichkeit niemals. – Wenn Sie Ihr Ziel erreicht glauben, werden Sie grob und arrogant gegen Freunde, die nur an Ihr eigenes Bestes denken und die allein sich wahrhaft für Sie interessieren und Ihnen die Wahrheit sagen... Wir kennen Sie und hegen die Hoffnung, daß Sie später ein gebildetes und angenehmes Mitglied der Gesellschaft werden und nachdem Sie, wie es durchaus nötig ist, Ihre praktischen kaufmännischen Kenntnisse ausgebildet haben, auch für sich selbst eine ehrenvolle Stellung in der Kaufmanns- und Welt überhaupt einnehmen... Jetzt, nehmen Sie es mir nicht übel, überschätzen Sie sich ganz und gar, träumen von Ihren ungeheuren Leistungen und Vorteilen, die Sie uns schaffen, und nehmen einen Ton an und machen die absurdesten Pretensionen, immer vergessend, daß unsre Geschäfte ohne Sie, aber gut bestehen... Ihre guten Eigenschaften verkenne ich keinen Augenblick, denn wenn ich nicht glaubte und hoffte, daß aus Ihnen noch etwas zu machen wäre und Interesse an Ihrem Schicksal nähme, so hätte ich mir nicht schon früher oder auch heute die Mühe gegeben, Ihnen nur zu Ihrem Besten zu raten und auf Ihre Fehler aufmerksam zu machen. Lesen Sie diesen Brief mit Ruhe. – ... Wollen Sie meinen Rat wissen und sich danach richten, so will ich Ihnen denselben geben. ... Befleißigen Sie sich, ein praktischer Mensch zu werden und angenehme bescheidene Manieren zu erwerben, träumen nicht von spanischen Schlössern etc. etc., sondern nehmen Menschen und Welt wie sie sind.«

Hinter seinem Auftreten stand schon von Beginn seiner Petersburger Tätigkeit an der Plan, so bald wie möglich unabhängig zu werden, und er ist auch wirklich nach Jahresfrist der selbständige Unternehmer. Über anderthalb Jahrzehnte hinweg hatte er das Bild der Jugendgeliebten Minna unverblaßt im Herzen getragen. Nun endlich war er soweit, an die Gründung eines eigenen Hausstandes zu denken. Der Sohn des Musikus Laue in Neustrelitz sollte in seinem Namen um Minnas Hand anhalten. Im Haus der mit den Meinckes befreundeten Familie Laue hatten sich die beiden vor zehn Jahren zum letztenmal gesehen. Schliemanns Werbung kam zu spät. Er hatte zu lange gezögert; sie hatte zu lange vergeblich gewartet. Nur wenige Tage zuvor war die 26jährige mit dem 19 Jahre älteren Gutspächter Richers auf Hartwigshof getraut worden. In der Rückerinnerung an diesen schmerzlichen Schlag bekennt der Sechzigjährige in seiner Selbstbiographie: »Diese Enttäuschung erschien mir damals als das schwerste Schicksal, das mich überhaupt treffen konnte: ich fühlte mich vollständig unfähig zu irgendwelcher Beschäftigung und lag krank darnieder ... Warum mußte das grausame Schicksal sie mir gerade jetzt entreißen, wo ich, nachdem ich 16 Jahre lang nach ihrem Besitze gestrebt, endlich geglaubt hatte, sie errungen zu haben? ... Ich dachte damals, daß ich den Schmerz über Minnas Verlust nie würde überwinden können ... und trauerte jahrelang noch um die Verlorene.«

Aus der seelischen Krise rettete er sich um so verbissener in die Geschäfte. Da er in Amsterdam eine gründliche Kenntnis von Indigo erlangt hatte, legte er den Schwerpunkt auf diesen sehr einträglichen Artikel; doch betrieb er auch die Einfuhr von Farbhölzern aus Mittelamerika, von Tee und Kaffee und Zucker aus Kuba und Jamaika. Bei großen Geschäften setzte er mit unerhörter Kühnheit fast alles auf eine Karte. Schon im ersten Jahr seines Aufenthalts in Petersburg war er bei seinen Unternehmungen so sehr vom Glück begünstigt, daß er bereits anfangs 1847 in die »Erste Gilde« der Großhändler aufgenommen wurde und damit Zugang zu den Klubs der reichsten Petersburger Häuser fand. Der versierte Kaufmann erkundete mit sicherem Blick die Marktlage und verschaffte sich vorteilhafte Verbindungen nach allen Haupthandelsplätzen Westeuropas.

Um seinen Geschäftskreis zu erweitern, unternahm Schliemann im Herbst 1846 eine Europareise, über die er genauestens Tagebuch führte. Die Reise ging zu Schiff über Lübeck, Hamburg, Bremen nach Amsterdam. Zum ersten Mal sah er Rotterdam, London, Liverpool, Manchester, Le Havre und Paris. Über Antwerpen und Brüssel führte die Fahrt schließlich nach Köln und Koblenz. Obwohl das Geschäftliche einen wesentlichen Teil seiner Zeit in Anspruch nahm, wurde aus der Geschäftsreise bald »eine Studienfahrt aus Bildungshunger«. Der Augenmensch Schliemann, der mit einer erstaunlichen Aufnahmefähigkeit und Beobachtungsgabe alles Neue in sich aufsaugt und mit kritischem Blick in größere Zusammenhänge zu bringen weiß, wird hier erstmals erkennbar. Eine Fülle der vielfältigsten Eindrücke ist im Tagebuch festgehalten. Die größte Errungenschaft seiner Zeit sah er in der Eisenbahn als rasches, zeitsparendes, Länder verbindendes Beförderungsmittel für den Menschen, für Güter und Post. Mit Achtung bestaunte er die Wunder der neuen Technik, die weitgespannten Brücken, Tunnels, Dampfschiffe und mechanischen Webstühle. In London besichtigte er den Tower, die Westminsterabtei, die St.-Pauls-Kathedrale. Ergriffen und bewundernd stand er im Britischen Museum vor den Großplastiken der ägyptischen Kunst und den Statuen der griechisch-römischen Antikensammlung. Auch in Paris zogen ihn die ägyptischen und griechischen Kunstwerke im Louvre immer wieder an. Mit einem italienisch sprechenden Führer durchstreifte er tagelang die Weltstadt von den Tuilerien über die Champs Elysées zum Arc de Triomphe. Einen ganzen Tag verbrachte er in Versailles. Die Abende füllten Theater-, Opern- und Konzertbesuche. Es war eine neue, große, ungeahnte Welt, die sich dem Vierundzwanzigjährigen auftat.

Sein »unwiderstehliches Verlangen zu reisen und die Welt zu sehen« fand aus einem schmerzlichen Anlaß Erfüllung. Ende Juli 1850 hatte Schliemann aus einem ihm übersandten Zeitungsabschnitt erfahren, daß sein jüngerer Bruder Ludwig in Sacramento City in Kalifornien am Typhus gestorben war. Noch im März hatte Ludwig ihm in einem Brief die verlockenden Aussichten im »Goldland« geschildert. »Gold gibt es überall genug«, schrieb er, »besonders in den Bergen um San Franzisco... Jeder, der hierherkommt sollte aber jeden Cent mitbringen, anstatt ihn daheim zu lassen.« Inzwischen habe er, nach knapp einem Jahr, das Goldwaschen aufgegeben und mit seinem Gewinn eine gutgehende Speisewirtschaft aufgemacht. Das Grab des geliebten Bruders aufzusuchen und seine Hinterlassenschaft zu regeln, nicht weniger aber die Geschäfte, die er drüben zu machen hoffte, bewogen Schliemann zu seiner ersten Amerikareise. Er setzte in den folgenden Monaten alle Lagerbestände ab und verließ am 10. Dezember Petersburg. Am 28. trat er von Liverpool aus mit dem damals modernsten 3000-Tonnen-Dampfer »Atlantik« die Reise über den Ozean an.

Mitten auf dem Meer, 1800 Meilen von Liverpool und 1400 Meilen von New York entfernt, geriet das Schiff in einen Orkan. Das Steuerruder versagte. Mit völlig unzureichenden Behelfssegeln versuchte der Kapitän sein Schiff gegen den Weststurm zu steuern. Wie ein Spielball trieb es neun Tage lang auf den Wogen zurück nach Osten und konnte endlich nach 16 Tagen den Hafen Queenstown in Südirland anlaufen. Am 1. Februar schiffte sich Schliemann erneut in Liverpool ein und landete glücklich am 15. Februar 1851 in New York. Er besuchte Washingtons Grab und zwei Sitzungen des Parlaments und wurde von Präsident Fillmore im Familienkreis empfangen. Nach kurzem Aufenthalt setzte er die Reise zu Schiff fort nach der Landenge von Panama. Es gab damals noch keinen Panamakanal; die Eisenbahn war gerade im Bau. Der Isthmus mußte auf Eingeborenenbooten und Mauleseln überquert werden. Mitte März konnte er endlich an Bord der »Oregon« die Fahrt nach dem fernen Westen antreten und traf am 2. April in San Franzisco ein.

Schon in den ersten Tagen suchte Schliemann das Grab seines Bruders in Sacramento auf und gab den Auftrag zur Anfertigung eines marmornen Grabsteins. Er durchlief die Holzbarackenstadt, die im Verlauf von zwei Jahren aus einem halben Dutzend Hütten zu einer Stadt von 16 000 Einwohnern angewachsen war, und er bekam bald heraus, daß sein Bruder ein beachtliches Vermögen hinterlassen, sein Kompagnon aber das ganze Geld veruntreut hatte. Was war hierzulande von einer polizeilichen und gerichtlichen Verfolgung des Falles zu erhoffen? Es bedeutete nur unnütze Zeitverschwendung und Geldaufwand.

Schliemann erkannte rasch, daß hier wirklich in kürzester Zeit ein Vermögen zu machen war und ließ sich kurz entschlossen in Sacramento nieder. Vor seiner endgültigen Ansiedlung nahm er Verbindung mit der Großbank Rothschild-London in San Franzisco auf. Er traf dort am 3. Juni ein und nahm im ›Union-Hotel‹ an der Plaza ein Zimmer, in das er nach einem anstrengenden Arbeitstag gegen halb elf Uhr in der Nacht zurückkehrte.

»Ich mag etwa eine Viertelstunde geschlafen haben«, schrieb er andern Tags in sein Reisetagebuch, »als ich durch laute ›Feuer! Feuer!‹-Rufe auf der Straße und den schrecklichen Ton der Alarmglocke geweckt wurde. Ich sprang in größter Hast auf, und als ich aus dem Fenster blickte, sah ich, daß ein nur zwei oder drei Schritte vom Union-Hotel entferntes Fachwerkhaus in Flammen stand. Ich zog mich schnell an und rannte aus dem Haus. Ich hatte aber kaum das Ende der Clay-Street erreicht, als ich schon das Hotel brennen sah, das ich eben verlassen hatte. Angefacht durch einen regelrechten Sturm, breitete sich das Feuer mit schrecklicher Geschwindigkeit aus, und es vernichtete in wenigen Minuten ganze Straßen mit Holzbauten. Weder die Eisengebäude noch die Backsteinhäuser konnten dem Wüten des Elements standhalten ... Vergeblich versuchte man eine Ausbreitung des Feuers durch Sprengung von Gebäuden aufzuhalten. In dem Verlangen, der Gefahr zu entkommen, lief ich die Montgomery-Straße hinauf und erstieg den Telegraphen-Hill, einen etwa 300 Fuß hohen Hügel nahe der Stadt. Es war ein schrecklicher und zugleich erhabener Anblick, wirklich das großartigste Schauspiel, das ich jemals erlebt habe... Das Heulen des Sturms, das Knallen des Pulvers, das Krachen der zusammenstürzenden Hauswände, die Schreie der Menschen und das wundervolle Schauspiel einer in dunkler Nacht brennenden Riesenstadt, – dies alles wirkte zusammen, um die Katastrophe zu einem Höhepunkt des Entsetzens zu machen...

Ich blieb diese Nacht über im Restaurant auf dem Telegraph-Hill und ging um sechs Uhr früh hinunter in die Stadt. Die schwelende Asche und die Ruinen dieser einen Tag zuvor so blühenden Stadt waren ein schrecklicher Anblick...«

Noch am selben Tag fuhr Schliemann weiter nach der »Goldstadt«. Im einzigen aus Stein erbauten Haus Sacramentos eröffnete er eine Bank, in der er jede Menge Gold und Goldstaub aufkaufte. Der Preis des geschürften Golds war von seiner Reinheit abhängig; darauf war das besondere Augenmerk zu richten. Es gab Gauner genug, die jeden Ankömmling mit übergoldetem Kupfer, sogenanntem Bogus, zu betrügen suchten.

Im Tagebuch und in einem späteren Brief an die Schwestern schildert er lebendig und bis ins einzelne gehend seine Reiseeindrücke, Beobachtungen und Erlebnisse auf dieser ersten Amerikafahrt: »San Franzisco ist der große Seehafen, Sacramento der große Markt des Landesinnern, der alle Minen im Norden versorgt... Es hat nur zwei Hauptstraßen mit Holzhäusern auf beiden Seiten; nur wenige sind aus Backstein gebaut. Die Straßen sind nicht gepflastert und darum in der Regenzeit sehr schmutzig; während der neun Sommermonate dagegen ist der Staub entsetzlich... Da jeder nur mit der Absicht herkam, sich so schnell wie möglich zu bereichern und mit vollen Taschen in die Heimat zurückzukehren, ist es ganz natürlich, daß man an nichts anderes denkt als an Gold... Weil es am rein menschlichen, mildernden Einfluß der Frauen fehlt, gibt es in Kalifornien keine Moral, – jeder lebt wie es ihm gefällt, jeder folgt nur seinen Neigungen, jeder denkt nur an sich …

Gold ist über das ganze Land verteilt; man findet es im Schlamm der Straßen von Sacramento wie in den Schluchten der Berge, in den Quarzfelsen wie in den Uferbänken und Flußbetten … Während der ersten anderthalb Jahre nach der Entdeckung des Goldes in Kalifornien war das Gold in den Flußufern so reichlich, daß ein gewandter Wäscher im Tag zwölf bis sechzehn Piaster zusammenbringen konnte; aber schon seit zwei Jahren ist es viel schwieriger, weil die Flußufer ausgebeutet und die Goldwäscher gezwungen sind, sich den allergrößten Anstrengungen auszusetzen, um Gold zu finden …

Unter den Einwanderern fallen dem Europäer am meisten die Kanaken, die Eingeborenen der Sandwichinseln, und die Chinesen auf. Ich studierte die chinesische Sprache so weit, daß ich mich ausreichend mit den Chinesen in ihrer Muttersprache unterhalten kann … Von sechs Uhr früh bis zehn Uhr abends stand ich mit zwei, zeitweise drei Gehilfen, den geladenen Colt im Gürtel, hinter dem Schalter und verhandelte in acht Sprachen mit den aus allen Völkern der alten und neuen Welt stammenden Kunden. Ich kam mit den schlauesten der schlauen Schurken in Berührung. Da ich aber alle Ränke und Kniffe der Amerikaner kannte, auch der Sprache vollkommen mächtig war und jeden für einen Spitzbuben ansah, so habe ich dort niemals verloren, im Gegenteil, bedeutend gewonnen. Es gab Tage, an denen 150, ja 200 Pfund reines Gold durch meine Hände gingen. Ich arbeitete härter als ein Negersklave. Aber das war nichts verglichen mit der Gefahr, nachts allein zu schlafen mit so riesigen Goldbeständen in der Kasse. Ich verbrachte jede Nacht in fieberhafter Angst, geladene Pistolen in beiden Händen. Schon das Rascheln einer Maus oder einer Ratte versetzte mich in Schrecken. Mit einem Wort: es war eine schreckliche Zeit!«

Ende 1851 wüteten im Sumpfgebiet des Sacramento Ruhr und Typhus. Als ihn innerhalb von vier Monaten zweimal das Gelbfieber geschüttelt und an den Rand des Grabs gebracht hatte, wurde es Schliemann allmählich unheimlich und er entschloß sich, so schnell wie möglich das Land zu verlassen. Das Schiff, dem er sich auf seiner Heimreise anvertraute, geriet am siebten Tag der Fahrt im Golf von Tehuantepec in einen mörderischen Orkan und konnte nur mit Glück den mexikanischen Hafen von Acapulco erreichen. Hier begann er den schon erwähnten großen Bericht an die Schwestern in Mecklenburg.

Acapulco am Pazifischen Ozean, 17. April 1852

»... Es ist ganz natürlich, daß man sich in Europa erschrekkend schlimme Vorstellungen von den moralischen und sozialen Zuständen in Kalifornien macht... Man weiß eben in Europa nicht, daß das amerikanische Volk von der Natur mit außergewöhnlichen geistigen Fähigkeiten, mit eiserner Energie, die kein Unglück zu erschüttern vermag und mit einer Kühnheit und Erfindungsgabe ausgestattet ist, die kein Hindernis kleinkriegen kann...

Während unseres Aufenthalts in Acapulco fuhren zwei Dampfschiffe, die mit Passagieren für Kalifornien von Panama kamen, in den Hafen ein. Es waren etwa eintausendfünfhundert, darunter mehr als hundert Frauen. Ich konnte nicht anders als diese armen Abenteurer mit Mitleid betrachten, von deren strahlenden Gesichtern die Hoffnungen und Herzenswünsche abzulesen waren, in wenigen Monaten in Kalifornien Berge von Gold zu gewinnen und dann mit ihren Reichtümern heimzukehren. Sicher wird ein Drittel dieser Auswanderer den Strapazen und Entbehrungen erliegen, denen das Leben in Kalifornien sie auf Schritt und Tritt aussetzt... Die allerwenigsten, die das Glück haben, in Kalifornien zu Reichtum zu kommen und ihn auch zu bewahren, werden in ihre Heimat zurückkehren und werden schon glücklich sein, wenn sie nach zwei Jahren übermenschlicher Arbeit genug Mittel zusammengerafft haben, um die Fahrtkosten zurück zu ihren verlassenen Familien bezahlen zu können...

Aspenwall am Atlantischen Ozean, 27. April

Am 24. dieses Monats um sechs Uhr abends fuhren wir in den Hafen von Panama ein, nachdem wir an einer großen Zahl von Inseln, eine schöner als die andere, vorübergefahren waren... Nachdem ich meine Handkoffer ins ›Hotel Amerika‹ gebracht hatte ... begab ich mich zum englischen Konsul, dem ich einen Brief aushändigen mußte. Bei dieser Gelegenheit sagte er mir, Diebstähle und Morde seien auf dem Isthmus von Panama an der Tagesordnung, deshalb sei es sehr gefährlich, mein gesamtes Gold bei mir zu führen. Er riet mir daher, es durch ihn befördern und versichern zu lassen; er wolle mir nur 3 1/8 Prozent berechnen. Da mich dies aber mehr als 850 Taler Spesen gekostet hätte, die ich mir leicht ersparen konnte, wenn ich das Wagnis einging, zog ich vor, das Gold bei mir zu behalten.

Die Nacht vom 24. auf den 25. war eine der entsetzlichsten, die ich in meinem Leben verbracht habe. Mehr als zwanzig Personen schliefen im gleichen Zimmer, alle ohne Bett und völlig angekleidet; jeder mit einer fünfrohrigen Pistole und einem langen Dolchmesser bewaffnet. Am Rohrgeflecht meines Reisekoffers mit dem Golde befestigte ich Schnüre, deren Enden ich an meinen Händen festband, so daß ich die geringste Bewegung meines Koffers augenblicklich spüren mußte... Am Morgen lieh ich mir drei Mauleselinnen, zwei für mein Gepäck und ein gesatteltes für mich, und machte mich in Begleitung eines Maultiertreibers und einiger andern Reisenden auf den Weg, die Berge der Kordilleren-Anden zu überqueren. Es hörte nicht auf zu regnen, der Weg war schauderhaft und unsere Tiere versanken oft bis zum Bauch im Schlamm... Einige Male verlor ich unglückseligerweise den Zügel und dann kam es vor, daß die Mauleselin mit mir in das Dickicht des Waldes hineintappte und ich große Gefahr lief, mir den Hals zu brechen ...

Um sieben Uhr abends kamen wir endlich in Gorgona an, einer kleinen Stadt am Chagres-Fluß, die nur aus mit Palmblättern gedeckten Bambushütten besteht. Ich begab mich ins Hotel ›St. Louis‹, wo ich, meinen Dolch und meine Pistole unterm Kopf, auf dem Handkoffer einschlief, als ob es das beste Bett wäre. Am andern Morgen um sieben Uhr mieteten einige meiner Reisegefährten und ich eine Barke und ließen uns nach Buena Vista fahren; von hier aus brachte uns die Eisenbahn nach der Stadt Aspenwall an der Navy-Bay am Atlantischen Ozean.

Zum erstenmal seit 14 Monaten sah ich wieder eine Eisenbahn. Zum erstenmal aber fuhr ich mit ihr unter Kokospalmen und Orangenbäumen. Wie riesig das Eisenbahnnetz in Europa und in den Vereinigten Staaten auch sein mag, – niemals ist etwas Größeres und Rühmenswerteres unternommen worden als der Bau der Eisenbahn durch die Landenge von Panama, die die beiden großen Ozeane verbinden soll und dazu beitragen wird, den Handel mit China und Ostindien für die Vereinigten Staaten zu monopolisieren ... Der Bau dieser Eisenbahn, die hier bei Buena Vista, fast dauernd über Moore und Sümpfe führt, war sehr schwierig und gefährlich. Wegen der riesigen Sümpfe und vielen stehenden Gewässer in dieser Gegend entstehen bei der großen Hitze, die die Fäulnis und Verwesung der pflanzlichen und tierischen Stoffe beschleunigt, gefährliche Krankheitsstoffe und Ausdünstungen. Amerikaner aus den Vereinigten Staaten können darum das hier herrschende Klima nicht ertragen, und fast alle Amerikaner, die man zur Arbeit an der Eisenbahn hieher gebracht hat, starben an Typhus oder andern Fiebern. Um die Bauarbeiten nicht einstellen zu müssen, sah man sich gezwungen, Eingeborene zu verwenden, und hat darum 3000 Karthager eingeführt. Diese Leute arbeiten mit aller Kraft und völlig nackt bei 40 Grad Hitze, ohne daß die glühende Sonne sie im geringsten behindert; sie sind gesund und kräftig, während die wenigen Weißen, die man zu sehen bekommt, mager, fahl und kraftlos sind ...

Keine Strapaze, kein Leiden, keine Krankheit, die ich im Leben durchgestanden habe, bereitete mir eine derartige Pein wie die Moskitos. Diese höllischen Bestien gibt es hier zu Myriaden. Sie zerstechen uns Tag und Nacht Gesicht, Hände und Füße, ja den ganzen Körper, indem sie unter die Kleider schlüpfen. Leider liegt kein einziges Dampfschiff im Hafen, so daß wir es wohl noch sieben oder acht Tage in dieser abscheulichen Lage werden aushalten müssen.

Am 1. Mai meldete uns ein Kanonenschuß die Ankunft eines Dampfschiffes, der ›Sierra Nevada‹, was eine außerordentliche Freude unter uns auslöste.«

Was Schliemann seinen Schwestern nicht anvertraute und auch in späteren Jahren beim Erinnern an seine erste Amerikareise sorglich verschwieg, waren die Schrecken auf dem vierzehntägigen Marsch während der Regenzeit über den Isthmus von Panama. Die kleine, völlig entkräftete Schar der Rückwanderer, von den einheimischen Führern im Stich gelassen und ständig in der Gefahr, überfallen zu werden, hatte zuletzt jede Hoffnung zu überleben aufgegeben. Eine eitrig entzündete Beinwunde verursachte Schliemann wahre Martern. An eine Behandlung war nicht zu denken, denn sie verfügten weder über Verbands- noch Arzneimittel. Es war höchste Zeit, als er endlich nach seiner Ankunft in New York Mitte Mai einen Arzt aufsuchen konnte; doch erst in London wurde die verbrandete Wunde ganz ausgeheilt.

Die Rückreise nach Petersburg benutzte Schliemann zu einem kurzen Besuch in der Heimat, und zum ersten Male kam ihm der Gedanke, der ihn noch durch Jahre hin immer wieder beschäftigte: in Mecklenburg ein Landgut zu kaufen, auf das er sich zurückziehen wollte, sobald er sich von der Bürde seiner kaufmännischen Geschäfte freimachen konnte.

Am 3. August 1852 kehrte er nach Petersburg zurück.

Das unbeständige Glück

50 000 Reichstaler hatte Schliemann nach Amerika mitgebracht, mit 100 000 war er zurückgekehrt. Beim Goldhandel und durch einträgliche Darlehen auf Häuser und Grundstücke hatte er mit erprobtem kaufmännischen Geschick im Lauf von zehn Monaten sein Vermögen verdoppelt. Der Dreißigjährige hätte bei seinem Reichtum und gesellschaftlichen Aufstieg in Rußland sich wirklich glücklich fühlen können, wenn er eines nicht hätte entbehren müssen: Frau und Kinder, ein Zuhause, das ihm nach der oft übermenschlichen Beanspruchung im Beruf Ruhe und Entspannung geschenkt hätte. Er wünschte nichts sehnlicher als ein Heim, – doch wo war die Gefährtin, die ihm Minna ersetzte? Zwei engere Freundschaften mit Mädchen aus den besten Petersburger Kreisen hatte er nach kurzer Zeit wieder aufgegeben. An Möglichkeiten war kein Mangel; doch wenn es zu wählen galt, fühlte er sich gehemmt und unsicher. Wie ein Junge bat er die älteren Schwestern um Rat. »Ich selbst bin blind«, gestand er ihnen, »und Leidenschaft verdunkelt mein Sehvermögen. Ich sehe nur die Tugenden und niemals die Schwächen des schönen Geschlechts.«

Da traf er die Schwester zweier russischer Geschäftsfreunde wieder, Katharina Petrowna Lyschin, die man ihm schon vor seiner Amerikareise bei einer Abendgesellschaft vorgestellt hatte und von der er vom ersten Augenblick an bezaubert war. Obwohl die in ihrem Gebaren kühle und hochmütige Achtzehnjährige nicht von besonderer Schönheit und selbst ohne Vermögen war, hatte sie damals Schliemanns wiederholte Werbung abgelehnt.

Nun hatte er ihr Ja und konnte am 12. Oktober 1852 den Seinen in Ankershagen mitteilen: »Heute wurde ich der glückliche Gatte von Ekatrina Lyschin, einer vornehmen russischen Dame, die alle Vorzüge des Körpers und des Geistes in sich vereinigt, und ich will meinerseits das Möglichste tun, um meine Frau recht glücklich zu machen, denn sie ist ein sehr braves, einfaches, kluges und vernünftiges Mädchen, und ich liebe und achte sie mit jedem Tage mehr... Ich habe eine ganze dritte Etage gemietet, bestehend aus zwei Sälen und sieben Zimmern nach der Straße und fünf Zimmern nebst Küche nach dem Hofe, außerdem Pferdestall, Keller und Wagenscheuer... Ich habe alle Zimmer aufs prachtvollste möblieren lassen; für das Gastzimmer allein kosten die Möbel cirka tausend Rubel.«

Schliemann verdoppelte seine Energie in neuen Unternehmungen und erweiterte das Petersburger Stammhaus durch eine selbständige Großverkaufsstelle für Indigo in Moskau. Mit größter Aufmerksamkeit beobachtete er die Welthandelsmärkte, ergriff rasch entschlossen jede Möglichkeit zu Geschäften. So erwachte er eines Nachts durch den Feuerschein eines Großbrandes in den Docks und Holzlagern von Kronstadt – und noch in der Nacht erteilte er durch Eilpost und Telegraph Anweisung nach Königsberg, Hamburg, Amsterdam und London zum Aufkauf sämtlicher erreichbaren Vorräte an Balken und Brettern aller Art. Er wird der sein, der das Holz zum Wiederaufbau liefert!

Ein andermal erfuhr er durch eine Zeitungsnotiz, daß ein neues Gesetzbuch für Rußland vorbereitet werde, – und sogleich tauchte in ihm der Gedanke auf, daß dazu unzählige Tonnen Papier benötigt werden. Er bot der Regierung die Lieferung guten Papiers an, und da er das erste und preisgünstigste Angebot machte, erhielt er den Auftrag.

Es waren nicht nur kaufmännische Tüchtigkeit und Glück, die hinter seinem Erfolg standen. Die Schilderung des großen Brands von Memel begann Schliemann in seiner Selbstbiographie mit den Worten: »Die göttliche Vorsehung beschützte mich oft in der wunderbarsten Weise, und mehr als einmal wurde ich nur durch einen Zufall vom gewissen Untergange gerettet. – Mein ganzes Leben lang wird mir der Morgen des 4. Oktober 1854 in der Erinnerung bleiben. Es war in der Zeit des Krimkrieges. Da die russischen Häfen blockiert waren, mußten alle für Petersburg bestimmten Waren nach den preußischen Häfen von Königsberg und Memel verschifft und von dort zu Lande weiterbefördert werden. So waren denn auch mehrere hundert Kisten Indigo und eine große Partie anderer Waren von Amsterdam für meine Rechnung auf zwei Dampfern an meine Agenten, die Herren Meyer u. Co., in Memel abgesandt worden, um von dort zu Lande nach Petersburg transportiert zu werden. Ich hatte den Indigoauktionen in Amsterdam beigewohnt und befand mich nun auf dem Wege nach Memel, um dort nach der Expedition meiner Waren zu sehen. Spät am Abend des 3. Oktober im ›Hotel de Prusse‹ in Königsberg angekommen, sah ich am folgenden Morgen, bei einem zufälligen Blick aus dem Fenster meines Schlafzimmers, auf dem Turme des nahen ›Grünen Tores‹ folgende ominöse Inschrift in großen vergoldeten Lettern mir entgegenleuchten:

Vultus fortunae variatur imagine lunae:
Crescit, decrescit, constans persistere nescit.*

Ich war nicht abergläubisch, aber doch machte diese Inschrift einen tiefen Eindruck auf mich, und eine zitternde Furcht, wie vor einem nahen unbekannten Mißgeschick, bemächtigte sich meiner. Als ich meine Reise mit der Post fortsetzte, vernahm ich auf der ersten Station hinter Tilsit zu meinem Entsetzen, daß die Stadt Memel am vorhergegangenen Tage von einer furchtbaren Feuersbrunst eingeäschert worden sei, und vor der Stadt angekommen, sah ich die Nachricht in der traurigsten Weise bestätigt. Wie ein ungeheurer Kirchhof, auf dem die rauchgeschwärzten Mauern und Schornsteine wie große

* Das Gesicht der Glücksgöttin wechselt mit dem Mond: es nimmt zu, nimmt ab und kennt keine Beständigkeit.

Grabsteine, wie finstere Wahrzeichen der Vergänglichkeit alles Irdischen sich erhoben, lag die Stadt vor unsern Blicken. Halbverzweifelt suchte ich zwischen den rauchenden Trümmerhaufen nach Herrn Meyer. Endlich gelang es mir, ihn aufzufinden, – aber auf meine Frage, ob meine Güter gerettet wären, wies er statt aller Antwort auf seine noch glimmenden Speicher und sagte: ›Dort liegen sie begraben.‹ Der Schlag war sehr hart: Durch die angestrengte Arbeit von acht und einem halben Jahre hatte ich mir in Petersburg ein Vermögen von 150 000 Talern erworben – und nun sollte dies ganz verloren sein. Es währte indessen nicht lange, so hatte ich mich auch mit diesem Gedanken vertraut gemacht, und gerade die Gewißheit meines Ruins gab mir meine Geistesgegenwart wieder.

Das Bewußtsein, niemand etwas schuldig zu sein, war mir eine große Beruhigung; der Krimkrieg hatte nämlich erst vor kurzem begonnen, die Handelsverhältnisse waren noch sehr unsicher, und ich hatte infolgedessen nur gegen bar gekauft. Ich durfte wohl erwarten, daß die Herren Schröder in London und Amsterdam mir Kredit gewähren würden, und so hatte ich die beste Zuversicht, daß es mir mit der Zeit gelingen werde, das Verlorene wieder zu ersetzen.

Es war noch am Abend des nämlichen Tages: Ich stand im Begriffe, meine Weiterreise nach Petersburg mit der Post anzutreten und erzählte eben den übrigen Passagieren von meinem Mißgeschick, da fragte plötzlich einer der Umstehenden nach meinem Namen und rief, als er denselben vernommen hatte, aus: ›Schliemann ist ja der einzige, der nichts verloren hat! Ich bin der erste Kommis bei Meyer u. Co. Unser Speicher war schon übervoll, als die Dampfer mit Schliemanns Waren anlangten, und so mußten wir dicht daneben noch einen hölzernen Schuppen bauen, in dem sein ganzes Eigentum unversehrt geblieben ist.‹ Der plötzliche Übergang von schwerem Kummer zu großer Freude ist nicht leicht ohne Tränen zu ertragen: ich stand einige Minuten sprachlos; schien es mir doch wie ein Traum, wie ganz unglaublich, daß ich allein aus dem allgemeinen Ruin unbeschädigt hervorgegangen sein sollte! Und doch war dem so; und das wunderbarste dabei, daß das Feuer in dem massiven Speicher von Meyer u. Co., auf der nördlichen Seite der Stadt, ausgekommen war, von wo es bei einem heftigen orkanartigen Nordwind sich schnell über die ganze Stadt verbreitet hatte. Dieser Sturm war denn auch die Rettung für den hölzernen Schuppen gewesen, der, nur ein paar Schritt nördlich von dem Speicher gelegen, ganz unversehrt geblieben war.

Meine glücklich verschont gebliebenen Waren verkaufte ich nun äußerst vorteilhaft, ließ dann den Ertrag wieder und immer wieder arbeiten, machte große Geschäfte in Indigo, Farbhölzern und Kriegsmaterialien (Salpeter, Schwefel, Blei) und konnte so, da die Kapitalisten Scheu trugen, sich während des Krimkrieges auf größere Unternehmungen einzulassen, beträchtliche Gewinne erzielen und im Laufe eines Jahres mein Vermögen mehr als verdoppeln.«

Obwohl er sechs Tage der Woche von früh bis abends spät wie ein Sklave im Büro arbeitete, verfiel er plötzlich wieder in wilder Leidenschaft den Sprachen. In Nachtstunden und an Sonntagen lernte er in den zwei Jahren des Krimkrieges Polnisch, Slawonisch, Schwedisch und Dänisch.

Schliemann mußte sich mit der Arbeit betäuben, seine Sinne und Wünsche gewaltsam ablenken von der Frau, die ihm von Tag zu Tag liebloser begegnete. Er litt verzweifelt. Seine Hoffnung auf das große Glück war nur zu bald enttäuscht worden. Katharina hatte ihn ohne Liebe, nur seines Reichtums und des gesellschaftlichen Ansehens wegen geheiratet. Sie lebte als Repräsentantin eines vornehmen Hauses der äußerlichen Geselligkeit, ohne Verständnis für die menschliche Eigenart ihres Mannes, seinen unruhigen Geist und seine Sprachenleidenschaft, für die sie nur ein geringschätziges Lächeln übrig hatte.

Es war für eine Frau gewiß schwierig, mit diesem schwer zugänglichen, eigenwilligen und jähen, von seiner Arbeit besessenen Mann zu leben. Weil ihr aber zum Verstehen die Liebe fehlte, tat sie nichts, ihn an sich zu fesseln; sie war ohne Zärtlichkeit und jede Zärtlichkeit von seiner Seite war ihr zuwider. Schon im zweiten Jahr ihrer Ehe schrieb er an Katharina: »Es war schon lange der sehnlichste Wunsch in mir rege, mein Leben mit einem Wesen zu vereinigen, das Glück und Unglück, Freude und Leid mit mir teilte... Aber ach, wie sehr widerspricht die jetzt so schrecklich vor mir liegende Wirklichkeit meinen freudigen Erwartungen! Du liebst mich nicht und nimmst daher keinen Anteil an meinem Glück, teilst nicht meine Freude oder meinen Kummer, denkst niemals an etwas anderes als die Befriedigung Deiner eigenen Wünsche und Grillen, zeigst Dich durchaus gleichgültig in allem, was mich angeht.«

Er hatte recht mit diesen Vorwürfen; doch er wußte auch um sein Mitverschulden aus dem auf ihm lastenden Erbteil des Vaters, einer ungewöhnlichen Vitalität. »Es ist das traurige Los unserer Familie«, schrieb er an die Schwestern, »sehr heißen Charakters zu sein und tief zu fühlen. Es gibt Menschen, deren Leidenschaft nur in einer sanften, fast unsichtbaren Flamme glüht; aber in mir wird die Leidenschaft zu einem verzehrenden Feuer, wenn Hindernisse sich mir in den Weg stellen, das Ziel meiner Sehnsucht zu erlangen. Ich bin sicher, daß heftiges Verlangen und hoffnungslose Leidenschaft einen Mann zum Wahnsinn treiben können.«

Und dem Schwager: »Es ist ein Unglück, daß ich meine Frau wie ein Irrsinniger liebe und daß ich verzweifelt bin, wenn ich ihre Gleichgültigkeit gegen mich sehe.«

Über sich selbst im unklaren, in der Aussprache Befreiung suchend, wandte er sich an die Schwestern und vertrauten Freunde. Betrog er sich, trotz seiner besten Absichten, durch sein ganzes Wesen gerade um das Glück, das er ersehnte?

Der ratlos Fragende bekam vertrauliche und offene Antwort. »Sie werden es mir nicht übelnehmen«, schrieb der alte Amsterdamer Freund Konsul Hepner, »daß ich Ihr Wesen nicht gerade bezaubernd halte für Frauen... Vielleicht entbehrt Ihre Frau bisher ungern an Ihnen nur die äußere Liebenswürdigkeit. Wenn Sie also Ihre schroffen Seiten abzuschleifen suchen, wenn Sie besonders in Ihrem Denken und Streben und Sprechen sich Ruhe aneignen, dann werden allmählich Ihre inneren vorzüglichen Eigenschaften zur Geltung kommen.«

Sein Freund Bahlmann aus Mecklenburg sagte ihm: »Das einzig Bedenkliche bei Ihnen ist Ihr unruhiger, lebendiger Geist, dem, ich möchte fast sagen, die Welt zu klein ist.«

Schliemann kannte sich selbst gut genug, um die wohlmeinende Kritik anzunehmen, und er bemühte sich auch immer wieder um Verständnis und Zuneigung bei Katharina. Die Eheleute wurden verträglicher und manche Spannungen glichen sich aus, als ihnen am 16. Mai 1855 ein Sohn, Serge, geschenkt wurde.

Auch die geschäftlichen Erfolge gaben Schliemann allen Grund, guter Stimmung zu sein. An Tante Schliemann in Kalkhorst schrieb er Ende 1856 aus Petersburg: »... Ich habe hier allein einen Kassenumsatz von reichlich 13 Millionen Taler per annum, und in meinem Etablissement in Moskau, welches auch immer mehr wächst, wurden auch reichlich zwei Millionen Taler umgesetzt. Bis jetzt gab Gott viel Glück – allein 1855 hatte ich einen reinen Verdienst von über 220 000 Taler, und obwohl ich im Anfang 1856 wohl fünfzigtausend in ungünstigen Konjunkturen verlor, so hat sich dieser Verlust doch durch günstige Operationen im Sommer und Herbste vielleicht doppelt wieder belohnt gemacht... Wenn mich der Himmel nur vor ferneren Verlusten schützt, trägt mein Kapital schon reichlich 33 000 Taler Zinsen...«

An den 76jährigen Vater schrieb er im selben Jahr: »... Ich gelte hier in Moskau als der schlauste, durchtriebenste und fähigste Kaufmann; aber leider bin ich zu hitzig in den Unternehmungen, ich schleudere z. B. manchmal den ganzen Betrag meines Vermögens auf einen Artikel wie Indigo... Ich habe hier manchmal die wunderlichsten Operationen gemacht und bin dadurch in Moskau und hier zum Sprichwort geworden. So kam mir im Juni 1855 plötzlich eines Nachts die Idee, Salpeter müsse steigen; begeistert lief ich aus dem Bette zum Telegraphen und gab nach Hamburg, Berlin und Königsberg Ordre, den ganzen Vorrat aufzukaufen, der da wäre; meine Agenten telegraphierten wieder nach Elbing, Stettin, Breslau usw. und den folgenden Tag wurde alles für mich aufgekauft, was nur irgend aufzutreiben war. In Hamburg, Stettin und Breslau ließ ich sogar aus den Buden zusammenkaufen, brachte darauf alles mit großer Gefahr und Glück als Kriegskontreband (im Krimkrieg) über die preußische Grenze nach Rußland und verdiente zirka vierzigtausend Reichstaler an dem Salpetergeschäfte. Von Indigo bin ich hier der größte Importeur und erhielt im vorigen Jahr ein Drittel des ganzen nach Rußland importierten Quantums...

Die Zeiten haben sich seit zwanzig Jahren sehr geändert. Du findest jetzt in ... jedem kleinen Neste Institute, wo Englisch und Französisch von geborenen Engländern und Franzosen gelehrt wird. Eisenbahnen und Telegraph haben überall die schlummernden Geisteskräfte der Menschen aufgeregt und durch den schnellen Austausch geleitet. Die großen Ausfuhren von Gold aus Kalifornien und Australien haben seit 1850 den Handel und die Industrie auf wunderbare Weise erweitert, infolgedessen man jetzt als Kaufmann leichter als jemals früher sein Fortkommen finden kann; aber auch in gleichem Maßstabe haben sich die Anforderungen vermehrt; große Leistungen werden jetzt erheischt, groß aber wird auch dafür bezahlt. Ein Stümper kommt jetzt schon nicht mehr fort; was man versteht, muß man gründlich verstehen...

Aus tausendfacher Erfahrung weiß ich, daß man nur *da viel lernt*, wo es schwer ist, denn da wird große Anstrengung und Anspruch des Geistes erfordert...«

Schliemann erkannte jedoch, daß er es nur einem gnädigen Schicksal zu verdanken hatte, wenn es ihm gelang, soviel Geld zu erwerben; denn einige seiner Kunden hatten in den hektischen Zeiten unverschuldet Bankrott gemacht. Konnte nicht *er* in der nächsten Krise »durch Feuer, Bankrott oder einen Börsenkrach das seit Jahren gesammelte Geld auf einmal verlieren?« Er wollte sich endgültig den Wechselfällen des Handels entziehen.

An seinen Freund Bahlmann in Waren schrieb er im Februar 1858: »Ich habe jetzt des Glücks und Unglücks genug erlebt. Die Aufregung länger zu ertragen, geht über meine Kräfte, ich gehe moralisch und physisch dabei zu Grunde. Könnte ich jetzt noch im Handel Millionen verdienen, ich würde ihn nicht fortsetzen.

Vultus fortunae variatur imagine lunae:
Crescit, decrescit, constans persistere nescit.

Wie sehr habe ich die Wahrheit dieser am Königsberger ›Grünen Tor‹ angeschriebenen Worte erprobt.«

Der Traum aus Jugendtagen erwachte wieder. »Im Alter, wo andere auf dem Gymnasium lernen, war ich ein Sklave«, schrieb er, »und erst mit zwanzig Jahren kam ich an die Sprachen. Darum fehlte mir die Basis und der Grundstock des Lernens. Ein Gelehrter kann ich niemals werden, aber ich will etwas nachholen. Mein Wunsch ist, wirklich einmal zu studieren, und meine Hoffnungen steigen... Ich muß für die Wissenschaft leben, die ich so liebe!«

Mit Leidenschaft ging er nun an das Studium der alten Sprachen. Das Neugriechische erarbeitete er sich auf seine gewohnte Methode innerhalb von sechs Wochen. Für Altgriechisch suchte er sich als Lehrer einen russisch sprechenden Griechen und fand ihn in einem Priester der griechisch-orthodoxen Kirche, der in Petersburg studierte, Theokletos Vimpos. Nach drei Monaten war Schliemann im Stande, den Homer im Urtext zu lesen. Im Sommer 1858 konnte er sich mit Hilfe eines Petersburger Professors ohne viel Mühe im Lateinischen vervollkommnen, zu dem er schon in seinen Kinderjahren durch den guten Carl Andreß die Grundlagen erworben hatte. Er schrieb dem verehrten Lehrer in seinem ersten Brief auf Altgriechisch: »Nun sind es zwanzig Jahre her, seitdem Sie in Kalkhorst meinen Vetter Griechisch lehrten. Ich war damals zu jung, um Unterricht zu bekommen; aber immer, in meinen schwersten Stunden, hatte ich die göttlichen Hexameter, den Klang der Verse des Sophokles im Ohr. Erst jetzt wird es mir möglich, diese herrliche Sprache zu erlernen, von der ich nur das Alphabet kannte... Ich will nach Griechenland. Dort will ich leben. Wie ist es nur möglich, daß es eine so herrliche Sprache gibt!«

Im Herbst 1858 verkaufte Schliemann seine letzten Lager aus, übertrug die Wahrung seiner Interessen einem Bankhaus und trat seine erste Bildungsreise nach dem Orient an. Das eigentliche Reiseziel war Griechenland und hier zunächst die Insel Ithaka, die Heimat des Odysseus. Doch er nahm sich Zeit, holte weit aus über Schweden, Dänemark, Deutschland nach dem Mittelmeer. In Rom wurde ihm der Besuch der Sixtinischen Kapelle und die Kunst Michelangelos in seinen großen Deckengemälden zu einem Erlebnis. Er bestieg die Kuppel des Petersdoms, besuchte das Forum Romanum und das Colosseum, reiste nach Neapel weiter, stand stumm vor den Ruinen Pompejis und blickte mit Schaudern in den rauchenden Krater des Vesuv. Zum erstenmal sah und erlebte er Stätten, die ihm aus den Gesängen Homers vertraut waren: die Äolischen Inseln, die Straße von Messina mit der Insel der Sirenen, die Kyklopenfelsen bei Catania, Syrakus und den Ätna. Schon in Tunis begann Schliemann, um nicht ewig von den Händlern übervorteilt zu werden, eine praktische Kenntnis der einheimischen Sprache zu erwerben, nahm dann in Ägypten einen Sprachlehrer zur Überwachung seiner schriftlichen Übungen und lernte so in kurzer Zeit Arabisch. Von Alexandria aus besuchte er mit einigen Engländern die Pyramiden von Sakkara und Gize und das Gräberfeld von Memphis, bestieg die

Cheopspyramide und fuhr dann auf einer Wohnbarke bis zum zweiten Katarakt bei Abu Simbel.

In Gesellschaft zweier Grafen di Bassi aus Bologna unternahm Schliemann von Kairo aus eine Reise durch die Wüste nach Jerusalem, wo sie gerade zum Osterfest eintrafen. Seinen ihm eigenen Zug ins Abenteuerliche zeigt der Brief an Vater und Schwestern mit der phantasievollen Schilderung dieses Wüstenritts und der Erlebnisse im Orient: »... Da es auf dieser langen Reise nichts als Land, Steine und Räuber gibt, so mußten wir zwölf Kamele mit Lebensmitteln, Hausgeräten, Zelten und Waffen beladen. Wir selbst ritten junge arabische Hengste. In der Wüste sieht man fortwährend die Täuschung der Fata Morgana, welche den ganzen Tag hindurch die herrlichsten Seen mit Holz (Wald) umgibt und dann und wann auch das Meer präsentiert; deutlich sieht man, wie sich die Wellen an den Ufern brechen, und kommt man an den Ort hin, wo man das Wasser sah, so sieht man nur Flugsand, den der Wind in Massen emporhebt...

Überall bis zum Sinai hin, besonders aber am Toten Meer wimmelt es von Räubern... Bei Askalon war's, wo ich mich in Folge der Zügellosigkeit meines Pferdes zu weit von der Karawane entfernt hatte, von zwei Beduinen zu Pferde angegriffen wurde und nur durch die größere Schnelligkeit meines Hengstes unversehrt und unangetastet entkam...

Nach einer 19tägigen Reise kamen wir in Jerusalem an. Von den räuberischen Beduinen wurden wir sehr molestiert; wir kamen aber mit ihnen zurecht, indem wir ihnen den arbiträrisch von ihnen eingesetzten Tribut zahlten und uns nur dann mit Drohungen der Waffen freimachten, wo wenige es wagten, auf uns zuzukommen...

Ich gehe nun morgen in Begleitung von drei Engländern nach Hebron und den Tausende von Jahren vor Christi in den Felsen ausgehauenen Städten von Arabia Peträa weiter, von wo wir das ganze Tote Meer umreiten und am 13. Mai hier in Jerusalem zurückzusein hoffen, um darauf, vier Tage später, die Reise zu Pferde über Damaskus nach Beirut zu machen und Baalbek und die Zedern des Libanon zu besuchen. Die Reise, die wir jetzt zunächst vorhaben, ist die gefährlichste von allen und seit zwei Jahren hat es keiner der kühnsten Reisenden gewagt, sie zu machen... Von Gaza ab ist es überall in Palästina und Syrien klassischer Boden. Denkmäler der alten Kunst wie in Ägypten gibt es nicht, denn das feuchte Klima hat alles zerstört. Die Straßen, auf welchen unser Erlöser hier in Jerusalem wandelte, befinden sich 40 bis 50 Fuß unter den jetzigen, denn bei den 17 Zerstörungen der Stadt wurden jedes Mal die neuen Fundamente auf die Ruinen der alten Häuser gelegt. Ich brauche Euch wohl kaum zu versichern, daß ich den Garten von Gethsemane (von welchem einliegend eine Blume), den Ölberg und kurz jeden im Neuen und Alten Testament erwähnten Platz besuchte... Durch Hilfe der Konsuln erhalte ich hier bei allen Feierlichkeiten einen Platz in der Kirche, die so vollgepfropft voll Menschen ist, daß, wie man versichert, vor Ostern täglich Leute zerquetscht werden, denn der Andrang von Pilgern zu diesem Osterfest ist ungeheuer. Schon seit Kairo gehe ich als Engländer und mit weißem Turban und nenne nie den Namen Mohammed, denn das Volk ist hier sehr fanatisch, und man würde mich auf der Stelle töten beim leisesten Argwohne, daß ich über die Religion spotten wollte...

Auf dem Libanongebirge, 26. Mai 1859

Ich schreibe Euch dies im Haine der über 4000 Jahre alten Zedern, von denen Salomon das Holz zum Tempelbau nahm. Vier Tage brauchte ich, um das Gebirge bis hier zu übersteigen. Heute war ich den ganzen Morgen im ewigen Schnee. Die Reise nach Petra wurde glücklich vollendet, denn wir machten in Hebron mit dem berüchtigten Räuberhauptmann Abu Dahud einen Kontrakt, daß er uns persönlich nach Petra und längs des Toten Meeres zurück nach Jerusalem bringen mußte... Wir begaben uns eiligst ans Tote Meer, wo wir drei

Tage in der gräßlichen Hitze von 35 Grad Reaumur im Schatten und 45 Grad in der Sonne zubrachten. Ich badete oft im Toten Meere. Ganz unmöglich ist es unterzusinken, denn das Wasser enthält 26 ½ Prozent Salz. Von den Schlangen wurden wir gräßlich belästigt. Kaum waren des Abends die Feuer angezündet, so kamen sie in Scharen auf uns zu ...

Petra ist mit seinen Palästen, Theatern und Tausenden von palastartigen Gräbern – alles in dem im herrlichsten Farbenspiel prangenden, Tausende von Fuß hohen Felsen ausgeschnitten – gewiß sehr merkwürdig. Wir besuchten dicht bei Petra, auf dem Berge Aaron, Aarons Grab, auch die Gräber von Abraham, Isaak und Jakob in Hebron. Von Jerusalem ging ich nach Jericho und dem Jordan, in welchem ich badend und überschwimmend beinahe ertrunken wäre, denn mit wütendem Ungestüm tobt der Strom ins Tote Meer. Am Toten Meere besuchten wir die Trümmer von Gomorra und Ingedi. Von Jerusalem ging ich ganz allein mit einem Haushälter, zwei Bedienten, zwei Pferden, zwei Mauleseln und einem Esel nebst Zelt und Küche nach El Bireh, von da nach Samaria, Nazareth, Kana, Tiberias, Berg Karmel, dem alten Tyrus, Sidon, Beirut.

Damaskus, 30. Mai 1859

Ich habe mein Zelt hier in einem herrlichen, öffentlichen Garten aufgeschlagen, durch welchen ein Fluß und mehrere Bäche laufen. Aprikosen-, Mandeln-, Feigenbäume usw. bilden den Wald des Gartens. Für einen Silbergroschen gibt's hier hundert herrliche Aprikosen. Außer den großen Bazaren und den schönen keuschen Jüdinnen ist hier nichts Merkwürdiges. Von den Zedern aus besuchte ich Baalbek, das alte Heliopolis, dessen drei Tempel die kolossalsten Gebäude sind, die ich jemals sah ...

Ich gehe morgen oder übermorgen nach Beirut zurück, um am Freitag mit dem russischen Dampfboot nach Smyrna zu fahren. ... Ich werde wohl von Smyrna nach Konstantinopel gehen. Später nach Odessa; denn ich will Landeigentümer im südlichen Rußland ansehen und wenn passend kaufen...«

Letztes Ziel der Reise sollte Ithaka sein. Hier wollte er auf den Spuren Homers und seines berühmten Helden Odysseus ein neues Leben beginnen, das nur noch im Dienst der Wissenschaft stehen sollte.

Da wurde er jäh in die alte, nüchterne Welt der Geldgeschäfte zurückgerufen. Aus Petersburg traf die Nachricht ein, daß der Kaufmann Stepan Solovieff, der ihm 83 000 Rubel schuldete und sich verpflichtet hatte, sie innerhalb von vier Jahren in Raten zu begleichen, Schliemann des Betrugs und der Wechselfälschung beschuldigt und einen Prozeß gegen ihn angestrengt hatte. Der in seiner Ehre angegriffene Schliemann ließ sofort von allen seinen schönen Plänen ab, kehrte trotz einer fiebrigen Erkrankung auf kürzestem Weg nach Petersburg zurück und erhob gegen Solovieff Klage wegen Verleumdung. Er gewann die Prozesse, doch zogen sie sich über volle drei Jahre hin.

Während der Wartezeit begab er sich Ende August 1859 zunächst auf eine drei Monate währende Studienreise durch Spanien. Über Bordeaux, Bayonne und San Sebastian fuhr er nach Madrid, wo er sich für zwölf Tage einquartierte. Er nahm sich einheimische Begleiter und Stadtführer und gebrauchte während seines ganzen Aufenthalts in Spanien ausschließlich die Landessprache. Auf Ausflugsfahrten nach Toledo, Segovia, Cordoba und zum Eskorial studierte er die herrlichen alten Kulturdenkmäler aus karthagischer, römischer und sarazenischer Zeit. Für die abwechslungsvolle Landschaft, die Bräuche und Erwerbsmöglichkeiten der Bevölkerung hatte er ein ebenso scharfes wie kritisches Auge. Mit Bewunderung sah er die Meisterwerke der spanischen und italienischen Maler in der Königlichen Gemäldegalerie im Madrider Prado und die großartigen Gärten und Wasserspiele im Schloß Ildefonso. Auch einen Besuch des Felsens von Gibraltar und der

Seefeste Cadiz ließ er sich nicht entgehen. Sevilla, Malaga, die Alhambra, Alicante, Valencia, Barcelona waren die weiteren Stationen seiner Studienreise; und als er am 11. Oktober in Barcelona an Bord ging, um die Heimfahrt anzutreten, schloß er sein Tagebuch mit den Worten: »Es war mir schmerzlich, mich von Spanien, wo ich fast zwei Monate auf das angenehmste verbracht habe, zu trennen.«

Nach seiner Rückkehr stürzte er sich von neuem in die Arbeit, in Unternehmungen, die ihm, wie nie zuvor, ungeheure Gewinne einbrachten.

»... Um mir Zerstreuung zu verschaffen machte ich im vergangenen Jahr (1860) große Geschäfte, importierte unter anderem 15 000 Ballen amerikanische Baumwolle und erhielt im ganzen für zirka zweieinhalb Millionen Silberrubel Waren... Solange die Prozesse dauern, kann ich nicht an den Ankauf von Eigentum denken; sobald aber dieselben beendet sind, fange ich wieder an abzuwickeln, denn das Gewühl des großen Geschäfts macht mir kein Vergnügen mehr... Ich fing ja die Geschäfte auch nur zum Zeitvertreib wieder an, weil mein Ehrgefühl mich zwang so lange hier zu bleiben als die Prozeßsache währt...«, schrieb Schliemann an Freund Bahlmann in Waren; und an Graf di Bassi in Bologna: »... Trotz aller meiner Bemühungen war es nicht möglich zu einem Ende zu gelangen, denn mein Gegner bestach die Sekretäre, die den Bericht zu schreiben hatten, um zu verhindern, daß sie berichteten und um das Ergebnis hinauszuzögern. Er glaubte dadurch mich die Geduld verlieren zu lassen und mich zu zwingen, ihm die Hälfte der Streitsumme von 80 000 Rubel zu bezahlen. Ich kann Ihnen nicht beschreiben, wie sehr ich gelitten habe bei meinem heißblütigen Charakter in all dieser Zeit. In der Tat, recht oft habe ich in einer einzigen Nacht für eine Million Ärger und Wut in mich hineingeschluckt. Viel lieber hätte ich zehnmal den strittigen Betrag bezahlt als all diese Unannehmlichkeiten zu erleiden; nachdem aber meine

Ehre außerordentlich bloßgestellt war, konnte ich nicht auf einen einzigen Bajocco verzichten. Dem Himmel sei Dank, daß nun gestern (14.6.1861) der Senat endlich sein Urteil verkündet hat. Er hat mich aller Schuld freigesprochen, er hat meinen Gegner einen niederen Verleumder genannt, ihn verurteilt, mir die 80 000 Rubel zu bezahlen und außerdem wegen der falschen Anklage eine Strafe von 25 Prozent dieser Summe zu Gunsten der Stadt zu bezahlen, wobei er hinzufügte, daß diese Klage so ungefähr die scheußlichste Absurdität darstelle, die je die heiligen Stätten der Justiz verunehrt habe.«

1861 wurde Schliemann zum Handelsrichter ernannt, 1864 erblicher Kaufmann Erster Gilde.

Obwohl Katharina inzwischen, 1858 und 1861, zwei Kinder geboren hatte, die auf die Namen Natalia und Nadeshda getauft wurden, zerbrach die Ehe immer mehr. Schliemann fürchtete, »bei diesem namenlosen täglichen und stündlichen Ärger ganz zu Grunde zu gehen« und mußte zu seinem größten Leid – um der Kinder willen – erkennen, daß alle seine Versöhnungsversuche aussichtslos waren.

Was er im Jahr 1863 unternahm, geschah unter dem endgültigen Entschluß, sein Geschäft aufzugeben. Er begann außer Wertpapieren große Mietshäuser in Paris zu kaufen und zeichnete Zehntausende von Pfund hohe Obligationen auf Eisenbahnen in Havanna auf Kuba und in den Vereinigten Staaten. Dann übertrug er zweien seiner vertrauten Bankiers in Petersburg die Wahrung seiner Geschäftsinteressen und hinterlegte bei der Firma Schröder-London sein Testament mit der Bestimmung, daß sie das Testament zu öffnen habe, nachdem nach Ablauf von sechs Monaten keine Nachricht von ihm eingegangen sei. Dann trat er mit dem Vorsatz, nie wieder nach Europa zurückzukehren, eine Reise um die Welt an.

Auf Weltreise

Es war nicht nur Sehnsucht nach der Ferne und »Reisewut«, die Schliemann seit seinen Jugendtagen erfüllte. Der Drang zu lernen und sein Wissen zu bereichern waren nicht minder starke Triebkräfte, und immer mehr konzentrierte sich sein Interesse auf das Gebiet der Kulturgeschichte und Archäologie. Die sorgfältig geführten Tagebücher der Orient- und Spanienreise zeigen Schliemann in seiner Aufgeschlossenheit für die wechselnde Eigenart der Landschaft und der Bevölkerung, für die Denkmäler der Geschichte und der Kunst, die wirtschaftlichen und sozialen Verhältnisse des Landes und seiner Menschen.

Die neue Reise, die ihn um die ganze Welt führen sollte, begann Mitte April 1864 mit einem fünfwöchigen Kuraufenthalt in Aachen. Dann ging die Fahrt über Paris, Genua, Sardinien nach Tunis, wo er eine Woche Aufenthalt nahm und auch Karthago besuchte, dessen Trümmer der zukünftige Archäologe mit großem Interesse »in Augenschein nahm«. Eine weitere Woche verbrachte er auf der Insel Malta. »Von dort aus ging ich nach Ägypten«, schrieb er am 29. Juni aus Kairo an seine Schwester Wilhelmine. »Dies Land muß man im Winter besuchen, wie ich es vor fünf Jahren tat... Um mich gegen den Sonnenschlag zu schützen, trage ich eine weiße Kappe und darüber einen ungeheuren Hut (ohne Krempen) von dicker roter Wolle; oben auf dem Hut ist ein zwei Fuß langer faustdicker Schweif von blauer Seide befestigt, ... der Schwanz hängt lang auf dem Rücken herunter... Mein größtes Leiden ist hier der unerlöschliche Durst, der mich täglich Eimervoll von dem 29 Grad warmen Nilwasser wegtrinken macht...

6. Juli. Soweit geschrieben, wurde ich kränker und mußte sieben Tage in einer Hitze von 33 Grad Reaumur unter einem Moskitonetze im Bett bleiben. Heute erst befinde ich mich besser ... und werde schon über acht Tage nach dem Isthmus von Suez gehen können, um den Riesenbau des Kanals zu sehen ...«

Die ernstliche Erkrankung zwang jedoch Schliemann zu einer Rückkehr nach Italien, damit er sich in den Bädern von La Poretta einige Wochen erholen konnte. Zwischendurch besuchte er Florenz, Capri, Pästum, Neapel und zum wiederholten Mal die Ausgrabungen in Pompeji.

In Neapel zwang ihn eine sehr schmerzhafte Ohrenentzündung, sich in ärztliche Behandlung zu begeben. Trotz strengen Verbots verzichtete er aber nicht auf das tägliche Seebad im stark salzhaltigen Mittelmeer. Auch bei einigen Ärzten in Paris konnte er keine wirksame Hilfe finden. So fuhr er schließlich nach Würzburg, wo ihm durch einen der Herren Schröder Professor von Troeltsch als Spezialist empfohlen worden war. Troeltsch stellte »eine seit Jahren bestehende Verengung des Gehörgangs und Wucherungen am Trommelfell« fest, die wahrscheinlich auf Erkältungen zurückzuführen waren. Nach dreiwöchiger Behandlung konnte Schliemann die Fortsetzung der geplanten Reise wagen und kehrte über Wien, Triest, Korfu nach Ägypten zurück. Auf einem englischen Schiff ging die Fahrt von Suez durch das Rote Meer nach Indien. Auf dem Weg dahin begann er als 18. Fremdsprache Hindustani zu lernen.

Schliemann führte auf dieser fast zwei Jahre dauernden Reise ein Tagebuch, in dem – wie sein Biograph Ernst Meyer bemerkt – »die ganze Welt eingefangen ist« und das in einer Fülle von lebendig und farbig fixierten Eindrücken »ein vielseitiges Bild der Zeit vor hundert Jahren« vor dem Leser entstehen läßt. Doch wo ist der Leser, der dieses 581 Seiten umfassende Reisetagebuch zu lesen vermöchte? – Es ist zum größten Teil in Englisch, Deutsch, Französisch und Italienisch geschrieben, aber es wechselt seitenlang bald ins Niederländische und Spanische, bald ins Russische, Arabische und Neugriechische über, wie es eben dem Sprachgenie beliebte; denn es war ja nur für ihn selbst geschrieben als ein Erinnerungsbuch, in dem er Geschautes, Erlebtes und Gedachtes festzuhalten suchte.

Am 13. Dezember 1864 ging Schliemann in Kalkutta an Land, wo er gleich am zweiten Tag eine Indigoversteigerung erlebte, – im Erzeugerland dieser natürlichen blauen Farbe, mit deren Handel er sich ein Vermögen erworben hatte. Nach einer Eisenbahnfahrt über 1300 Kilometer, die nicht weniger als 53 Stunden in Anspruch nahm, traf er am 25. Dezember in Delhi ein. Tag für Tag war er mit einem Diener unterwegs, um die zahlreichen herrlichen Moscheen, Mogulpaläste und kunstvoll angelegten Gärten der Stadt und im Vorgelände des Himalaja bei Radgepur und Dehra die riesigen Tee-, Kaffee-, Zuckerrohr- und Baumwollpflanzungen zu besichtigen.

Einen Blick auf die gewaltige Kette der schneebedeckten Himalajaberge genoß er von dem 2300 Meter hoch gelegenen Dorf Landur. Überwältigt von dem großartigen Panorama schrieb er in sein Tagebuch: »Mehr als zwei Stunden blieb ich auf der höchsten Stelle in Landur, sah bald zurück, bald nach vorne. Meine Augen konnten sich nicht sattsehen, der Ausblick in die Landschaft war zu mächtig, zu erhaben. Da stand ich, überwältigt von der Schönheit des Blicks auf die Berge, die über ein Sechstel aller Menschen seit unzähligen Generationen für den Wohnsitz ihrer Götter halten, inmitten dieser Berge, die dem mächtigen Indus und dem heiligen Ganges den Ursprung verleihen – mit denen durch geschichtliche Ereignisse vielleicht höchstens noch der majestätische Nil verglichen werden kann ...«

Eine Welt voller Seltsamkeiten und Wunder war für ihn Benares. Während seines dreitägigen Aufenthalts ließ er sich zuerst in einem Kahn den Ganges bis ans nördliche Ende der Stadt hinauf rudern und dann am dreißig Meter hohen Ufer entlang wieder abwärts treiben. Er berichtet darüber:

»... Viele, viele Tausende von Männern, Frauen und Kindern stehen in ununterbrochenen Reihen ... im Flusse. Fast jeder hat ein messingnes ... Gefäß in der Hand, welches er betend mit Wasser vom heiligen Flusse füllt, und betend gießt er sich davon etwas auf die Hände und wirft es wieder in den Fluß; andere benetzen sich mit dem Wasser die Stirne, noch andere den Kopf... Nach verrichteter Andacht wäscht sich jeder sorgfältig den ganzen Körper, wobei der größte Anstand beobachtet wird, und besonders zeichnen sich in letzterer Hinsicht die Frauen aus...

Sechs Menschen eilten, eine Leiche auf einer Bahre tragend und dem Verbrennungsplatz zugewandt, unter dem fortwährenden Rufe ›Ram! Ram!‹ vorbei. Dies mußte ein sehr armer Toter sein, denn auf dem Verbrennungsplatze, wo ich einige Minuten darauf vorbeikam, war ein Scheiterhaufen von getrockneten Kuhpfannkuchen für ihn aufgehäuft, während ein anderer Leichnam auf einem Stoße Holz verbrannt wurde... während die Priester die Götter anrufen, den Seelen der Verstorbenen gnädig zu sein...«

Nach der Fahrt auf dem Ganges besichtigte Schliemann die Stadt. Im Tagebuch berichtet er: »... Die Aussicht vom Minar auf die mit Palästen gefüllte und mit herrlichen Gärten umgebene heilige Stadt und auf den mächtigen Ganges, der hier einen großen Bogen bildet, besonders aber auf die Tausende von badenden Männern und Frauen im Fluß war äußerst interessant...

Die reichen Damen waren wirklich überladen mit Schmucksachen: zwölf mit Edelsteinen besetzte goldene Ohrringe in jedem Ohr, eine Menge großer massiger goldener Fußringe mit Juwelen um die Enkel, kostbare Ringe, eine Masse reicher Armbänder um Ober- und Unterarm, eine Menge schwerer goldener Halsketten mit Juwelen. Die Nichtreichen sind nicht weniger beladen, nur ist ihr Schmuck von Silber oder von Messing...«

Am Nachmittag stattete er dem Tempel der Göttin Druga

einen Besuch ab. Im Hof und auf dem Tempeldach trieben sich 300 heilige Affen herum, die von den in Scharen herbeiströmenden Gläubigen gefüttert wurden. Auf den Treppen zum Ganges hinunter sah er »die Brahmanen unter ihren großen Sonnenschirmen sitzen in roten, grünen und blauen Gewändern, mit einer Halskette von Holz oder Nüssen und einer Schnur am Hals, wie sie, Gebete in Sanskrit murmelnd, den Gläubigen Blumen und Kränze gegen einen unbedeutenden Bakschisch verteilten.«

Am 26. Januar fuhr Schliemann mit einem englischen Dampfer von Kalkutta über Penang nach Singapur und traf am 19. Februar in Batavia auf Java ein. Er war entzückt von der üppigen Vegetation der Insel, den vielen Teichen, auf denen Lotos-Seerosen mit Blättern von mehr als einem Meter Durchmesser schwammen. Sorgsam gepflegt fand er die weitgedehnten Reisfelder, Indigo- und Teeplantagen. Aus dem Hotelfenster ging sein Blick über den blühenden Garten hin zu dem 3000 Meter hohen Vulkan Gedeh, zu dem er einen abenteuerlichen Ritt unternahm.

Plötzlich wurde er von hohem Fieber befallen und mußte wegen wieder aufgetretener Ohrenschmerzen einen Arzt aufsuchen, der einen Teil der Wucherungen herausoperierte.

Die Weiterreise nach China führte über Saigon nach Hongkong, wo Schliemann am 1. April 1865 ankam. Auf einem Gang durch die Stadt tauschte er bei einem der Geldwechsler, die an allen Straßenecken standen, Dollars in die landesübliche Währung um und erhielt zu seinem Erstaunen für einen Dollar tausend gelochte Kleinmünzen, die zu je 50 Stück auf einen Bastfaden gereiht waren. In seinem Reisetagebuch berichtet er: »Die Häuser sind zweistöckig; der untere Stock dient als Bude und der obere Stock als Wohnung ... In dem einen Laden verkauft man Zuckerrohr, in dem andern Austern in noch geschlossenen oder geöffneten Schalen oder ganz aus den Schalen genommen, roh, gekocht oder gebraten ... Besondere Aufmerksamkeit verdienen die zahlreichen Buden, worin Porzellan verkauft wird, welches mit Recht seinen großen Ruhm verdient. In der Tat sieht man hier Tassen, die in Feinheit und Durchsichtigkeit nur mit Glas verglichen werden können... Und die Garküchen in freier Luft, wo den ganzen Tag über zwei Feuern Reis, Muscheln, Austern, Krebse usw. gekocht und von zerlumptem, schmutzigen Publikum aus Näpfchen mittelst zwei Stäbchen stehend oder liegend verzehrt wird...

Die Straßen waren voll Menschen, durch welche sich mit lautem Geschrei die Sänftenträger,... die Schweine-, Hühner-, Ententräger, die Sänften der Mandarine mit vier Trägern und verschiedenen Bedienten vorne und hinten, ... die Papier-, Laternen- und Holzträger drängen...«

Am Abend ließ er sich zu einem der ›Blumenboote‹, den mit bunten Lampions geschmückten schwimmenden Vergnügungslokalen, fahren. Sie waren »voll von jungen, hübschen Damen mit gefärbten Backen, Lippen und Augenbrauen und kunstvoll aufgebautem üppigen Haarwuchs. Sie tragen dunkle Hosen, gelbe oder rote Jacken oder ein blaues Oberkleid mit weiten Ärmeln. Ihr Mund scheint in Kleinheit mit den Zwergfüßen zu wetteifern, die in schwarzseidenen Schühchen mit dicken weißen Sohlen eingeengt sind... Männliche und weibliche Musikanten spielen auf Harfen, Guitarren und einer höchst sonderbaren Sorte von Violinen...«

Über Amoy und Futschou fuhr Schliemann auf einem zweirädrigen Maultierkarren, der mit einem blauen Baumwollstoff gewölbeartig überspannt war, dem damals noch einzigen Fahrzeug in ganz China, »zu kurz, um sich in ihm hinlegen zu können, nicht hoch genug, um auf europäische Art drin zu sitzen«, durch weitgedehnte Reisfelder und üppig blühende Baumwollpflanzungen den Pei-ho aufwärts nach Tientsin und weiter nach Peking.

In seinem Buch »China und Japan in der Gegenwart« (1865), das er während der 50 Tage dauernden Fahrt über den pazifischen Ozean niederschrieb, berichtet er:

»Wie zerschlagen kam ich am 30. April abends um 6 Uhr in Peking an, von dem ich nichts sah, bevor ich vor seiner Stadtmauer stand. Sie aber ist großartig, gewaltig, ja erhaben... Peking besteht aus drei Städten: der Kaiserstadt, der Tatarenstadt und der Chinesenstadt. Die Stadtteile sind durch hohe, stark befestigte Mauern mit Türmen und Toren voneinander getrennt; das Ganze ist von der riesigen, 52 Kilometer langen Ringmauer umgeben... Als ich durch eines der neun Tore Peking betrat und die nach beiden Seiten unabsehbar sich hinziehende große Mauer sah, war ich von der gleichen Bewunderung erfüllt mit der Marco Polo bei seiner Rückkehr nach Venedig im Jahre 1291 von der Herrlichkeit ... der Hauptstadt des großen Khan erzählte...

Ich glaubte im Innern der Stadt Wunder über Wunder zu begegnen, aber ich hatte mich schrecklich getäuscht. Da es in Peking keine Hotels gibt, ausgenommen die abstoßend schmutzigen Herbergen für Reisende, nahm ich Aufenthalt in einem Buddhatempel... Die schmalste Straße hat mindestens sechs Meter, die Mehrzahl aber etwa 20 Meter Breite; viele sind sogar 30, einige bis zu 50 und 60 Metern breit. Alle Häuser sind einstöckig und aus luftgebrannten, bläulichen Ziegelsteinen gebaut. Alle Fenster der Privathäuser gehen auf den Innenhof hinaus, nur die Läden haben Fenster zur Straßenseite. Die Fassaden sind mit kunstvollen Schnitzereien geschmückt, die alle Arten von Ungeheuern, insbesondere Drachen oder auch mythologische Szenen darstellen... Es gibt aber fast keine Straße, in der nicht mehr oder weniger zum Teil oder ganz zerfallene Häuser stehen. Da aller Schmutz und Kehricht auf die Straßen geworfen wird, sind sie voller Hügel und Gräben und immer wieder weisen sie so tiefe Löcher auf, daß man sie selbst zu Pferd nur mit größter Vorsicht umgehen kann. Ständig ist man in eine abscheuliche Staubwolke eingehüllt, die die Sonne verfinstert und das Atmen erschwert.

Überall wird man von einem Haufen völlig nackter oder

in einige erbärmliche Lumpen gehüllte Bettler verfolgt... Überall sieht man fast nackte Lumpensammler, die mit einem Korb auf der Schulter und einer kleinen Harke in der Hand den Kehricht und die Abfälle durchstöbern und die kleinsten Papierfetzen und Kohlestücke herausklauben... In allen Straßen stößt man auf eine Menge dieser jämmerlichen zweirädenrigen Wagen mit Tuchverdeck, wahre Schinderkarren, ... die hierzulande Droschke, Kalesche und Frachtfuhrwerk in einem sind. Überall begegnet man diesen langen, findig gebastelten chinesischen Schubkarren, die das Rad nicht vorne, wie in Europa, sondern in der Mitte haben, auf denen aber ein Mann mit Leichtigkeit sechs volle Wasserkörbe befördert.

Die Chinesen verstehen wasserdichte Körbe zu flechten, und sie ziehen Körbe den Eimern vor, weil sie viel leichter und billiger sind. Wo man geht, hört man Hundegebell, Eselsgeschrei und die heiseren, klagenden Rufe der langhaarigen mongolischen Kamele, die in Karawanen bis zu 60 und 70 Stück, durch die Nasenlöcher mit Bambusstricken aneinander gebunden, in gemessenem Paßgang durch die Straßen ziehen.

Häufig sieht man Verbrecher, die ein mehr als quadratmetergroßes dickes Brett um den Hals tragen, das es ihnen unmöglich macht, die Hand zum Munde zu führen. So sind sie gezwungen, die Vorübergehenden nicht nur um Nahrung anzuflehen, sondern sie sich auch in den Mund stecken zu lassen. Auf dem Brett sind, allen lesbar, ihre Verbrechen und die Strafdauer eingetragen. Außer den ins Brett gespannten Verurteilten sieht man auch andere, die Eisenklötze von mindestens zwanzig Pfund Gewicht an Arm und Bein mit sich schleppen, so daß sie nur gehen können, wenn sie die Eisenklötze auf dem Kopf tragen...

Ich begegnete dem Leichenzug eines Mannes, der sich offensichtlich durch die Anzahl seiner Piaster und nicht durch seinen Rang auszeichnete. 120 Kulis gingen zwei und zwei, in der Hand lange rote Stangen, an deren Enden große weiße und himmelblaue Banner wehten, bestickt mit Episoden aus dem Leben Buddhas. Den Trauergästen folgten zwölf Musikanten mit Trommeln und Gongs ... und spielten eine ohrenbetäubende Trauermusik. Nach ihnen kamen zwei Kulis, die den Sessel und die Kleider des Verstorbenen trugen. Die Gegenstände schienen anzuzeigen, daß er ein einfacher Krämer gewesen war. Nun folgten, ebenfalls zwei und zwei gehend, 72 Kulis, die goldverzierte Stangen trugen. Den Schluß der Prozession bildete eine riesige, rotbemalte Totenbahre, die nicht weniger als acht Meter lang und vier Meter breit war. Sie wurde von 40 Kulis getragen. In der Mitte der Tragbahre stand der mächtige Sarg, der mindestens vier Meter lang war, dessen Farbe ich aber nicht erkennen konnte, weil er mit einem roten Seidentuch bedeckt war. Über die ganze Tragbahre war eine riesige himmelblaue, mit prachtvollen goldgestickten Drachen geschmückte Decke gebreitet...

Bald darauf begegnete ich einem Hochzeitszug. Man trug die Braut in der Sänfte zum Haus ihres zukünftigen Gatten; das ist die einzige Gelegenheit, bei der es einem gewöhnlichen Sterblichen in Peking erlaubt ist, sich in der Sänfte tragen zu lassen. Diese hier war mit einer großen rosaseidenen und mit handgearbeiteten Goldstickereien geschmückten Decke ausgeschlagen. Von der Insassin war kaum etwas zu sehen. Die kokette Art der Aufmachung sowohl der Sänfte als auch ihrer Ausschmückung, der Luxus der Stickereien und die schönen kleinen Göttinnenbilder in Goldrahmen, die rings um die Sänfte angebracht waren, – alles ließ darauf schließen, daß die Braut eine große Schönheit sein und also die zierlichsten Füße besitzen mußte. Tatsächlich wird in China die Schönheit der Frau ausschließlich an der Kleinheit des Fußes gemessen... Der kleine Fuß ist in China der Gegenstand der süßesten heimlichen Wünsche eines jungen Mädchens, der Stolz der verheirateten Frau und ihr Trost im Elend... Welches Negligé die Frau auch tragen mag, ihr Fuß – einziges Objekt ihrer Koketterie – ist immer mit anspruchsvoller Pracht bekleidet. Sie hüllt ihn gewöhnlich in ein grellfarbenes Seidentuch und schlüpft dann in kleine Schuhe aus roter oder schwarzer Seide mit vier Zoll dicken, weißbemalten Ledersohlen ...

Eine stattliche Zahl Wanderköche geht durch die Straßen, auf der einen Schulter eine tragbare Küche, auf der andern einen Korb voll heißer, in Öl gebackener Reiskuchen ...

Unterwegs kam ich an der kaiserlichen Residenz vorbei, die nicht weniger als zwölf Kilometer im Umkreis einnimmt und mit einer acht Meter hohen Mauer umgeben ist. Außer den dem kaiserlichen Hause attachierten Würdenträgern ersten Ranges darf niemand die Residenz betreten. Es wäre zutreffender, diesen ummauerten Platz als das Gefängnis des Herrschers und nicht als seine Residenz zu bezeichnen, da die Gewohnheiten und die Sitten des Landes ihm nicht erlauben, es je einmal zu verlassen ... Die Mauer, die seit Jahrhunderten nicht mehr ausgebessert worden ist, kann von einem Tag auf den andern zusammenstürzen ... Ich sah ausgedehnte, mit prachtvollen Pavillons geschmückte Gärten, – es schien jedoch alles im höchsten Grad vernachlässigt und im Zerfall begriffen zu sein ...

Zuletzt gelangte ich dann in die Chinesenstadt, wo mich das Theater lockte. Es gab deren drei in der gleichen Straße; zwei waren überfüllt, im dritten fand ich Platz auf der Galerie. Auf die große Eingangstür waren zwei Drachen mit weit aufgesperrten roten Rachen gemalt ... Alle Plätze waren von Zuschauern besetzt, die gleichzeitig gute Gäste zu sein schienen, denn sämtliche Tische waren mit füllhornartigen Schalen bedeckt, die Branntwein, Teekannen, Brot, verschiedene Konfitüren, Melonenkerne, Weintrauben, Gemüse, Reis, Äpfel, Birnen, Tabakspfeifen und Tabak enthielten. Ich sah keinen hier sitzen, der unbeschäftigt war, denn die einen aßen, die andern tranken oder rauchten. Es waren nur Männer anwesend, weil es in China als unanständig gilt, daß eine ehrbare Frau ins Theater geht ... Die Schauspieler sind im ›himmlischen Reich‹ sehr geringgeachtet und die Sitte verbietet dem schönen Geschlecht, sich dem Theaterberuf zu widmen. Deswegen sind auch alle Frauenrollen von verkleideten Männern besetzt, die dank ihrer weiblichen äußeren Erscheinung, ihres langen Haarwuchses und ihrer weichen Stimme Frauen vollkommen naturgetreu nachzuahmen verstehen. Die Kostüme, sowohl der Männer- als auch der Frauenrollen, sind aus roter, gelber, blauer, grüner oder weißer Seide und mit wundervollen Seiden- oder Goldstickereien bedeckt. Die von Kränzen und Gewinden überragte Frisur der Frauen funkelt von unzähligen Glassplittern, die von weitem wie echte Diamanten wirken... Es war sieben Uhr abends, und ich hatte seit fünf Uhr morgens nichts mehr gegessen. Mein Verlangen, Peking anzusehen, hatte mich meinen Hunger vergessen lassen.«

»Ich hatte über die ›Große Chinesische Mauer‹ so viel Widersprüchliches gehört, daß ich dem Verlangen nicht widerstehen konnte, die Mauer zu besuchen«, schreibt Schliemann zu Beginn seines Buches »La Chine et le Japon«. Nun, am 2. Mai 1865 machte er sich in Begleitung seines Dieners Atshon, er selbst zu Pferd, Atshon mit dem Gepäck auf einem Zweiräderkarren, von Peking aus auf den Weg nach Norden. Erstes Ziel war Kou-pa-kou, das in einem von hohen Bergen eingeschlossenen Tal nächst der Grenze zur Mandschurei lag. Und hier gab es gleich ein erstes Abenteuer zu bestehen für den kleinen weißen Mann mit dem großen arabischen Turban und einem Schweif aus blauer Seide dran. »Die Ankunft eines Fremden erregt der Seltsamkeit wegen Aufsehen«, berichtet Schliemann. »Wenn ein angekleideter Orang-Utan oder Gorilla plötzlich in den Boulevards von Paris spazieren ginge, würde sein Erscheinen nicht weniger Neugier und Erstaunen hervorrufen als mein Auftreten unter diesen Gebirgsbewohnern. Kaum hatte ich das Stadttor hinter mir, war ich von einer Menschenmenge umringt, die mich bis zur Herberge begleitete und mir sogar in mein Zimmer folgte. Es konnte gar nicht alle Leute fassen. Sie stiegen zum Teil zum Fenster herein und zerrissen die Papierscheiben, um mich anzustaunen. Keiner konnte verstehen, warum ich nicht auf chinesische Art gekleidet war, warum ich die Haare kurz trug und nicht lang und in Zöpfe geflochten, die bis zur Erde reichten. Vielleicht hätte man mir diese Geschmacklosigkeit noch verziehen. Als sie aber sahen, daß ich von links nach rechts sonderbare Zeichen schrieb und noch dazu mit einem Bleistift oder einer Stahlfeder – die in China völlig unbekannt sind –, daß ich keine chinesischen Buchstaben mit dem Pinsel von oben nach unten und von rechts nach links malte, – da war das für sie eine so unerhörte Sache, daß sie sich an diesem Wunder nicht sattsehen konnten. Diese Neugier belustigte mich sehr; aber ich wußte nicht, was ich tun sollte. Ich hätte wohl fünf oder sechs Leute hinauswerfen und davonjagen können, indem ich ihnen mit meiner erhobenen, ungeladenen Pistole Furcht eingejagt hätte; 60 oder 70 Eindringlingen gegenüber war dies jedoch nicht zu wagen, denn sie konnten mir am Ende übel mitspielen. Sie hatten Atshon nach dem Zweck meiner Reise gefragt, und der hatte ihnen unglücklicherweise gesagt, ich wolle die Chinesische Mauer besuchen. Da lachten sie alle zusammen aus vollem Halse, weil kein Mensch verstand, wie einer auf den verrückten Einfall kommen konnte, eine so lange und mühsame Reise zu unternehmen, nur um Steine zu betrachten. Ich mußte erkennen, daß es nicht Chinesenart ist, sich auch nur im geringsten anzustrengen, wenn es nicht unbedingt nötig ist...

Nach dem Frühstück brach ich mit einem Führer auf, um die Mauer zu besteigen. Ein langer Schwanz Neugieriger folgte mir, sobald ich den Fuß auf die Straße setzte, und er begleitete mich sogar bis zum ersten Steilhang. Hier erst besiegte die Angst, sich zu ermüden, ihre Neugier. Alle verließen mich; außer Atshon, der mich anstandshalber bis zur ersten gefährlichen Stelle begleitete, wo sich zu beiden Seiten der Mauer der Abgrund auftut. Hier war die Mauer so weit eingestürzt, daß nur noch ein 34 Zentimeter breites Mauerstück verblieb, so daß man nicht anders als auf allen Vieren darüber hinweg gelangen konnte. Hier ließ der Mut Atshon im Stich und er verließ mich. Also setzte ich meinen Weg allein fort.

Beim Erklimmen der Steilhänge tat ich am besten, in der Nähe der Brüstungen zu bleiben und nicht hinter mich zu schauen. Die gefährlichen Grate legte ich mit geschlossenen Augen und auf allen Vieren kriechend zurück. Nur mit größter Kraftanstrengung und Ausdauer gelangte ich endlich auf den Felsen, zu dem mich mein Ehrgeiz trieb. Was für ein Schreck überkam mich aber, als ich erkennen mußte, daß die Mauer in zwei Kilometer Entfernung abermals ein Felsmassiv überquerte, das mindestens 200 Meter höher war als der Fels, auf dem ich gerade stand. Endlich kam ich aber doch auf dem Gipfel an und stieg auf das Dach des mit Schießscharten ausgestatteten Turmes. Es war Mittag, und ich war schon fünfeinhalb Stunden unterwegs. Doch das Panorama, das sich hier vor meinen Augen ausbreitete, entschädigte mich reichlich für die Anstrengungen meiner weiten Reise und die Mühen des Aufstiegs.

Die Große Mauer ist aus luftgetrockneten, ungebrannten Ziegeln erbaut. Sie bestehen aus einer Mischung von Schlamm und Reisstroh, sind 67 Zentimeter lang, 25 Zentimeter breit und 17 Zentimeter dick. Die Gesamthöhe der Mauer schwankt zwischen achteinhalb und zwölf Metern, ihre Dicke beträgt am Fuß sechseinhalb bis acht Meter, oben vierdreiviertel bis sechseinhalb Meter. Ich habe prachtvolle Ausblicke erlebt: von der Spitze der Vulkane auf der Insel Java und den Gipfeln der Sierra Nevada in Kalifornien, von den Bergriesen des Himalaja in Indien und den Hochplateaus der südamerikanischen Kordilleren, – nichts läßt sich aber vergleichen mit dem prachtvollen Bild, das sich hier vor meinen Augen ausbreitet. In Erstaunen versetzt und bestürzt, voll Bewunderung und Begeisterung konnte ich kaum fassen, so viel Wunderbares auf einmal zu sehen. Diese Große Chinesische Mauer, von der ich seit meiner frühesten Kindheit nicht ohne lebhafteste Neugier erzählen hören konnte, – jetzt sah ich sie vor mir, zehnmal grandioser als ich sie mir vorgestellt hatte. Und je länger ich diese ungeheure Grenzbefestigung mit ihren furchterregenden Türmen und Schießscharten, diese immer über die höchsten Grate der Berge führende Mauer betrachtete, je mehr erschien sie mir als das mythische Werk vorzeitlicher Riesen; ich konnte nicht begreifen, wie sterbliche Hände sie zu erbauen vermocht hatten. Sie ist ohne Frage das größte Bauwerk, das je von Menschenhand gebaut wurde...

Ich wäre sehr gerne bis zum Abend auf dem Turm geblieben, denn ich konnte meine Augen von diesem großartigen Panorama nicht losreißen. Aber die Sonne brannte, und schrecklicher Durst zwang mich zuletzt diese unwirtliche Gegend zu verlassen. Ich kletterte fünf oder sechs steile Abhänge rückwärts hinunter, indem ich mich auf die Hände stützte. Auf einem schmalen, vielfach gewundenen Pfad kam ich schließlich am Fuß des Gebirges an. An mehreren Stellen war der Pfad derart steil, daß ich mich auf den Bauch legen und vorwärts rutschen mußte. Trotzdem fand ich Mittel und Wege, nicht nur mein Fernrohr, sondern auch einen mächtigen, 67 Zentimeter langen Ziegelstein heil davonzubringen, indem ich sie mir beim Kriechen auf den Rücken legte.«

Nach dem Besuch der Großen Mauer kehrte Schliemann nach Peking zurück. Er hatte aber von den zweirädrigen chinesischen Karren genug, mietete daher eine große Barke und fuhr auf ihr unter den abenteuerlichsten Umständen drei Tage lang den Pei-ho hinunter nach Tientsin. Von hier aus brachte ihn ein Dampfboot bei gutem Wind in zweieinhalb Tagen nach Schanghai, wo er nach kurzem Aufenthalt mit dem Dampfschiff »Peking« die Überfahrt nach Japan antrat. Nach fünftägiger Fahrt ging das Schiff am späten Abend des 5. Juni an der Reede von Yokohama vor Anker.

Zahllose kurz gefaßte Eintragungen und eingehende Schilderungen füllen Schliemanns Tagebuch. Aus dem »Land der Sensationen und Gegensätze« berichtet Schliemann in seinem Buch »China und Japan«: »Schon beim ersten Gang durch den

Hafen konnte ich mich leicht überzeugen, daß ich nicht mehr in China war.« Zwei kräftige Japaner übernahmen ihn und sein Gepäck auf ihre Barke und ruderten ihn an eine der Molen. »Als einziges Kleidungsstück trugen sie einen sehr engen Leibgurt, der kaum ihre Absicht, sich zu bekleiden, andeutete. Vom Hals bis zu den Knien war der ganze Körper in roter und blauer Farbe mit Drachen, Tigern, Löwen, männlichen und weiblichen Götzenbildern tätowiert. Ihre Frisur unterschied sich ebenfalls sehr von derjenigen ihrer Nachbarn aus dem ›himmlischen Reich‹, denn sie trugen den Kopf von der Stirne bis zum Scheitel rasiert, ein drei Zoll breites Stück ausgenommen. Der Rest des Haarwuchses war reichlich pomadisiert, aber nicht geflochten; er war mit einem weißen Band zusammengebunden, zweieinhalb Zoll lang zurückgebunden und dann wieder in das weiße Scheitelband eingeflochten, so daß sich der Haarschwanz genau in der Mitte der Glatze ringelte und einen Zoll über der Stirne endete. Es gibt keine andere Männerfrisur in Japan. Kaum war ich an Land angekommen, als zwei Kulis herbei eilten und meine Gepäckstücke auf eine Bambusstange hängten, um sie auf diese Weise weiterzubefördern...

Nachdem ich mich in meinem Quartier im Kolonialhotel eingerichtet hatte, sah ich mir die Stadt Yokohama an. Die zehn bis zwanzig Meter breiten Straßen sind alle beschottert; ihnen entlang stehen zweistöckige Holzhäuser mit bläulichen Ziegeldächern. Das Erdgeschoß ist tagsüber gegen die Straße ganz offen, nachts mit dicken Bohlen verschlossen. Ab und zu sieht man Häuser, die ganz aus feuerfester Stampferde gebaut sind... Wenn man durch die Straßen geht, kann man die Japaner überall bei ihrem häuslichen Tun und Treiben beobachten und den mit Zwergbäumen geschmückten kleinen Blumengarten bewundern, der sich unbedingt hinter jedem Haus befindet; denn jeder Japaner ist ein Liebhaber der Gartenbaukunst. Jede japanische Wohnung ist ein Musterbeispiel von Reinlichkeit. Der Fußboden liegt immer einen Fuß höher als die Straße und ist mit schönen zwei Meter langen und einen Meter breiten Bambusmatten belegt. Matten ersetzen Stühle, Kanapees, Sofas, Tische, Holzbetten und Matratzen, deren Gebrauch, ja deren Existenz die Japaner überhaupt nicht kennen... An Stelle von Löffeln, Messern und Gabeln serviert die Herrin dreißig Zentimeter lange lackierte Holzstäbchen und statt Tellern rotlackierte Schalen, die alle gleicherweise geschmückt sind mit dem Bild des heiligen Vulkans Fudschijama in Gold, oder auch mit Störchen, denn dieser Vogel, der als Symbol des Glücks und langen Lebens gilt, wird allgemein für heilig gehalten.

Das Kostüm der japanischen Frauen ist das am weitesten vom Reifrock entfernte Kleidungsstück, das ich je gesehen habe, da ja die Frauen über einem hemdähnlichen Baumwollkleid nichts tragen als ein langes Gewand von lebhafter, meist hellblauer Farbe. Es ist vorn geöffnet und gleicht in der Form einem männlichen Schlafrock. Die Frauen schlingen ihn mit Hilfe eines Gürtels auf die Weise um den Körper, daß er sie beim Gehen und im Tempo ihres Ganges behindert. Dieses Gewand, das aus einem sehr langen Stück doppelten Stoffes besteht, ist immer so zurechtgemacht, daß es auf dem Rücken eine riesige Ausbuchtung, einer Tasche ähnlich, bildet. Die Frauen gehen immer bloßfüßig und tragen nur viereinhalb bis fünf Zoll hohe Holzsandalen, die an der großen Zehe befestigt sind... Die meisten Frauen lassen ihre Haare wachsen, wenn sie ins heiratsfähige Alter kommen. Bei ihrer Frisur benützen sie sehr verschwenderisch ein aus der Frucht der einfach-blühenden Kamelie gewonnenes Öl und verstehen ihrem Haar eine prächtige Form zu geben ohne es zu flechten. Der einzige Schmuck, den sie tragen, sind lange Haarnadeln, die am einen Ende ein Knopf aus Korallen ziert, oder auch kleine hohle Glaskugeln mit Wasser gefüllt, in dem Goldsplitterchen schwimmen.«

Als eine von europäischem Brauch und Moralempfinden befremdend abweichende Besonderheit erschien ihm das völlig freie Verhältnis der Geschlechter zueinander. Es zeigte sich vor allem in den öffentlichen Bädern, deren Betrieb er eingehend schildert: »Sie bestehen aus einem großen Saal, dessen seitliche Mauern mit Nischen versehen sind, in denen die Kleider abgelegt werden. In einer Ecke des Saals steht ein großer Bottich voll heißem Wasser, das durch eine Röhre aus dem Heizraum einläuft. Zur Straßenseite hin ist der Saal seiner ganzen Länge nach offen. Der Tatbestand, daß in der japanischen Sprache das Geschlechtswort fehlt, um den Unterschied zwischen männlich, weiblich und sächlich auszudrücken, scheint hier im täglichen Leben in die Praxis umgesetzt zu sein, – denn von der Morgendämmerung bis zum Einbruch der Nacht sind alle öffentlichen Bäder gefüllt mit einem wirren Durcheinander beider Geschlechter aller Altersstufen im einzigen Kostüm unserer Vorfahren ehe sie in den fatalen Apfel gebissen hatten. Jeder schöpft heißes Wasser in einen Eimer, wäscht sorgfältig den ganzen Körper, kleidet sich wieder an und geht.«

Zu Anfang Juni hatte Schliemann die nur den Fremden eingeräumte Gelegenheit, einer großen »Prozession« beizuwohnen, nämlich der Reise des Taicoun, des gegenwärtig regierenden, weltlichen Kaisers, aus Yédo nach Osaka, wo er dem Mikado, dem mit religiösem Nimbus umgebenen »Himmelssohn«, einen Besuch abstatten wollte. »Der Prozession voraus gingen zahlreiche Kulis, die auf Bambusstangen das Reisegepäck trugen. Dann folgte ein Bataillon Soldaten in langen weißen oder blauen Blusen, schwarzen oder dunkelblauen Kniebundhosen, blauen Strümpfen, Strohsandalen und lackierten Bambushüten, den Tornister auf dem Rücken und bewaffnet mit Pfeil und Bogen oder Gewehr und Säbel. Die Offiziere hatten ein Gewand aus feinem gelben Kaliko und eine himmelblaue oder weiße lange Robe an, die bis zum Knie reichte und mit kleinen weißen Zeichen als Adelsmerkmalen geschmückt war. Dazu trugen sie blaue Kniebundhosen, blaue Strümpfe, Strohsandalen und schwarzlackierte Hüte. Am Gürtel trugen sie zwei Säbel und einen Fächer. Ihre Pferde waren nicht beschlagen, sondern hatten Strohsandalen an. Anschließend folgten wieder Kulis als Gepäckträger; dahinter höhere Offiziere zu Pferd in langen weißen Röcken mit großen roten Schriftzeichen auf dem Rücken. Ihnen folgten zwei Bataillone Lanzenträger zu Fuß, zwei Geschütze, zwei Bataillone Infanterie und Kulis, die mächtige lackierte Kisten trugen. Nun kamen abermals weiß, blau oder rot gekleidete Lanzenträger zu Fuß; hinter ihnen große Würdenträger zu Pferd in weißen, rot beschrifteten Roben; darauf ein Bataillon Soldaten in langen weißen, rot beschrifteten Blusen, vier Stallknechte, die vier Pferde mit schwarzen Paradedecken führten. Es folgten vier prächtige, schwarz lackierte kutschenförmige Sänften hinter denen eine lilienförmige Standarte aus vergoldetem Metall getragen wurde, – dann kam endlich der Taicoun, der Kaiser. Er saß auf einem schönen braunen Pferd, das nicht beschlagen war, sondern wie alle andern Pferde Strohsandalen trug. Seine Majestät schien etwa zwanzig Jahre alt zu sein. Er war von königlicher, schöner Gestalt und hatte eine etwas dunkle Gesichtsfarbe. Der Fürst trug eine weiße, goldgestickte Robe und als Kopfbedeckung einen lackierten, vergoldeten Hut. An seinem Gürtel waren zwei Säbel befestigt. Etwa zwanzig Großwürdenträger in weißen Gewändern waren in seiner Begleitung und bildeten den Schluß des Zuges.«

Schliemann hatte die Sehenswürdigkeiten der Hauptstadt Tokio, damals Yédo genannt, dermaßen rühmen hören, daß er »den brennenden Wunsch« hatte, dorthin zu gehen, obwohl dieser Besuch ein Wagnis war. Die Fremdenfeindlichkeit, die von jeher in Japan herrschte, war in den letzten Jahren zu fanatischem Haß entflammt; sie hatte sogar zu einem Blutbad geführt, so daß alle diplomatischen Vertretungen die Hauptstadt verlassen hatten. Nur durch die Vermittlung des Amerikanischen Konsulats gelang es ihm, einen Reisepaß für einen Besuch in Tokio zu erhalten. Er erkannte bald, wie wenig angenehm es war, sich in der »verbotenen Stadt« als Fremder zu bewegen und ständig von fünf berittenen Polizeibeamten oder Yacounins begleitet zu werden, die weniger zu seinem Schutz, wie man ihm sagte, als zu seiner Überwachung dienten. Zwei von ihnen, die dem Adelsstand angehörten, ritten vor ihm, die drei andern bildeten die Nachhut; sechs Pferdeknechte trabten hinterher. Die Schürer des Fremdenhasses waren die 400 Daimyos, die Feudalfürsten, in deren Besitz der größte Teil des Landes war und die alle ihre Paläste in Tokio hatten. Obwohl sie nach dem Gesetz kaiserliche Gefolgsleute waren und sich nach außen hin als solche gebärdeten, waren sie Feinde des Doppelkaisertums und überwachten die Regierung mit einem auf übelstem Denunziantentum aufgebauten Spionagesystem.

»Ich bin hier in Yédo ganz und gar wie ein Gefangener«, schreibt er. »Vergebens wehre ich mich gegen dieses auf die Nerven gehende Übermaß an Sorge, das man zu meinem Schutz aufwendet. Vergebens zerbreche ich mir mit Vermutungen den Kopf, welches der eigentliche Grund für diese Art ›Schutz‹ sein könnte.« Er ahnte in seiner Unbekümmertheit und kindlichen Neugier, diese so andersartige fremde Welt kennenzulernen, gar nicht, welchen Gefahren er sich täglich aussetzte. Er ritt mit seinen »fünf Argussen« bei strömendem Regen und in sengender Hitze durch die Geschäftsstraßen und in die landschaftlich herrliche Umgebung der Riesenstadt. Großen Eindruck machten auf ihn die vielen Läden mit japanischen Seidenwaren, die an Größe und Reichhaltigkeit mit den bedeutendsten Kaufhäusern von Paris wetteifern konnten, und die Läden mit Porzellan, das sowohl was die Feinheit der Anfertigung als auch die Schönheit der Muster betraf, den Erzeugnissen von Sèvres mindestens gleichkam. Mit regem Interesse besuchte er stundenweit vor der Stadt liegende Baumschulen und Seidenraupenzuchtgärten sowie eines der größten Zentren der Seidenindustrie in Hogiogi.

Auch einen Theaterbesuch ließ sich Schliemann nicht entgehen. »Obwohl mich meine fünf Yacounins mit aller Gewalt daran hindern wollten«, schreibt er, »besuchte ich das große Theater, japanisch ›Taisibaya‹ genannt. Es ist ein zweistöckiges mächtiges Holzgebäude, das 6000 bis 8000 Besucher faßt. Im ganzen Theater finden sich weder Stühle noch Bänke noch Tische. Das Parterre und die erste und zweite Galerie sind mit zwei Meter langen und breiten Bambusmatten belegt, auf denen sich die Zuschauer auf den Hacken niederlassen.«

Ein Ritt ging die große Chaussee entlang, »die über eine Strecke von mehr als 600 englische Meilen durch das ganze Land von Nagasaki bis Tokio und Hakodate führt. Diese zehn bis elf Meter breite Straße wird sorgfältig in Ordnung gehalten. Sie war überfüllt von Kulis, die auf Bambusstangen Gepäckstücke schleppten, und von Lastpferden, die nicht mit Eisen beschlagen waren, sondern Strohsandalen trugen. Wir kamen auch an zahlreichen ›Norimons‹ vorüber, das sind von vier Kulis getragene schwarzlackierte Sänften in der Art einer vornehmen, überdachten Kutsche, oder auch an sogenannten ›Cangos‹, kleinen offenen Bambussänften, die von zwei Kulis getragen werden ...

In dem reizenden Dorf Od-si, das durch seine Teegärten berühmt ist und am Ufer eines Flusses liegt, der hier einen herrlichen Wasserfall bildet ... ging ich mit meinen fünf Argussen in einen der wundervollen Teegärten, die am Ufer entlang liegen. Es sind zweistöckige Holzhäuser, die glänzen vor Sauberkeit. Die polierten oder lackierten Fußböden sind mit schönen, seidebordierten Bambusmatten belegt. Wie überall in Japan sind keinerlei Möbel vorhanden. Das zahlreiche Bedienungspersonal besteht aus jungen Mädchen im Alter von zwölf bis siebzehn Jahren. Sie sind von erlesener Schönheit, kokett in lange Gewänder mit breiten, straff sitzenden Gürteln gekleidet, so daß der untere Teil des Gewandes der Trägerin nur mit Mühe zu gehen erlaubt. Die Mädchen tragen nur Holzsandalen, die sie immer vor den mit Matten belegten Zimmern ablegen. Ihre Frisuren sind wahre Meisterwerke der Perückenmacherkunst. Sobald ein Gast eintritt und sich auf die Hacken niederläßt, kommt eine der jungen, verführerischen Sirenen und bringt ihm mit einer tiefen Verbeugung eine Tabakspfeife und ein kleines Kästchen aus Lackholz, das zwei Bronzevasen enthält. In der einen ist Tabak, in der andern feiner Metallabfall und glühende Kohlen. Währenddem überreicht ihm eine andere Sirene, ebenfalls mit einer tiefen Verbeugung, auf einem lackierten Holztablett, das mit vergoldeten Zeichnungen des Vulkans Fudschijama oder mit Störchen verziert ist, eine kleine Schale mit grünem Tee, ohne Zucker und Milch... Eines der jungen Fräulein servierte mir in rotlackierten, reichlich vergoldeten Holznäpfchen Reis, rohen und gekochten Fisch in einer wohlschmeckenden Sauce, Hummer, Meereskräuter, Bambusschößlinge und harte Eier. Dann folgte in einer Zinnvase in Tulpenform kalter Saki, das japanische Nationalgetränk aus gegorenem Reis, mit einer kleinen Porzellanschale an Stelle eines Glases. Da es mir nicht gelang, mich auf japanische Weise auf die Hacken zu setzen, legte ich mich neben meinem Frühstück auf die Bambusmatte.«

Der für drei Tage genehmigte Besuch in der Hauptstadt war der Abschluß des dreiwöchigen Aufenthalts Schliemanns in Japan. Am 4. Juli 1865 ging er in Yokohama an Bord des nur 160 Tonnen großen englischen Segelschiffes »Queen of the Avon« auf die lange Fahrt über den Pazifik nach San Franzisco.

Der Grund dafür, die Heimreise über Kalifornien anzutreten, war der Wunsch, nach vierzehn Jahren die Stätte seiner einstigen Tätigkeit als Goldaufkäufer und alte Bekannte wiederzusehen. Manche lebten nicht mehr, nur wenige hatten es zu Reichtum gebracht. San Franzisco und Sacramento waren bedeutend gewachsen; aber das Goldfieber war vorbei, und fremd und ernüchtert stand er vor seinem alten Geschäftshaus in Sacramento. Eine schmerzliche Enttäuschung erlebte er, als er den Friedhof aufsuchte; er war eingeebnet und der marmorne Grabstein lag zerbrochen am Boden. Schliemann wollte die sterblichen Überreste seines Bruders mit in die Heimat nehmen; doch beim Öffnen des Grabes zeigte sich, daß er damals das Denkmal einem Unbekannten gesetzt hatte.

Die Ruhe und die innere Ausgeglichenheit, die er auf der langen Reise und besonders bei der Niederschrift seines Buches »China und Japan« während der 50 Tage auf dem Atlantik gewonnen hatte, verließen ihn wieder je näher das Ende der Fahrt rückte. Wo war sie zu Ende? Er wäre glücklich gewesen, wenn es Petersburg hätte sein können, die Geborgenheit in der Familie mit der geliebten Frau und den Kindern, nach denen er so große Sehnsucht hatte. Aber der Gedanke an Katharina ließ ihn erschauern und die Rückkehr hinauszögern. Er fuhr über Nicaragua nach New York, zu den Niagarafällen und nach Kanada, dann wieder zurück nach New York, New Orleans, Veracruz und weiter nach Mexiko und Kuba. Zu Anfang 1866 traf er endlich über London in Paris ein.

Am 10. Februar schrieb er an die Schwester Doris: »... Paris mit allen Herrlichkeiten hat keinen Reiz für den Reisenden, der die Welt umschifft und die Wunder Indiens, der Sunda-Inseln, Cochinchinas, Chinas, Japans, Mexikos gesehen hat. Was mich hier interessierte und zurückhält, sind die Vorlesungen der großen Professoren in der Universität über Literatur, Philosophie, Hieroglyphenschrift usw. und außerdem die Museums und Theater, denn nichts so Erhabenes findet man anderswo in der Welt.«

Fahrt ins Unbekannte

Schon vor Beginn der Weltreise, nachdem er sich mit einem Millionenvermögen endgültig von den Geschäften gelöst hatte, war Schliemann nach Paris in seine herrschaftliche Wohnung an der Place St. Michel übergesiedelt. Am 1. Februar nahm er mit 44 Jahren sein wissenschaftliches Studium an der Sorbonne auf. Er belegte »Ägyptische Philologie und Archäologie«, »Griechische Philosophie«, »Griechische Literatur«, »Arabische Sprache und Dichtung« und »Vergleichende Sprachwissenschaft«. In der völligen Hingabe an die Wissenschaften und Künste vollzog sich die große Wende seines Lebens. So wie er es aus seinem kaufmännischen Leben gewohnt war, hielt er sich streng an einen Tagesplan: Vorlesungen, Studium, Museumsbesuche, Theater, gesellschaftliche Vergnügen in den Salons der vornehmen Pariser Welt. Er gewann Freunde unter den Professoren und stand in anregendem geistigen Verkehr mit dem berühmten Religionswissenschaftler Ernest Renan. Nebenher lernte er Persisch.

Einem befreundeten Bankier in Petersburg schrieb er: »Ich fühle mich, *ferne* von Börse und Handel, im eifrigen Bestreben, mich in den Wissenschaften zu vervollkommnen, so überaus glücklich, daß ich nicht im Entferntesten daran denke, jemals wieder Kaufmann zu werden.« Und der alte, seit den Amsterdamer Tagen um ihn besorgte, getreue Konsul Hepner konnte ihm, wohl nach einem ähnlich hochgestimmten Brief, antworten: er sei »das lebendige Beispiel, was fester Wille und Ausdauer zu schaffen vermag und ein beneidenswerter Mensch im Überfluß selbsterworbener irdischer wie geistiger Güter, denn auch Zufriedenheit und Ruhe scheinen mehr wie sonst Ihr Eigentum geworden zu sein.«

Doch dieser Schein trog. Auf einer seiner plötzlichen Reisen im Sommer 1866 nach Petersburg, Moskau, Nischninowgorod und Samara an der unteren Wolga – wo er einen Monat lang in einem Sanatorium zur Kur weilte –, nach Astrachan am Kaspischen Meer, durch das Asowsche Meer auf die Krim, dann donauaufwärts und weiter nach Ostdeutschland, hatte er in Dresden Halt gemacht und dort die damals sehr moderne private Krause'sche Lehr- und Erziehungsanstalt besucht. Er war entschlossen, in dieser Schule seinen Kindern eine deutsche Erziehung zu geben, kaufte auch gleich ein großes Haus in Dresden und war, um der Kinder willen bereit, ganz hierher zu ziehen, – wenn seine Frau mit diesem Vorschlag einverstanden war. Doch Katharina lehnte ab und weigerte sich mit feierlichem Eid, Rußland je zu verlassen und mit ihm im Ausland zu leben. Die russische Erziehung der Kinder werde sie in jedem Fall durchsetzen, da seine Absicht im Widerspruch zu den Gesetzen und der Religion ihres Landes stehe. So gewichtig diese von der orthodoxen Russin vorgebrachten Gründe waren, entscheidender war die in Haß und Verachtung ausgeartete Abneigung dieser Frau dem Manne Schliemann gegenüber.

Trotzdem gab er den zermürbenden Kampf um Versöhnung nicht auf und bat Katharina, von ihrer »wilden, rasenden Behandlungsweise« abzustehen. »Ergreife vernünftig die Hand, die ich Dir aus der Ferne reiche«, schrieb er ihr, »um eine dauernde Freundschaft zu erreichen! Bedenke doch, wie sehr unser Besitz, wie unsere Kinder leiden und leiden werden durch unsere Uneinigkeit.«

Und dieser Besitz, zumindest ein ansehnlicher Teil davon, schien ihm in Gefahr, als er aus der »Times« von einer geplanten Umstellung amerikanischer Wertpapiere auf Papiergeld erfuhr. So wohl sich Schliemann »fern von Börse und Handel« bei seiner neuen Beschäftigung mit den Wissenschaften fühlte, der Kaufmann und Rechner war doch immer wach in ihm. Er unterbrach sofort sein Studium in Paris und fuhr Mitte Oktober 1867 nach USA und Kuba, wo er bei verschiedenen

Eisenbahnlinien mit Aktien beteiligt war, die gute Dividende abwarfen.

Vor der Abreise hatte er an J. H. Schröder London geschrieben: »Ich beabsichtige ... ein paar Tage nach New York zu gehen und ... einmal dort, möchte ich über Chicago, Cincinnati, den Mississippi hinunter nach New Orleans und von dort nach Havanna reisen, um möglichst genaue Informationen hinsichtlich der vorliegenden Chance für die Rekonstruktion der Südstaaten und Arbeitskräfte, Kultur von Zukker, Reis und Baumwolle einzuziehen und auf Kuba alle möglichen Erkundigungen einzuholen über die finanzielle Lage der beiden uns interessierenden Eisenbahnen; über die Aussichten für die Insel im allgemeinen und deren Zuckerkultur im besonderen, falls politische Umwälzungen im Mutterlande plötzlich die Emanzipation der Sklaven veranlassen sollten; ferner über den Fortschritt in der Einfuhr von Chinesen und von indischen Kulis, welch letztere allein – nach meiner Meinung – im Stande sein würden, die Negersklaven zu ersetzen ...«

Schliemann fuhr über Liverpool nach New York, wo er sich neun Tage aufhielt. Nach zweitägigem Besuch der Niagarafälle reiste er über Buffalo, Cleveland, Detroit für eine Woche nach Chicago. In Briefen von Anfang und Ende Dezember berichtet er an die befreundeten Konsuln Hepner in Amsterdam und Höhne in St. Petersburg: »... Ich nahm die vielen Wunder der großen Weltstadt in Augenschein ... und reiste danach nach Westen, um unsere Bahnen zu beschauen und über den Verkehr auf denselben möglichst genaue Erkundigungen einzuziehen, denn ich halte Stock in denselben. Ich bin mit allen diesen Bahnen äußerst zufrieden; sie geben alle zehn Prozent Dividende und da ich auf jeder nur eine mäßige Summe habe, so kann ich ganz ruhig dabei sein ...

Ich ging nach Philadelphia, Baltimore und Washington, wo ich den Präsidenten Andreas Johnson, den Finanzminister McCulloch und den Schatzmeister General Spinner, sowie den berühmten General Grant besuchte, welche alle mir die beruhigendsten Mitteilungen über die Lage und Aussichten des Landes machten....

Ich war drei Tage in Washington und reiste durch Virginia, Tennessee, Mississippi und Louisiana nach New Orleans. Zu meiner Freude kann ich Ihnen sagen, daß die früheren Neger-Sklaven sehr fleißig arbeiten und selbst die Zuckerpflanzungen und Zuckermühlen stets soviel Arbeiter kriegen können wie sie haben wollen, obgleich die Zuckerarbeit die schwerste der Welt ist... Der Glaube ist durchaus irrig, daß die Neger keiner höheren Bildung fähig sind!...«

Auf der Heimfahrt an Bord der »Napoleon III.« schrieb Schliemann am 19. Januar 1868 an seinen Halbbruder Ernst: »Während ich diese Zeilen schreibe, ist unser ungeheuer großes Schiff ein Spielball der in Aufruhr befindlichen Elemente. Der Sturm läßt uns schwanken, als ob wir jeden Augenblick in die Tiefe gehen sollten. Aber ich bin daran gewöhnt, und ich kann meine Augen nicht satt sehen, wenn ich diese prachtvollen Wogen betrachte, die Bergketten gleichen...

Ich fuhr nach der Insel Kuba, wo ich mich drei Wochen aufgehalten habe. Ich halte es für unnötig oder überflüssig, Dir zu versichern, daß ich in allen Ländern, durch die ich gereist bin, niemals eine Gelegenheit versäumt habe, Erkundigungen einzuziehen und meine Kenntnisse zu bereichern. Ich halte niemals jemand für zu dumm, als daß ich nicht etwas von ihm lernen könnte, und ich erinnere mich mit Vergnügen daran, daß ich mich manchmal aus Mangel an interessanter Gesellschaft ganze Stunden lang mit den alten Sklaven auf dem Mississippidamm in New Orleans unterhalten habe, und ich habe mit großem Interesse den Reden aus dem Stegreif oder den vorbereiteten Reden der schwarzen Redner zugehört.

Mein Aufenthalt in Kuba hat mir tausend angenehme Erinnerungen hinterlassen. Ich wage zu sagen, daß ich niemals in meinem Leben eine Reise so genossen habe wie diesmal und besonders die Reise nach Kuba... Der einzige Fehler, den ich in allen Städten gefunden habe, in denen ich mich aufgehalten habe, und besonders in denen von Kuba, war, daß ich mich dort so glücklich fühlte, daß es mich die größte Mühe der Welt gekostet hat wieder abzureisen ...«

Wo er auch war, immer wieder wurde er sich seines traurigen Daseins und seiner Heimatlosigkeit bewußt. Am 6. Januar, seinem 46. Geburtstag, schrieb er in sein Tagebuch: »Heute ist in Petersburg Weihnachtsabend. Ich bin mit Herz und Gedanken bei meinen kleinen Lieblingen Sergej, Natalie und Nadja. Ich sehe, wie sie sich über den Weihnachtsbaum freuen. Ich weine bittere Tränen, daß ich ihre Freude nicht mitgenießen und ihr Glück durch meine Geschenke nicht steigern kann. Hunderttausend Dollar würde ich darum geben, könnte ich diesen Abend mit ihnen verbringen. Wahrlich, es bedarf noch viel mehr Kraft und Philosophie als ich habe, um diesen Tag ohne Tränen zu bestehen.«

Ende Januar 1868 kehrte Schliemann nach Paris zurück und nahm seine Studien wieder auf. Nun aber widmete er sich, mit dem klaren Ziel, Archäologe zu werden, ausschließlich diesem Fachgebiet. Im April trat er seine erste Forschungsreise auf den Spuren Homers nach Griechenland an. Nach einem zweimonatigen Studienaufenthalt in Rom, Neapel, Pompeji und auf Sizilien ging die Fahrt über Korfu, der vermutlichen Insel der Phäaken, zunächst nach Ithaka, der Heimat des von ihm immer bewunderten Odysseus.

Bei der Fahrt zur Insel erging es ihm wie einst dem irrfahrenden Heimkehrer, – ungünstiger Wind zwang die kleine Barke sechs Stunden lang im Jonischen Meer zu lavieren, um eine Fahrstrecke zurückzulegen, für die man gewöhnlich nicht mehr als eine Stunde benötigte. Gleich beim Anlegen im kleinen Hafen St. Spiridon traf er einen Müller aus der Hauptstadt Vathy, Panagis mit Namen, der ihn auf dem nächtlichen Weg zur Stadt hinauf nicht wenig in Staunen setzte. Der Alte freute sich sehr, als er hörte, der Herr sei nach Ithaka gekom-

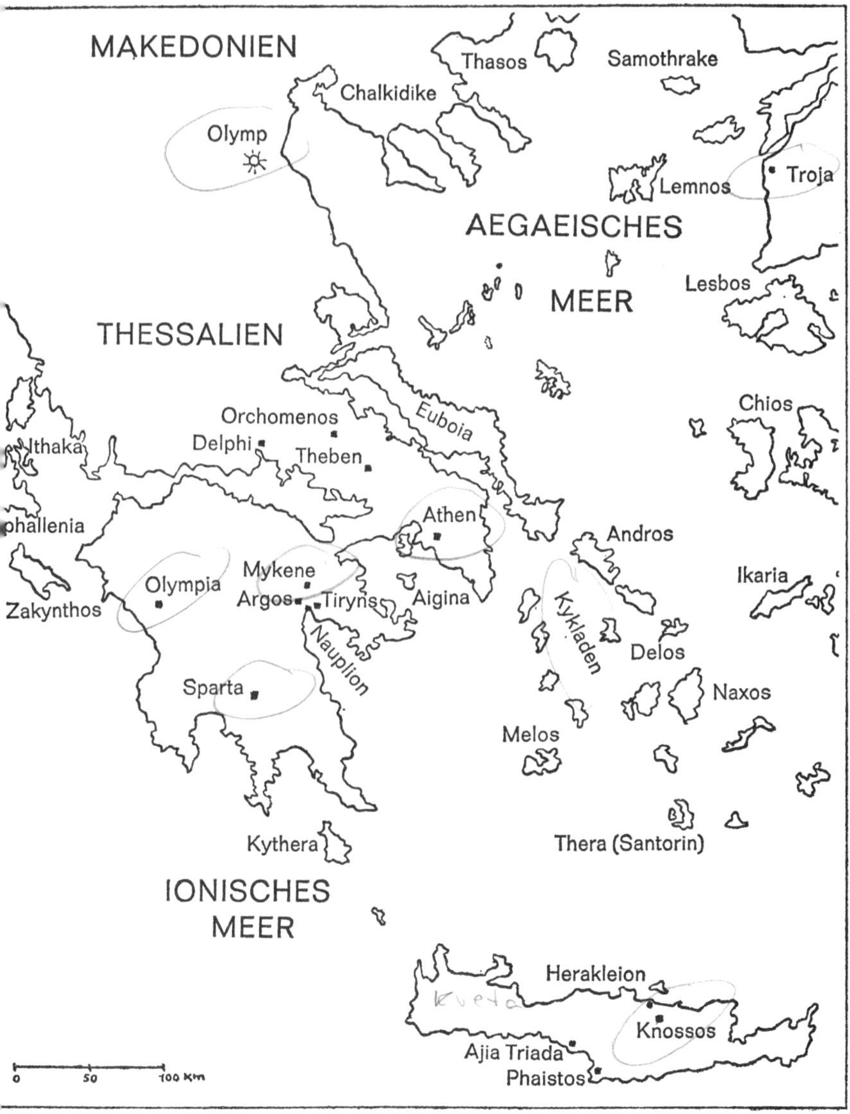

Antike Stätten Griechenlands

men, um archäologische Forschungen anzustellen, und begann sogleich die Abenteuer des Odysseus zu erzählen, alle Hauptbegebenheiten der 24 Gesänge der homerischen Odyssee. Noch größer aber war Schliemanns Erstaunen, als er erfuhr, daß der Müller weder lesen noch schreiben konnte, sondern wie kein anderer auf der Insel die mündliche Tradition der abenteuerlichen Lebensgeschichte dieses großen Königs bewahrte. Im Haus der beiden Töchter eines unlängst verstorbenen Gelehrten fand er ein bequemes Unterkommen. Schon am zweiten Tag mietete er sich einen Führer und ein Pferd und machte sich auf den Weg zum Gipfel des Aëtos. Herrlich war die Rundsicht von hier oben auf das blaue Meer, die Inselwelt und die Bergketten des Peloponnes. Hier mußte einst der prächtige Palast des Odysseus gestanden haben und jener herrliche Ölbaum, aus dem er sein Hochzeitsbett fertigte.

Sofort entschloß sich Schliemann, überall, wo die Beschaffenheit des Bodens es erlauben würde, Ausgrabungen zu versuchen. Nachdem er am andern Morgen um vier Uhr im Meer gebadet hatte, machte er sich mit vier Arbeitern auf den Weg. Vom Schweiß durchnäßt erreichten sie nach zweistündigem Aufstieg den Gipfel des Aëtos. Die ersten Grabungen, bei denen sie schon nach 70 Zentimetern auf den gewachsenen Fels stießen, brachten nur Ziegel und Topfscherben zutage. An einer andern Stelle kamen in größerer Tiefe gut behauene, mit weißem Zement verbundene Steine eines kleinen Gebäudes zum Vorschein. Schliemann selbst grub vorsichtig mit Hacke und Messer weiter und brachte etwa zwanzig verschieden geformte Vasen ans Licht. Die meisten zerbrachen beim Herausnehmen aus der sie umgebenden harten Erde; nur fünf konnte er in unversehrtem Zustand retten. Weitere kleine Fundstücke waren eine stark mit Rost überzogene gekrümmte Klinge eines Opfermessers und eine Tonplastik, die wohl eine uralte Göttin mit zwei Flöten im Munde darstellte.

Der Mittag kam. Sie hatten seit fünf Uhr früh nichts mehr gegessen, und so setzten sie sich unter einen schattigen Ölbaum und ließen sich das trockene Brot, den starken Inselwein und das im Krug schon viel zu warm gewordene Wasser schmekken. »Ich kann wohl sagen«, notiert er im Tagebuch, »daß ich niemals in meinem Leben mit größerem Appetit gegessen habe als bei diesem frugalen Mahle im Schlosse des Odysseus.«

Bei einem anderen Streifzug durch die Insel stieg Schliemann einen alten, steilen Weg zum Dorf St. Johann hinab und in die Ebene der Weinberge am Meer, die von den Nachfahren des homerischen Helden das »Feld des Laertes« genannt wurde. Die Dorfbewohner drängten sich um den Fremden, der ihren berühmten König und den Dichter Homer verehrte. Es blieb ihm nichts anderes übrig, als wie ein Rhapsode längst vergangener Zeiten ihnen unter einer Platane inmitten des Dorfplatzes aus dem 23. Gesang der »Odyssee« vorzutragen. Da aber die einfachen Bauern das Altgriechische nicht verstanden, übersetzte er ihnen die Verse während des Lesens in ihre Umgangssprache. Er wählte die Stelle, in der erzählt wird, wie die Königin Penelope den nach zwanzigjähriger Trennung heimkehrenden Gemahl bei seiner Schilderung ihres Ehebetts wiedererkennt:

Ich und kein anderer schuf es mühsam.
Es wuchs beblättert im Hofe ein schattiger Ölbaum,
kräftig und voll, es glich sein Stamm einer mächtigen Säule.
Um ihn baute ich ein Gemach, bis alles vollendet,
ganz aus festem Gestein und oben mit sicherer Dachung.
Dichte Türen fügte ich ein, gar trefflich gezimmert;
dann aber hieb ich dem Ölbaum die schattige Krone herunter,
und beschnitt den Stamm von der Wurzel aus, glättete trefflich
alles mit dem Erz und maß ihn rings mit der Richtschnur
künstlich zum Pfosten am Bett, dann nahm ich zu allem den Bohrer.
Dies war der Anfang; so schuf ich das Bett, bis alles vollendet;
zierte es noch mit Gold, mit Elfenbein und mit Silber,
innen spannte ich purpurn gefärbt, rindlederne Gurte.
So! Dies Zeichen gebe ich dir kund . . .
Sprachs. Da bebte der Fürstin das Herz, ihr wankten die Kniee,

da sie das Zeichen erkannte, das er so sicher ihr sagte.
Weinend stürzte sie ihm entgegen, umschlang mit den Armen
seinen Nacken und küßte ihn heiß und sagte die Worte:
»Zürne mir nicht, Odysseus, da immer unter den Menschen
du der verständigste warst. Die Götter gaben uns Trübsal,
weil sie uns mißgönnten, uns ungetrennt beieinander
unserer Jugend zu freuen und so gemeinsam zu altern.
Aber zürne mir nun auch nicht und schilt nicht darüber,
daß ich dich nicht voll Liebe beim ersten Anblick begrüßte...
Jetzt jedoch, wo du so deutlich die Zeichen unseres Ehbetts
hergezählt, das nie ein anderer Sterblicher schaute,
sondern nur du und ich allein und einzig die eine
Dienerin Aktoris, die mir mein Vater beim Weggang
schenkte, und die die Pforten des Gemaches bewahrte, –
jetzt aber hast du mein Herz besiegt, so kalt es geschienen.«
Sprachs und erweckte in ihm noch heißeres Sehnen und Klage;
weinend hielt er die treue, geliebte Gattin in Armen.

Als er geendet hatte, kamen Männer, Frauen und Kinder heran und umarmten ihn weinend vor Ergriffenheit mit den Worten: »Du hast uns eine große Freude gemacht, wir danken dir tausendmal!«

»Ich nahm herzlich von allen Abschied«, schreibt Schliemann in seinem im Jahr darauf erschienenen Reisebuch »Ithaka, der Peloponnes und Troja«. »Mit lebhafter Rührung verließ ich Ithaka. Ich hatte die Insel schon lange aus dem Gesicht verloren, als meine Augen noch immer in der Richtung nach ihr ausschauten. Nie in meinem Leben werde ich die neun glücklichen Tage vergessen, welche ich unter diesem biedern, liebenswürdigen und tugendhaften Volke verlebt habe.«

Begeisterten Herzens setzte er seine Wanderung durch die schöne Argolis fort zu den Stätten, von denen Homer gesungen. Nächstes Ziel waren die nahe beieinander gelegenen Burgen von Mykene und Tiryns, die einstigen Königssitze Agamemnons und der andern großen Achaierfürsten. Ein Bauernbursche begleitete ihn zur Zitadelle, von den Einheimischen »Festung Agamemnon« genannt, und zum »Grab des Agamemnon«, das etwa einen Kilometer von der Burg entfernt lag. Am Nachmittag besuchte er von Nauplia aus die noch stärker bewehrte Burg Tiryns. Als Schliemann mit Staunen und Bewunderung vor den gewaltigen Mauerresten dieser einstigen Königsburgen stand, tauchte vor seinem inneren Auge wieder jenes Bild vom brennenden Troja auf, das in seinem Herzen den Traum seines Lebens wachgerufen hatte. Nun war er auf dem Weg, sein Wort einzulösen.

Ein Schiff brachte ihn andern Tags von Nauplia nach Aigina und Athen. Während des achttägigen Aufenthalts besichtigte er die antiken Stätten und machte Besuch bei seinem einstmaligen Griechischlehrer in Petersburg, Theokletos Vimpos, der inzwischen Professor an der Athener Universität und Bischof von Mantinea geworden war. Dann fuhr er von Konstantinopel über den Bosporus in die Dardanellenstadt Canakkale.

Wo lag Troja?

Am Morgen des 9. August 1868 betrat Schliemann zum ersten Male den Boden der Troas. Er hielt in der kleinen Hafenstadt Karanlik lange Umschau, bis er endlich einen Führer fand, der landeskundig war und Griechisch sprach. Nach orientalischem Brauch mußte laut und mit viel Gesten um den Lohn von 20 Francs geschachert werden. Sattel und Zaumzeug waren jedoch auch um viel Geld nicht zu bekommen.

In sengender Sonne unter wolkenlos blauem Himmel ging der Ritt durch die weite Ebene nach Süden.

»Wohin, Effendi?« fragte der Führer.

Ja – wohin? Das unter dem Schutt und Sand von Jahrtausenden begrabene alte Troja suchen...

Schliemann war nicht der erste, der sich auf die Suche nach ihm begab. Er wußte dies und kannte alle die bestehenden und sich widersprechenden Meinungen und Anschauungen aufs genaueste. Die meisten Gelehrten – wenn sie überhaupt daran glaubten, daß Troja je einmal Wirklichkeit gewesen war – hielten den steilen Hügel über dem Dorf Bunarbaschi für den einzig möglichen Ort, an dem es gestanden haben könnte. Seine Lage am Südende der trojanischen Ebene und zugleich am Fuß der Vorberge des Idagebirges, gerade an der Stelle, wo sich der wildschäumende Skamander, schroff die Felswände durchbrechend, den Eintritt in die Ebene erzwingt, diese Lage hatte unbestreitbar auf den ersten Blick manches für sich. Dort wollte auch am Ende des 18. Jahrhunderts der französische Reisende Lechevalier eine warme und eine kalte Quelle gefunden haben, die den beiden Quellen, die Homer im 22. Gesang seiner »Ilias« schildert, genau entsprochen hätten. Hier also, auf dem Felsenhügel von Bunarbaschi, müsse die Burg des Priamos gestanden haben, behauptete er, und ihm folgten später auch namhafte Professoren wie der Archäologe Alexander Conze und der Althistoriker Ernst Curtius. Ihre Ansicht wurde durch keinen Geringeren als den deutschen Feldmarschall von Moltke bekräftigt, der auf einer Reise in der Türkei Bunarbaschi besuchte und erklärte: »Hier würde man, damals wie heute, sich anbauen, wenn es gälte, eine unersteigliche Burg zu gründen.«

Die glühende Sonnenhitze und den rinnenden Schweiß nicht achtend, erklomm Schliemann die Höhe der schmalen Bergnase. Er konnte – nach seinen eigenen Worten – die Rührung kaum bewältigen, als er die ungeheure Ebene von Troja vor sich sah, die ihm schon in seinen Knabenträumen als der Kampfplatz der feindlichen Heere vorgeschwebt hatte. Doch gleich der erste Blick sagte ihm, daß dieser Hügel nicht der Platz sein konnte, auf dem einst das homerische Troja gestanden. Was kümmerte ihn der Meinungsstreit der Fachgelehrten und die Ansicht des Feldherrn! Für ihn war Homer der einzige Gewährsmann, – und nach der »Ilias« war alles anders!

Bunarbaschi lag viel zu weit vom Meer entfernt. 14 Kilometer, drei und mehr Wegstunden in gerader Richtung. Nach den genauen Angaben Homers bei der Schilderung des ersten Kampftags konnte aber die Entfernung zwischen der trojanischen Burg und dem Schiffslager der Achäer am Hellespont nicht mehr als eine Wegstunde betragen.

Und weiter fragte er sich: Wie bringt man diesen Hügel hier mit Homers Schilderung des Zweikampfs zwischen Hektor und Achilleus in Einklang? Und wie steht es mit den beiden Quellen, die nahe der Mauer bei der Warte mit dem Feigenbaum lagen?

Er unterzog die ganze Bergterrasse einer eingehenden Betrachtung. Der Steilabfall gegen den Skamander, zerklüfteter Fels, war unzugänglich. Nicht einmal eine Ziege hätte diese Schroffen zu erklimmen vermocht. Wie hätte Achill den Hektor dreimal – und dazu »eilenden Laufes« – um die Mauern der Burg verfolgen können? Nie wäre Homer auf diesen Gedanken gekommen, wenn die trojanische Feste auf Bunarbaschi gestanden hätte!

Als Schliemann dann seinen einheimischen Begleiter bat, er möge ihn einmal zu den beiden Quellen führen, da lächelte der verwundert und sagte: »Zwei Quellen, Herr? Es sind vierzig! Darum nennt man auch diesen Ort ›Kirk-Giös‹, das heißt ›Vierzig Augen‹!«

Und auch von heiß und kalt war keine Rede. Diese Quellen, von denen er 34 fand, hatten alle die gleiche Temperatur von 17 Grad.

Alles, was die Bunarbaschi-Anhänger vorbrachten, widersprach dem, was Homer berichtete. Doch ihnen galt ja die »Ilias« nur als phantastisches Geflunker eines Dichters. Und ihre Meinung? Sie war hinter den Wänden ihrer Studierstuben ersonnen. Wer um verschüttete Mauern streiten wollte, der mußte sie suchen, mit dem Spaten in der Hand, an Ort und Stelle. – Wer aber hatte je auf Bunarbaschi gegraben?

Schliemann war überzeugt, daß man Troja hier vergeblich suchte. Doch er begnügte sich nicht mit seiner Überzeugung; er wollte Beweise haben.

Er holte sich im Dorf drunten fünf Arbeiter und begann mit ihnen trotz der drückenden Hitze zu graben. Zwei Tage lang drangen sie an 30 verschiedenen Stellen des Hügels bis einen Meter tief in den Berg ein. Aber nirgends zeigten sich auch nur die kleinsten Spuren von Ziegeln oder Töpferware, nirgends das geringste Anzeichen, daß der Ort jemals von Menschen bewohnt gewesen war. Bunarbaschi war nicht das alte Troja.

Doch Schliemann scheute keine Mühe, es zu finden. Es war Mitte August. Gluthitze lag über dem fast öden Land. Schon das bloße Gehen wurde zur Qual. Was kümmerte das ihn!

»Ich verbringe die Nächte«, schrieb er an den Vater, »auf freiem Felde in der ungesundesten Gegend, am Rande von Fieber und Tod aushauchenden Sümpfen. Aber ans Ungemach gewöhnt, vom Hunger gewürzt, schmeckt mir hier das trokkene, schwarze Gerstenbrot besser als alle Braten von Paris.«

Auf dem Hügel bei Bunarbaschi lag Troja nicht. Doch da war noch ein anderer Ort, dem nur wenige Gelehrte ohne großen Namen den Vorzug gaben – der Hügel von Hissarlik.

Hissarlik lag gute zwei Stunden talabwärts von Bunarbaschi auf einem der letzten Vorberge des Ida. Es war ein Hügel von ungefähr 40 Meter Höhe, der im Norden fast senkrecht in die Ebene abfiel, 20 Meter höher als der Rücken der Bergkette, deren letzten Ausläufer er bildete. Das viereckige Plateau hatte eine Länge von etwa 230 Meter und 160 Meter Breite. Der Hügel lag nur eine Stunde von der Küste des Hellespont entfernt.

Um die Schilderungen Homers auf ihre Glaubwürdigkeit nachzuprüfen, umging Schliemann mehrmals den Hügel und legte auch, dem alten Skamanderlauf folgend, den Weg bis hinunter zum Meer zurück. Homers Angaben stimmten mit der Wirklichkeit überein.

Er erstieg die Anhöhe und war ergriffen und begeistert von dem herrlichen Landschaftsbild, das sich vor seinen Augen auftat. Die weite skamandrische Ebene war bis zum blauen Hellespont hin zu überschauen, an dessen Küste einst das gewaltige Schiffslager der Achäer sich dehnte.

Mit einem einzigen umfassenden und sichern Blick gewann er die Gewißheit: Hier stand die Burg des Priamos!

Aus verschiedenen Gründen suchte Schliemann nach seinem ersten Besuch auf Hissarlik den amerikanischen Vizekonsul in der Dardanellenstadt Canakkale, Frank Calvert, auf. Calvert trieb, wie Schliemann, die Archäologie als Liebhaberei. Ihm gehörte die östliche Hälfte des Hügels von Hissarlik, und seine geräumige Villa barg viele zum Teil von ihm selbst zutage geförderte Altertümer. Calvert war auch einer der wenigen, die an Homer glaubten. Während seines langen Aufenthalts in der Troas war er zu der Überzeugung gelangt, daß Hissarlik die Stätte des alten Troja sei. Doch hatte er sich stets mit kleineren antiken Funden begnügt und nie daran gedacht, seine Ansicht durch Beweise zu festigen und die Burg des Priamos auszugraben.

Die Begrüßung zwischen den beiden Gleichgesinnten war sehr herzlich; doch wunderte sich Schliemann, daß er dem Konsul kein Unbekannter war.

»Ich kenne Ihr Buch ›China und Japan‹. Und außerdem: Ein Mann, der aus dem Nichts zum Großkaufmann aufsteigt, die ganze Welt bereist hat und ein Dutzend oder mehr fremde Sprachen spricht, wird sogar in Amerika bekannt.«

»Mag schon sein«, sagte Schliemann lächelnd. »Noch mehr aber wird sich in der Welt herumsprechen, wenn ich Troja ausgrabe!«

Calvert blickte ihn erstaunt an und fragte, ob er es denn schon gefunden habe.

»Nein und ja ... Hier, im Hügel von Hissarlik liegt es begraben!«

Als Calvert erwiderte, die maßgebenden Fachgelehrten aller Welt hielten aber Bunarbaschi für die Stätte des alten Troja, entgegnete Schliemann barsch: »Was scheren mich die überheblichen Fachgelehrten! Maßgebend für mich ist nur Homer! Doch den halten ja die Herren Sprachgelehrten und Geschichtswissenschaftler nur für einen Dichter und Phantasten, der seinen Lesern nichts als abenteuerliche Geschichten und im Volk umgehende Sagen erzählt.«

»Gar nichts anderes erzählen *kann*, sagen sie, weil er gute vier Jahrhunderte nach der Zeit lebte, in der Troja untergegangen sein soll.«

»Das sei keineswegs bestritten, daß schon zu Lebzeiten Homers, im 8. Jahrhundert vor Christus, keine Spur der alten Mauern mehr zutage lag. Auch für ihn gehörten Priamos und seine Burg schon der Sage an, und er konnte in seiner ›Ilias‹ nur noch die Überlieferung widerspiegeln. Aber in dieser mündlichen Überlieferung waren Geschichte und Sage verschmolzen. – Glauben Sie, Herr Calvert, eine bloße Sage um

Troja hätte solchen Eingang im Volk gefunden, wenn die Wirklichkeit keinen Anhalt dafür geboten hätte? Ich halte mich schon, allen Ableugnern zum Trotz, an meinen Homer und neben ihm an die Schriftsteller des griechischen und römischen Altertums. Sie kennen sie gewiß so gut wie ich, Herr Konsul. Und was sagen die alten Historiker und Geographen zur trojanischen Frage?«

»Leider manches sehr Widerspruchsvolle.«

»In der für mich wesentlichen Frage nicht, und die heißt: Wo lag das homerische Troja, das heilige Ilion des Königs Priamos? Wird nicht von dem Perserkönig Xerxes berichtet, daß er auf seinem Feldzug gegen die Griechen im Jahre 480 vor Christus die Ruinen der Burg des Priamos besucht und der ilischen Athene tausend Rinder geopfert habe? Hat nicht der 323 vor Christus gestorbene Alexander der Große im Tempel zu Ilion seine Waffen weihen lassen? Bezeugt nicht die Geschichtsschreibung, daß er das kleine Dorf, das auf Trojas Trümmern erbaut worden war, neu besiedelt und zum Range einer Stadt erhoben habe mit dem Namen Ilium Novum, also ›Neu-Ilion‹? – Und noch eins: Konstantin der Große hat noch im 4. Jahrhundert nach Christus den Gedanken erwogen, Neu-Ilion zur Hauptstadt seines Reiches zu machen. Sollten die alten Geschichtsschreiber bloße Sagen überliefert haben und so bedeutende Männer wie Xerxes und Alexander, Cäsar und Konstantin allesamt nur einem Traum gefolgt sein? Im ganzen Altertum war der Glaube, daß Troja, das alte Ilion, auf dem Hügel von Hissarlik stand, so fest begründet, daß niemand jemals daran gezweifelt hat, und darum nannten die Römer die nach Jahrhunderten auf seinem grasüberwachsenen Schutthaufen wiedererstandene Stadt ›Neu-Ilion‹.«

Calvert war vom Feuer des Redenden beeindruckt; er erklärte Schliemann jedoch, um mit seinem Glauben in der wissenschaftlichen Welt Anklang zu finden, müsse er unbezweifelbare Beweise erbringen. Vor Jahren noch habe einer der besten Kenner der Troas, der englische Reisende Baker Webb geschrieben: »Heutzutage auffinden wollen, was schon seit 2000 Jahren verloren ist, wäre ein eitles Vorgehen!«

»Dann muß eben einer das eitle Vorgehen wagen«, entgegnete Schliemann. »Und ich will dieser eine sein, – ich werde die Beweise erbringen – mit dem Spaten!«

Calvert lud Schliemann ein, für die Nacht sein Gast zu sein, und bestieg mit ihm am andern Morgen den Hügel von Hissarlik. Als sie auf der höchsten Terrasse standen und ihre Blicke über die weite Landschaft schweifen ließen, rief Schliemann begeistert: »Welch herrlicher Hügel! Von Natur dazu bestimmt, eine große Herrenburg zu tragen! Beherrscht eine hier errichtete Feste nicht die ganze Ebene bis zum Ägäischen Meer? Ohne auch nur einen einzigen Spatenstich zu tun, bin ich der vollen Überzeugung, daß hier das alte Troja gestanden hat. Und mein Glaube an Homer stärkt mich in diesem Vertrauen.«

»Sie bieten mit Ihrem bewundernswerten Glauben an Homer der vollkommen gegenteiligen Meinung der heutigen Altertumswissenschaft Trotz«, bemerkte Calvert.

Schliemann lächelte geringschätzig: »Ich habe mir in meinem ganzen Leben immer die Freiheit genommen, eine eigene Meinung zu haben. Und der Erfolg hat mir immer recht gegeben. Wenn ich aus diesem Hügel das alte Troja ans Tageslicht fördere, wird nicht so sehr mein Glaube als vielmehr Homer selbst gerechtfertigt sein. – Ich prüfte beide, Bunarbaschi und Hissarlik, mit der ›Ilias‹ in der Hand: Nichts von alledem, was so viele Verse Homers an genauen Angaben enthalten, trifft auf Bunarbaschi zu. Ich erinnere Sie zur Beweisführung nur an einige Stellen der ›Ilias‹:

Am Tage nach der ersten Schlacht senden die Troer bei Tagesanbruch den Herold Idaios in das griechische Lager, um zur Bestattung der Toten einen Waffenstillstand vorzuschlagen. Er schließt denselben ab und bringt den Bescheid nach Troja; die Troer fangen an, ihre Gefallenen, sowie Holz zur Verbrennung in die Stadt zu bringen – und dann erst geht die

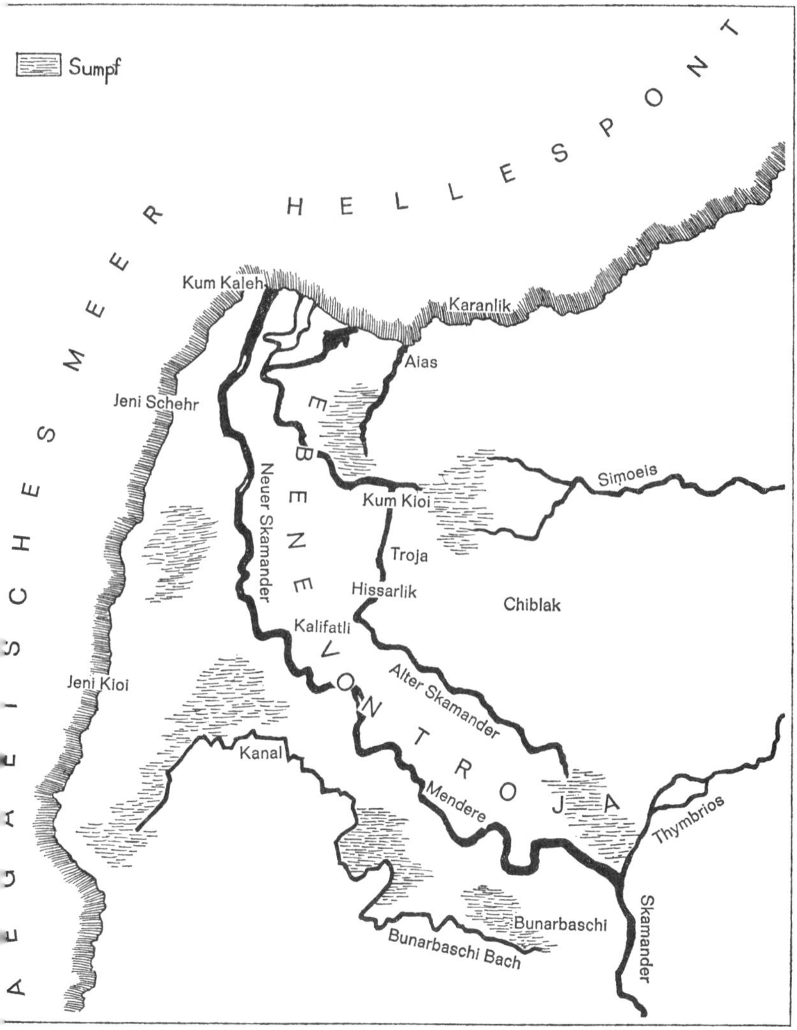

Karte der Troas

Sonne auf. Wie lange kann es aber vom ersten Morgengrauen bis Sonnenaufgang gedauert haben? Gewiß nicht mehr als anderthalb Stunden!

In der dritten Schlacht legen die Griechen an einem Nachmittag wenigstens viermal den Raum zwischen dem Lager und der trojanischen Burg zurück – trotz der langen Kämpfe bei den Schiffen, in der Ebene und unter den Mauern Trojas. Dies verträgt sich nur mit der Annahme, daß Troja auf Hissarlik gestanden hat. Die Entfernung vom griechischen Lager bis zur Burg kann keine fünf Kilometer betragen haben. Dies stimmt genau für Hissarlik; Bunarbaschi aber ist 14 Kilometer vom Hellespont entfernt.

Und noch eins: in der ›Ilias‹ heißt es, daß Agamemnon von seinem Zelt in die Ebene hinausblickte und die Wachtfeuer des trojanischen Lagers sah, ›die weit um Ilios brannten‹ und dazuhin noch ›der Flöten und Pfeifen Getön und der Menschen Getümmel‹ vernahm. Auf 1700 bis 1800 Meter sehr wohl möglich, – wer aber kann den Ton von Flöten und Schalmeien 11 000 Meter weit hören?«

Wie wollte einer gegen solche Argumente aufkommen?

»Um noch eine letzte Schilderung Homers zu erwähnen«, fuhr Schliemann fort: »Nur um den frei aus der Ebene aufsteigenden Hügel von Hissarlik konnte Achill den Hektor wirklich dreimal ›eilenden Fußes‹ gejagt haben.«

Schliemann setzte sich auf einen der verwitterten Steinblöcke und las aus dem 22. Gesang der ›Ilias‹ laut die Verse:

»Vorwärts stürmte Achilleus voll Hast, und bebend floh Hektor
längs der troischen Mauer und schwang die Füße voll Eile.
An der Warte vorbei und dem winddurchzitterten Feigbaum
rannten sie immer die Mauer entlang hin über den Fahrweg,
bis sie der beiden Quellen hellsprudelndes Wasser erreichten,
wo aus doppeltem Born der wilde Skamander emporschießt.
Eine quillt beständig mit warmer Flut, und rings um sie
wallt aufsteigender Dampf, wie der Rauch des lodernden Feuers;
aber die andere fließt auch im Sommer kalt wie der Hagel

oder des Winters Schnee und wie aus eisigen Schollen ...
Da nun rannten vorbei der Flüchtling und der Verfolger –
wahrlich, ein Starker voran, doch ein viel Stärkerer folgte –
So umrannten die beiden dreimal mit eilenden Füßen
Priamos' ragende Feste ...«

Konsul Calvert hatte, während Schliemann sprach, den Blick nicht abzuwenden vermocht von diesem sonderbaren Mann, dieser schmalen, mittelgroßen Gestalt mit dem mächtigen, scharf geschnittenen Kopf, der hohen Stirn und den leuchtenden graublauen Augen.

»Wenn ich nicht schon längst über Troja der gleichen Meinung wäre wie Sie«, sagte Calvert lächelnd, »Sie, Herr Schliemann, würden mich ohne Zweifel mit Ihrer Begeisterung von der Richtigkeit Ihrer Meinung überzeugen.«

»Das ehrt mich ebensosehr wie ich mich darüber freue«, erwiderte Schliemann. »Aber ohne Begeisterung kann kein Mensch etwas Großes leisten! – Ich werde also so bald wie möglich mit den Grabungen beginnen. Doch denke ich, daß ich bei den notwendigen Verhandlungen mit der türkischen Regierung um die Ausgrabungserlaubnis Ihre Hilfe werde in Anspruch nehmen müssen und auch sonst in mancherlei Fragen Ihren Rat brauche.«

»Ich werde Ihnen selbstverständlich und in unbegrenztem Umfang zur Verfügung stehen«, antwortete Calvert. »Was die Grabungen auf dem östlichen Teil Hissarliks betrifft, der mein Privatbesitz ist, so steht Ihnen dort volle Handlungsfreiheit zu. Die westliche Hälfte des Hügels gehört zwei Türken aus dem in der Nähe gelegenen Dorf Kum Kaleh. Sie werden, wenn sie von Ihrer Absicht und besonders von Ihrem Reichtum hören, mit allen Listen und Tücken den Preis zu treiben versuchen. Und mit Türken ist nicht leicht zu verhandeln, zumal wenn man einen Dolmetscher als Vermittler benötigt.«

»Dann werde ich eben notwendigerweise auch noch Türkisch lernen und direkt mit ihnen verhandeln!«

Da vorauszusehen war, daß die türkische Regierung in Konstantinopel mit ihrer Antwort lange auf sich warten lassen würde, kehrte Schliemann zunächst nach Paris zurück.

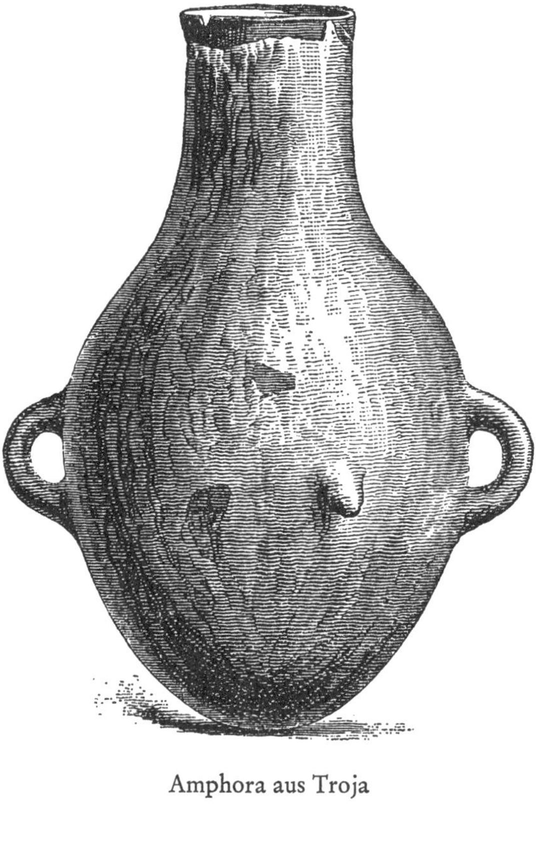

Amphora aus Troja

Heimat in Griechenland

Die Reise nach Griechenland und in die Troas hatte Schliemann zu dem Entschluß ermutigt, sich endgültig der Archäologie zu widmen. Wollte er aber als Archäologe gelten und gehört werden, mußte er sich als solcher ausweisen, – und dies sollte durch ein Buch geschehen, dem seine umfangreichen Reisetagebücher als Grundlage dienten. Vielleicht gelang es auch – und dieser Wunsch entsprach ganz seinem unbedingten Anspruch auf Respekt und Hochachtung – mit seinem Werk den Doktorgrad einer Universität zu erlangen.

Er brachte also »nach drei Monaten unerhörter Anstrengungen« das Manuskript: »Ithaka, der Peloponnes und Troja. Archäologische Forschungen« zum Abschluß. Da er auf möglichst rasches Erscheinen des Buches großen Wert legte, die Fortführung seiner Studien in Paris aber nicht vernachlässigen wollte, gab er seinem einstigen Hauslehrer Carl Andreß das französische Original zur Übersetzung für die deutsche Ausgabe beim Brockhaus-Verlag in Leipzig.

In den Weihnachtstagen 1868 schrieb er an den Konsul Calvert in die Dardanellenstadt:

»Ich freue mich, Ihnen mitteilen zu können, daß ich mich entschieden habe, den künstlichen Hügel von Hissarlik ganz auszugraben. Beantworten Sie mir bitte folgende Fragen:

Wann ist die beste Zeit, mit der Arbeit zu beginnen?

Ist es nicht ratsam, im Frühjahr so früh wie möglich anzufangen?

Ich bin sehr anfällig für Fieber; muß man es auch schon im Frühjahr befürchten?

Was für Arzneien soll ich mitnehmen?

Muß ich einen Diener mitnehmen? Oder kann ich einen

wirklich vertrauenswürdigen in Athen bekommen? Wahrscheinlich ist es besser, einen zuverlässigen Griechen zu nehmen, der türkisch spricht.

Muß ich ein Zelt, ein Feldbett und Kissen aus Marseille mitbringen? In der Ebene von Troja sind alle Häuser mit Ungeziefer verseucht.

Bitte schicken Sie mir eine genaue Aufstellung über Geräte aller Art und alle notwendigen Dinge, die Sie mir raten, mitzunehmen.

Benötige ich Pistolen, Dolch und Gewehr?

Besteht von Seiten der Grundbesitzer kein Hindernis, den künstlichen Hügel auszugraben?

Kann ich genug Arbeiter bekommen? Wo und bei welchem Lohn?

Wieviele kann ich beschäftigen? Ist es besser, Griechen oder Türken zu nehmen?

Wie lange brauche ich Ihrer Meinung nach, um den künstlichen Hügel auszugraben?

Wieviel kostet das?

Sie schlugen mir vor, zuerst einen Stollen zu graben! Aber ich bin sicher, daß das nicht praktisch ist; denn wenn der Hügel tatsächlich aus Ruinen von alten Tempeln und Mauern besteht, werden die kyklopischen Steine es verhindern, einen Stollen überhaupt zu bauen.

Was hat Sie zu der Ansicht gebracht, daß der Hügel künstlich ist?

Wie hoch ist der künstliche Berg, der abgetragen werden muß?

Ich halte es für das beste, ein Guthaben bei einem Bankier in Konstantinopel zu eröffnen, der es an eine Firma an den Dardanellen überweist, damit ich keine Schwierigkeiten bekomme und an den Dardanellen abheben kann, was ich brauche.

Welche Art Hut ist am besten gegen die stechende Sonne?«

Frank Calvert gab umgehend auf alle Fragen Antwort und

fügte hinzu: »Ihre Entscheidung, die Ausgrabung Hissarliks betreffend, hat mich außerordentlich gefreut. Seien Sie meiner herzlichen Bereitschaft zur Mitarbeit versichert. Ich werde, soweit es in meinen Kräften steht, alles tun, um die Durchführung dieser interessanten Ausgrabung zu ermöglichen, – und wir wollen hoffen, daß der Erfolg Ihre Erwartungen, die Mauern Trojas zu finden, krönen wird.«

Ehe jedoch Schliemann den neuen Lebensabschnitt begann, wollte er erst eine bedrückende Last von der Seele wälzen und die schon viel zu lange währende Ehetragödie zu Ende bringen. Nachdem er sich bei einem Besuch in Petersburg von der Erfolglosigkeit aller Bemühungen, seine Frau zurückzugewinnen, überzeugt hatte, entschloß er sich zur Klage auf Scheidung. Sein Vetter Adolf Schliemann, Justizrat in Schwerin, empfahl ihm, sich einige Monate im Staate Indiana in USA niederzulassen, um in der Hauptstadt Indianapolis, wo die Klage am meisten Aussicht auf Erfolg hatte, die Scheidung von Katharina zu erwirken.

Noch während sein Buch im Druck war, fuhr Schliemann Mitte März 1869 nach den Vereinigten Staaten. Zunächst galt es in New York die amerikanischen Staatsbürgerpapiere zu erwerben. Und dies gelang ihm auch, nachdem er »die Deklaration, amerikanischer Bürger werden zu wollen« aus dem Jahre 1851 vorweisen und durch Zeugen bestätigen lassen konnte, daß er insgesamt fünf Jahre im Land gewesen war. Seine russische Untertanenschaft hatte er schon im Februar 1868 gekündigt. Am 1. April traf er in Indianapolis ein, am 30. Juni wurde die Scheidung ausgesprochen und trat laut Gerichtsbeschluß am 14. Juli als unwiderruflich in Kraft.

Nun war er von dem Alp dieses tragischen Eheelends befreit und stand, auch was sein persönliches Leben betraf, vor einem Neubeginn. Seine nächste Reise in das immer ersehnte Land Homers sollte aber für ihn auch eine Reise »nach Hause« sein. Falls er sich zu einer neuen Ehe entschloß, dann nur mit einer Griechin; denn da es für ihn nichts Herrlicheres als den Klang der griechischen Sprache aus einem schönen Frauenmund gab, glaubte er, nur mit einer Tochter dieses Landes glücklich werden zu können. Wie aber sollte er eine passende Griechin finden?

Da erinnerte er sich an Theokletos Vimpos, seinen einstigen Lehrer im Altgriechischen, den er erst im vergangenen Jahr in Athen besucht hatte. Zu ihm war er von Anfang an in warmer menschlicher Beziehung gestanden. Ihn bat er in einem Brief aus Indianapolis, eine Braut für ihn zu suchen: »Ich schwöre Ihnen, lieber Freund«, schrieb er, »mein ganzes Sinnen und Trachten soll darauf gerichtet sein, meine künftige Frau glücklich zu machen. Ich schwöre Ihnen, sie soll niemals Grund zur Klage haben; ich will sie auf Händen tragen, wenn sie gut und liebevoll ist...

Deshalb bitte ich Sie, Ihrer Antwort ein Bild irgendeiner schönen Griechin beizulegen. Wenn Sie mir aber das Bild jenes Mädchens schicken, das Sie für mich bestimmt haben, um so besser. Ich beschwöre Sie, wählen Sie für mich eine Frau vom gleichen engelhaften Charakter wie ihn Ihre verheiratete Schwester hat. Sie soll arm sein, aber gebildet; für den Homer muß sie begeistert sein. Ob sie fremde Sprachen sprechen kann, ist gleich. Aber sie soll griechischen Typus haben, schwarzes Haar, und wenn möglich soll sie schön sein. Meine Hauptbedingung ist ein gutes und liebreiches Herz!...

Mein Freund, ich öffne Ihnen mein Herz wie einem Beichtvater. Ich habe niemand in der Welt, dem ich die Geheimnisse meiner Seele anvertrauen könnte.«

Voller Hoffnungen reiste Schliemann am 24. Juli über New York nach Paris zurück. Als sein mit Ungeduld erwartetes Buch, gleichzeitig in einer französischen, englischen und deutschen Ausgabe, erschienen war, kündigte er es dem Vater und den Geschwistern voller Stolz an: »Die Vorrede«, so schrieb er, »habe ich dazu benutzt, meine Biographie zu geben und damit anzufangen, zu sagen, daß ich damals, als ich mit zehn

Jahren in schlechtem Latein an Dich, Vater, die Geschichte des Trojanischen Krieges und die Abenteuer von Agamemnon und Ulysses als Weihnachtsgeschenk schickte, nicht daran dachte, daß ich nach sechsunddreißig Jahren über denselben Gegenstand in Paris vors Publikum treten würde. Ich habe überdies gesagt, daß Du an allem diesem Unheil schuld bist, weil Du mir als Kind immer von den homerischen Helden erzähltest und weil die ersten Eindrücke, die das Kind empfängt, das Leben hindurch dauern.«

Auf Anregung seines Vetters Adolf Schliemann reichte er das Buch zusammen mit seinem in altgriechischer und lateinischer Sprache geschriebenen Lebenslauf an seine Heimatuniversität Rostock ein, die ihm dafür die philosophische Doktorwürde erteilte. Mit Freude und Stolz empfing Schliemann diese ehrenvolle Auszeichnung. Das war ein guter Beginn des neuen Lebensabschnitts im Dienst der archäologischen Wissenschaft.

Ein zweites großes Glück wurde ihm zuteil, als Vimpos dem verehrten Freund die Porträts mehrerer schöner Athenerinnen zur Auswahl sandte. Er wählte Sophia Engastromenos, die Tochter eines ehrenwerten Athener Tuchhändlers, als die liebenswürdigste aus, ein junges Mädchen von ungewöhnlicher Schönheit.

Ohne Säumen fuhr Schliemann nach Athen, nahm im besten Hotel ein Zimmer und begab sich zu seinem Freund Vimpos. Von ihm erfuhr er, daß die Mutter des Mädchens eine Base von ihm und Sophia seine Nichte war. Die Familie Engastromenos, erklärte der Bischof, halte sich seit gestern in ihrem Landhaus bei Kolonos, nahe der Akropolis, auf, wo morgen das Fest des St. Meletios, des Schutzheiligen der kleinen Kirche von Kolonos, begangen werde.

»In Kolonos werde ich meiner Braut begegnen? Im Geburtsort des Sophokles? Das darf ich für ein glückliches Zeichen halten!« sagte Schliemann freudig bewegt. »Und wann werde ich Sophia sehen?«

»Morgen. Ich werde uns noch heute durch einen Boten anmelden.«

Sophia und einige ihrer Gespielinnen waren gerade dabei, die Kirche mit Blumengirlanden zu schmücken, als die beiden Gäste, etwas früher als angenommen, in Kolonos eintrafen. Eines der Mädchen bemerkte die Ankommenden als erste und rief durch die offene Pforte in den Kirchenraum: »Der Deutsche ist da!« Da lief Sophia ins Haus, sich umzuziehen und schön zu machen für den Mann, der sie, falls es die Eltern, Onkel und Paten so beschlossen, heiraten sollte.

Schliemann traf die ganze Verwandtschaft an dem reichgedeckten Tisch im großen Zimmer versammelt. Alle begegneten ihm mit bescheidener Zurückhaltung und ehrfurchtsvollem Respekt. Doch diese an uralte Tradition gebundenen Sitten befremdeten ihn und er hatte Mühe, sich sein Unbehagen nicht anmerken zu lassen. Er fand sich erst wieder, als er, durch neugierige Fragen angeregt, von seinen Reisen und Abenteuern erzählen konnte.

Als er am andern und auch am übernächsten Tag im Stadthaus Besuch machte und jedesmal die sittsam und verlegen unter der Verwandtenschar sitzende Sophia kaum mit einem vollen Blick erreichen, viel weniger ein Wort an sie richten konnte, schrieb er ihr nach seiner Rückkehr ins Hotel ein Billett: »Verehrte Sophia, ich möchte so gern allein mit Ihnen reden, das heißt in Gegenwart Ihrer Eltern. Denn wie können wir uns kennenlernen, wenn immer so viele Verwandte herumsitzen?«

Beim dritten Besuch wurde ihm endlich die Freude, eine Weile mit Sophia allein zu sein. Ohne lange Umwege, wie es seine Art war, fragte er sie: »Warum wollen Sie mich heiraten?« Was konnte das halbe Kind ihm antworten? Seit jenem Brief aus Indianapolis an Onkel Vimpos sprach die ganze Familie mit größter Hochachtung nur von dem millionenreichen Kaufmann und von der Ehre, die dem Mädchen widerfahre, *das* er zur Frau erwähle. Also gab ihm Sophia in aller Unschuld mit einem offenen, leuchtenden Blick zur Antwort: »Weil meine Eltern mir gesagt haben, Sie seien ein reicher Mann.«

Schliemann war in der Seele getroffen und keines weiteren Wortes mehr fähig. Er verabschiedete sich kurz und schrieb ihr aus dem Hotel in Griechisch: »Es hat mich tief getroffen, verehrte Sophia, daß Sie, ein gebildetes junges Mädchen, mir eine Sklavenantwort gegeben haben. Ich bin ein ehrlicher, schlichter Mensch. Und wenn Sie mich heiraten, so ist es, weil wir zusammen ausgraben, uns gemeinsam am Homer begeistern wollen. So aber reise ich übermorgen ab nach Neapel, und vielleicht sehen wir uns nie wieder. Brauchen Sie indessen je einen Freund, so denken Sie und wenden Sie sich an Ihren ergebenen Heinrich Schliemann, Dr. phil.

Place St. Michel 6, Paris.«

Wenn Schliemann mit seiner Abreise bis »übermorgen« wartete, so geschah es, um den Engastromenos Zeit zur Besinnung zu lassen. Die Anmut der schönen, kindlichen Sophia hatte ihn schon vom ersten Augenblick an gefangengenommen. Schuld an dem bedauerlichen Mißverständnis trugen die spießbürgerlichen und allein am Geld orientierten Angehörigen.

Und *sie* waren vom Inhalt seines Briefes völlig aus der Fassung gebracht. Sophia mußte ihm schreiben, sogleich, ehe es zu spät und ihr Glück für immer verscherzt war. Das arme Mädchen, das sich weinend in ihre Kammer geflüchtet hatte, mußte mit Bitten und Trostworten von der Mutter herbeigeholt werden. »Komm, mein Kind, schreib dem Herrn Doktor einen lieben Brief, dann wird er gewiß wiederkommen!« meinte sie mit einem aufmunternden Lächeln und schob Sophia den Stuhl vor dem Schreibtisch zurecht. Und sie schrieb unter Tränen: »Lieber Herr Heinrich! Es tut mir leid, daß Sie fortreisen. Sie müssen meine Antwort von heute Nachmittag nicht übelnehmen. Ich glaubte, ein junges Mädchen dürfte nicht anders antworten. Es würde mich und meine Eltern freuen, wenn Sie morgen wieder zu uns kämen.

Ihre Sophia Engastromenos.«

Schliemann ließ einige Tage hingehen, bis er den Brief in freundlichem Ton erwiderte, und noch am selben Tag überbrachte ihm ein Bote Sophias Antwort: »Mit großer Unruhe habe ich auf Ihre Antwort gewartet. Beim Lesen Ihres Briefes habe ich eine Neigung gefühlt und den Höchsten gebeten, Ihnen das verlorene Gefühl für mich wiederzugeben. Wenn ich von Ihnen nichts anderes verlangen kann, so kann ich Sie doch um einen Besuch bitten, ehe Sie reisen. In der Hoffnung, daß Ihre edle Seele mir diese Bitte erfüllt ...«

Er erfüllte Sophias Bitte mit erleichtertem Herzen, bestand aber darauf, daß die Vermählung so bald wie möglich stattfinde. Am 24. September 1869 feierten der 47 Jahre alte Schliemann und die noch nicht achtzehnjährige Sophia Hochzeit.

Die Hochzeitsreise, die eigentlich eine Kunstfahrt durch alle Museen von Neapel, Pompeji, Rom, Florenz, Venedig und München war, endete an ihrem neuen Wohnsitz, in Paris. Schliemann führte seine junge Gattin in ein mit allem Luxus ausgestattetes Palais, kleidete die Schöne wie eine Fürstin, überhäufte sie mit kostbarem Schmuck und glaubte mit all dem, was er im Überschwang seiner Liebe ersann, aus dem schlichten Bürgermädchen eine glückliche und auf ihren berühmten Mann stolze Frau zu machen. Doch Sophia sollte nicht nur eine Dame werden, die sich in den vornehmsten Pariser Salons bewegen konnte, sie sollte auch genügend Bildung besitzen, um im Kreis der Gelehrten, die er zu Abendgesellschaften in sein Haus lud, mitreden zu können. Der Lernbesessene, der Tag für Tag die verschiedenartigsten Kollegs in der Sorbonne besuchte und sich mit seinem erstaunlichen Gedächtnis ein ungeheures Wissen aneignete, kannte keinen andern Maßstab als den seinen und wandte ihn hart und herrisch auch auf Sophia an. Mit seiner Hilfe, glaubte er, werde sie im Laufe von einigen Monaten vier Fremdsprachen erlernen. Durch eine griechische Sprachlehrerin ließ er ihr täglich vier Stunden Unterricht in Französisch erteilen und ihre selbständigen Deutschübungen überwachen. Doch so begabt und willig Sophia auch war, die Anforderungen überstiegen ihre Kraft. Wie schwer mußte es ihr, die diesen rätselhaften, schwierigen Mann so demütig und abgöttisch liebte, gefallen sein, ihm eines Abends einen Zettel auf den Schreibtisch zu legen mit der Bitte um Entschuldigung, daß sie das von ihm Geforderte heute nicht zu leisten vermocht habe: »Lieber Mann! Du hast mich sehr betrübt, daß Du glaubst, daß ich nicht Deutsch lernen will. Du sagst, daß ich sieben Seiten schreiben und dieselben unter den Augen der Madame Criatopoulos selbst verbessere. Dies ist unmöglich. Ich lerne jeden Abend eine Seite, die den Tag vorher korrigiert ist, und schreibe wieder neues, aber so viel wie Du meinst, ist mir unmöglich zu leisten.«

Zu diesem Kummer kam noch ein anderer, der schlimmer war – das Heimweh. Da sie viel allein sein mußte, fühlte sie sich in dieser erregend lauten, fremden Großstadt wie verloren, und manche Stunde verweinte sie in Sehnsucht nach den Ihren und dem blauen, warmen Himmel Griechenlands. Unvermittelt konnte sie in einen Weinkrampf fallen und erlitt schließlich Anfang Februar einen Nervenzusammenbruch. In panische Angst versetzt, rief Schliemann einen befreundeten Arzt herbei und brachte auf seinen Rat die schwer gemütskranke Sophia auf dem schnellsten Weg nach Athen. Die Erkrankung der jungen Frau wurde für ihn zu »einem heilsamen Schreck« und ließ ihn nun verständnis- und rücksichtsvoller werden gegen sie, der er doch sein ganzes Lebensglück verdankte.

Daheim begann sich Sophia langsam zu erholen. Er wollte in ihrer Nähe sein; doch untätig abzuwarten, bis die amtliche Erlaubnis für die Ausgrabungen in Mykene oder in Troja eintraf, war ihm unmöglich. Er entschloß sich zu einer Reise nach den Inseln der Ägäis, mietete eine Barke mit vier Matrosen und begab sich am 27. Februar auf Fahrt.

Er besuchte und durchforschte die Inseln Syra, Delos, Paros, Palati und Naxos, die einst dem Bacchus geweiht war. Am 11. März traf er am Hauptziel seiner Reise, auf der Vulkan-Insel Thera (Santorin) ein. Um 1500 v. Chr. war bei einem heftigen Erdbeben das Meer in den Vulkan eingedrungen. Eine gewaltige Explosion war die Folge. Sie zerriß das Eiland und ließ nur einen Inselkranz um den sich neu aufbauenden und über das Meer erhebenden Vulkan stehen. Schliemann genoß den »furchtbaren und erhabenen Anblick« der zwei- bis dreihundert Meter senkrecht aus dem inneren Meer aufsteigenden »roten, schwarzen, gelben, weißen und braunen Lavaschichten« und sah den neu gebildeten, seit vier Jahren wieder »seine Feuerströme und riesigen Rauchwolken« ausstoßenden Vulkan in voller Tätigkeit. Fünf Tage lang durchstreifte er Thera und die kleinere Insel Therasia nach antiken Resten. Aus einem uralten Gebäude, das bei der Grabung nach Porzellanerde unter drei zwanzig Meter dicken vulkanischen Aschenschichten entdeckt worden war, nahm er mehrere irdene Gefäße mit. »Sie müssen wenigstens viertausend Jahre alt sein«, schrieb er an den Vater, »und es ist mehr als wahrscheinlich, daß man bei weiterem Graben noch viele andere Häuser entdeckt.« Es spricht für seinen intuitiven Blick, wenn sich seine Vermutung bei archäologischen Grabungen in allerjüngster Zeit bewahrheitete.

Nur wenige Tage nach seiner Rückkehr begab er sich in die Troas, um auf Hissarlik – wenn auch ohne ausdrückliche Erlaubnis – erste Grabungen zu unternehmen.

Schon nach der Rückkehr von seiner Kykladenfahrt hatte sich Sophias Gesundheitszustand zu seiner großen Freude wesentlich gebessert. In der warmen Frühlingssonne konnte er einige kleinere Fahrten im offenen Wagen mit ihr unternehmen. Einen Monat später plante er eine längere Reise, die der langsam Genesenden Freude und Abwechslung bereiten sollte, und Sophia war glücklich, einmal wieder mit dem geliebten Mann allein zu sein. Die achttägige Reise führte sie zunächst nach Konstantinopel und nach einer herrlichen Ausfahrt durch den Bosporus ins Schwarze Meer donauaufwärts bis Wien, danach über Genf und Marseille zurück nach Athen.

Am 19. August fuhr das Paar zu einem vierwöchigen Badeaufenthalt nach Boulogne sur Mer. Eine zwei Monate dauernde Reise durch England schloß sich an.

Von Paris aus schrieb Schliemann am 31. August an den türkischen Minister für Volksbildung Safvet Pascha: »Voll Bewunderung und Begeisterung für die großen neuen Gedanken, die Sie zur Förderung der Humanität mit allen Ihren Kräften wirken läßt, erlaube ich mir, mich an Ihre Exzellenz mit der innigen Bitte zu wenden, das beigefügte Buch ›Ithaka, der Peloponnes und Troja‹ als kleines Zeichen meiner Verehrung anzunehmen...

Zu meinem größten Bedauern habe ich durch Herrn Calvert in den Dardanellen erfahren, daß Ihre Exzellenz verärgert ist, weil ich kleine Ausgrabungen auf Hissarlik gemacht habe, ohne zuvor um Erlaubnis nachgesucht zu haben.

Als ich aber den Hügel vor mir sah, der das Pergamon des Priamos in sich birgt, das die Gelehrten aller Länder seit zwanzig Jahrhunderten vergeblich suchten, verführten mich meine Begeisterung für die Wissenschaft und meine Schwärmerei für die Archäologie. Ich arbeitete in strömendem Regen, als sei es schönstes Sommerwetter. Ich glaubte zu Mittag und zu Abend gespeist zu haben, obgleich ich den ganzen Tag nichts gegessen hatte. Jede Tonscherbe, die ich ans Tageslicht brachte, war für mich ein neues Blatt Geschichte! Ich bitte um Ihre Nachsicht und Unterstützung im Namen der Wissenschaft, der sowohl Sie als ich die gleiche Wertschätzung entgegenbringen; im Namen der Wissenschaft, die Sie unter Ihre starke Schutzherrschaft genommen haben!...«

Bei dem ihn sonst auszeichnenden herrischen und rasch aufbrausenden Wesen läßt der Ton dieses Schreibens aufhorchen.

Doch Schliemann hatte in seinem kaufmännischen Leben im Umgang mit Menschen reiche Erfahrung gesammelt und konnte, wenn es die Klugheit erforderte, auch den sanfteren Weg beschreiten, wenn er auf leichtere Weise zum Ziel führte.

Der Berg der Rätsel

So hart und mühevoll sein Weg vom Krämerlehrling zum Großkaufmann gewesen war, so schwer und kräfteaufreibend sollte nun der Kampf um Geltung und Anerkennung im Bereich der archäologischen Wissenschaft werden. Den Widerstand der Fachgenossen, Philologen und Historiker vorausahnend, hatte Schliemann schon beim Erscheinen seines Buches »Ithaka, der Peloponnes und Troja« an seinen Vater geschrieben: »Da ich alles, was Strabo und alle die nach ihm über Troja schrieben, umstoße, so wird viel gegen mein Buch geschrieben werden. Indes ist mir nicht bange, da ich überall Beweise gebe und nichts ohne klare Facta behaupte.« Er täuschte sich nicht; er durfte diese von Anfang an bezogene Kampfstellung nicht aufgeben bis an sein Lebensende.

Als er damals nach mehr als einem Jahr Zuwarten wieder auf Hissarlik eintraf, hatte die Regierung die Ausgrabungserlaubnis immer noch nicht erteilt, und auch mit den beiden türkischen Besitzern der westlichen Hügelhälfte war es zu keinem Kaufabschluß gekommen. Er verlor die Geduld und begann ohne Erlaubnis zu graben.

Am 9. April 1870 tat Schliemann den ersten Spatenstich an der Nordwestecke des Hügels. Er begann mit zehn Arbeitern aus dem nahegelegenen Dorf Renkoi gegen einen Lohn von zehn Piastern im Tag. Er schnitt den Hügel von oben her durch mehrere breite und tiefe Gräben an und hatte schon nach einer Stunde Erfolg. In etwa 60 Zentimeter Tiefe stießen die Arbeiter auf eine Mauer aus behauenen Sandsteinen von fast eineinhalb Meter Länge und 60 Zentimeter Breite. Ehe die Sonne sank, förderten sie die Grundmauern eines 20 Meter langen und 14 Meter breiten Gebäudes zutage. Durch die

Erfolge ermuntert, erhöhte Schliemann die Zahl der Arbeiter auf 21. »In ein Meter zwanzig Tiefe«, heißt es im Tagebuch, »fanden wir unter einer Kalksteindecke eine Schicht Asche und ausgeglühtes Gestein, was keinen Zweifel daran ließ, daß der Oberstock des Hauses aus Holz gebaut war. Wir stießen noch auf zehn weitere Schichten verbrannten Materials, deren jede mit Topf- und Gefäßscherben bedeckt war, was anzuzeigen schien, daß bevor die von uns gefundenen Grundmauern da waren, an dieser Stelle, in großen Zeitabständen, zehn Holzhäuser standen, die nacheinander den Flammen zum Opfer fielen...«

Sie fanden in den folgenden Tagen Kupfermünzen, Pfeilspitzen aus Stein, einige Bronzenägel, zwei Terrakottafiguren, eine Masse Knochen und Scherben und Unmengen kleiner, runder, durchbohrter Stücke aus gebrannter Erde. In einem, in einer französischen Fachzeitschrift erschienenen ersten Grabungsbericht, erwähnte Schliemann den Fund einer Vase, die nach seiner Meinung mit Menschenasche gefüllt war. Schliemann erkannte und bekannte später, daß er sich geirrt hatte, – dies hinderte jedoch dreizehn Jahre danach einen Artilleriehauptmann a. D. Bötticher nicht, aus der Bemerkung »Menschenasche« seine irrsinnige Theorie abzuleiten, Troja sei einstmals eine Feuernekropole gewesen.

Die erste Entdeckerfreude Schliemanns wurde aber nur zu bald getrübt durch die dauernden Widerwärtigkeiten mit den beiden Türken, die nicht nur eine viel zu hohe Entschädigungssumme forderten, sondern auch verlangten, daß sofort nach der Ausgrabung die Gräben wieder zugeschüttet wurden, damit der Platz weiterhin als Schafweide benützt werden konnte. Tagelanger Regen bei eiskaltem Nordwind machte Schliemann krank, und bei allem erfreulichen Erfolg war er im stillen enttäuscht und unsicher, weil er auf »keine kyklopischen Mauern und homerischen Paläste« gestoßen war. Und so fuhr er nach zehn Tagen nach Athen zurück.

So angenehm ihm die Eltern und die beiden älteren Brüder

Sophias waren, – die übrige Verwandtschaft, bemerkte er mit Mißbehagen, sah in ihm nur den Millionär, dessen Schenkfreudigkeit sie auszunützen suchten, wo es nur ging. Es war an der Zeit, sich auch räumlich zurückzuziehen und einen eigenen Hausstand zu führen. Als sich eine günstige Gelegenheit bot, kaufte er in Athen ein schönes Haus mit einem großen Garten, in dem er von nun an ungestört und glücklich mit der verehrten und innig geliebten Frau lebte.

Mit Besorgnis verfolgte er die Geschehnisse im deutsch-französischen Krieg, und seine Besorgnis wurde zur Angst, als die Zeitungen von der Beschießung und Belagerung der französischen Hauptstadt berichteten. Mitte Februar ließ ihm die Sorge um seine vier Pariser Miethäuser keine Ruhe mehr, denn jedes stellte einen Wert von einer halben oder ganzen Million dar und sie beherbergten 270 Familien, die eine namhafte Miete bezahlten.

Er hielt sich gerade zu Besprechungen bei der Hohen Pforte in Konstantinopel auf. Wenn man den sich jagenden Presseberichten glauben durfte, war die ganze Stadt eingeäschert und brannte an hundert Orten zugleich, und alle Bäume im Tuileriengarten, in den Champs Elysées und in den Alleen waren durch Granatfeuer zerstört und verbrannt. »Ich muß so bald wie möglich nach Paris«, schrieb er Sophia. »Vielleicht sind alle unsere Häuser zerstört, wer weiß es! Mache Dir wegen meiner Reise keine Sorgen.«

Er hatte beste Empfehlungen vom preußischen Gesandten in München und Athen an den Grafen Bismarck-Bohlen in Straßburg und an den Fürsten Bismarck in Versailles. Doch sie nützten nichts, weil Bismarck mit dem französischen Außenminister Jules Favre ein Abkommen getroffen hatte, daß niemand Paris betreten dürfe, ehe Frieden geschlossen sei.

Er hätte nicht Heinrich Schliemann sein müssen, wenn er sich durch irgendein Hindernis hätte abschrecken lassen, seinen Willen durchzusetzen. Auf welche Weise er in das besetzte Paris gelangte, schilderte er in überlegenem Humor gleich nach seiner Ankunft in Briefen an seinen Vetter Adolf in Schwerin und an die Herren Schröder-London: »... In meiner brennenden Ungeduld bediente ich mich des Erlaubnisscheins des Postmeisters Charles Klein in Lagny und zog dessen Uniform an. Zum Unglück aber war der gute Mann nur 30 Jahre alt, was zwei Mal in jenem Scheine bemerkt war. Meine Angst war daher groß, als ich das eine nach dem andern zwei sächsische und ein preußisches Regiment passierte, wo überall mein falscher Paß annotiert und ich von Kopf zu Füßen examiniert wurde. Hätten sie den Betrug entdeckt, so hätten sie mich ohne weiteres arretiert und erschossen. Aber meine Geistesgegenwart rettete mich: jeden Soldaten titulierte ich Herr Oberst, jeden Leutnant Herr General und so gelang es mir immer, die lieben Leute durch diese hohen Titel so zu verblenden, daß sie immer mit tiefen Bücklingen ausriefen: ›Alles in Ordnung, Herr Postmeister! Glückliche Reise, Herr Postmeister!‹

Während ich die deutschen Linien passierte, hatte ich meine Häuser vergessen; ich erinnerte mich erst daran, als die Lebensgefahr vorüber war und näherte mich mit zitternder Angst meiner Wohnung und meinem gegenüberliegenden Hause 5 Boulevard St. Michel. Zweimal hatte ich vorher auf der Straße stillegehalten, um mich nach deren Schicksal zu erkundigen, und immer gehört, daß dieser ganze Stadtteil zerstört sei. Als ich aber endlich anlangte und alles unversehrt fand, war meine Freude ganz gewaltig, und ich küßte meine Bibliothek, wie ich ein von den Toten aufgestandenes geliebtes Kind küssen würde. Auch meine drei anderen Häuser blieben von den deutschen Bomben unberührt... Das an das meine angrenzende Gebäude am Boulevard St. Michel wurde zerstört, während mein eigenes heil blieb... Den Berichten aller Zeitungen nach mußte ich annehmen, daß alle Bäume im Tuileriengarten, in den Champs Elysées und in den Straßen zerschossen und verbrannt seien; aber ich kann Sie versichern, daß an all diesen Pressegeschichten kein wahres Wort ist.«

Erleichtert und guter Dinge kam Schliemann in Athen an, wo ihn Sophia am 17. Mai 1871 mit einem Töchterchen beschenkte. Es erhielt nach Hektors schöner und edler Gemahlin den Namen Andromache.

Am Morgen des 18. August saß Schliemann, schon seit Stunden mit dem Studium archäologischer Werke und Bildbände beschäftigt, in seinem Studierzimmer. Da trat Sophia freudestrahlend bei ihm ein.

»Eine gute Botschaft, Heinrich!« sagte sie. »Ich glaube es bestimmt! Ein Brief von der Amerikanischen Botschaft in Konstantinopel! – Ist es die Erlaubnis des Sultans zur Ausgrabung auf Hissarlik?«

Schliemann vertiefte sich in das Schreiben.

»Ja, endlich, Sophidion!« antwortete er. »Aber mit etlichen bittern Pillen als Beigabe, die mir die Galle überlaufen lassen, ehe ich bloß den Spaten zur Hand nehme! Die beiden scheeläugigen Schafhirten haben ihre Hügelhälfte um 3000 Piaster an den türkischen Staat verkauft, obwohl ich ihnen schon 5000 geboten hatte! Zweifellos hat ihnen dieser Safvet Pascha das Gelände abgezwungen. Den Beweis dafür siehst du aus den Bedingungen: Der größte Teil der von mir aufgedeckten Funde ist der Türkei zu überlassen; ich habe mich damit einverstanden zu erklären, daß ein türkischer Beamter die Ausgrabungen überwacht, und ich habe ihn für seinen Schnüfflerdienst auch noch aus meiner Tasche zu bezahlen!«

Schliemann sprang auf: »Natürlich kann sich der Herr Minister am Goldenen Horn nicht vorstellen, daß ein Mensch, der seine fünf Sinne hat, nach etwas anderem als nach Schätzen graben kann, und nur dann, wenn er sicher ist, sie zu finden!«

»Sie denken, weil du bisher ein Kaufmann warst, wollest du verkaufen, was du findest. Was sollen sie denn anderes haben als einen Krämerglauben?«

»Du hast recht, Sophia; kümmern wir uns nicht um sie! Unser Glaube gilt einem Höheren; und wir werden sie und die ganze Welt eines andern belehren, wenn eines Tages aus meinem Traum Wirklichkeit wird!«

»Und wie stolz und glücklich wird dann deine Sophia sein, wenn das alte Troja aus dem vergessenen Hügel steigt, nach drei Jahrtausenden ans Licht gehoben von dem deutschen Träumer Heinrich Schliemann ...«

»... und der herrlichsten Frau, die ihn die Gnade der Götter unter Griechenlands Himmel finden ließ! – Nun, Sophia, rüste dich mit mir zur Fahrt nach Troja, an deiner Seite kann sie nur eine glückhafte sein!«

Es war kein verlockender Eindruck, den die trojanische Ebene Ende September 1871 auf die beiden Ankömmlinge machte. Die Felder und Wiesen lagen abgeerntet und öde, neben den halb ausgetrockneten Flußläufen starrten die hageren Pappeln in den wolkenverhangenen Himmel, und das mannshohe Schilf, das in dichter Wildnis die bleigrauen Sümpfe säumte, bog sich im Wind, der vom Meer her über die Ebene wehte.

Sophia ritt, aufmerksam die Landschaft betrachtend, doch schweigsam an Schliemanns Seite und zog den großen Wollschal enger um ihre Schultern.

»Ich bedaure es sehr, liebe Sophia, daß du das von Homer besungene Land der Troer nicht im blütenreichen Frühling kennenlernst. Du wirst dich dann um so mehr im nächsten Jahr freuen.«

Als sie auf der windumwehten Höhe von Hissarlik ankamen, zeigte ihr Schliemann, erklärend und seine weiteren Pläne andeutend, was er bisher ausgegraben hatte.

Er unterhielt sich mit seiner Frau immer in ihrer Muttersprache, obwohl sie auf seinen Wunsch in Paris auch Französisch und Deutsch gelernt hatte. Aus ihrem Munde klang ihm der Wohllaut der griechischen Sprache, die er die schönste Sprache der Welt nannte, wie Musik.

»Da, schau mal, Sophia!« begann er. »Die Marmortrümmer, die du hier zum Teil von Gras und Gestrüpp überwachsen, zum Teil offen herumliegen siehst, stammen zweifellos aus der letzten, der römischen Siedlungsperiode. Die nächsttiefere Schicht muß die Trümmer des griechischen Ilion bergen. Unter ihr aber werden wir das alte homerische Troja, die Burg des Priamos finden! Wir werden bis auf den Urboden, den Felsgrund vorstoßen müssen!«

»So tief?« fragte Sophia. »Und wie wirst du bis dahin gelangen?«

»Ich werde den ganzen künstlichen Teil dieses Hügels abgraben und fortschaffen müssen. Und weißt du, wie ich das mache? Irgendwo muß ich doch beginnen, um ins Innere dieser mächtigen Grabstätte zu gelangen. Der Hügel hat immerhin in der Länge und Breite eine Ausdehnung von mindestens 200 Metern. Ich werde ihn von Norden nach Süden in der Mitte mit einem breiten Graben durchschneiden und von dieser Plattform aus eine Anzahl Seitengräben nach Westen und Osten vorantreiben. Eine Riesenarbeit! Doch es geht nicht anders zu machen, und ich werde nicht ruhen, bis ich mein Ziel erreicht habe. Koste es Geld und Mühe soviel es wolle! – Die Sonne geht unter und es wird hier rasch Nacht. Komm, Sophia, reiten wir! Ich habe in dem nahen türkischen Dorf Chiblak Quartier für uns bestellt. Konsul Calvert half mir auch dabei sehr freundlich. Außerdem hat er schon eine Anzahl griechische und türkische Arbeiter für mich angeworben und das notwendigste Handwerkszeug beschafft. Für den Anfang mindestens – ich denke heuer sechs bis acht Wochen zu graben – werden wir ausreichend versorgt sein. Morgen wollen wir uns noch einen Ruhetag gönnen. Ich möchte dir erst ein wenig das Land und die Leute hier zeigen und vor allem Bunarbaschi, damit du mit eigenen Augen siehst, wie unmöglich, ja wie verrückt es geradezu ist, dort das alte Troja anzunehmen!«

Es war ein kleines, elendes Dorf, dieses Chiblak. Die flachdachigen, fast fensterlosen, weißgetünchten Lehmhütten hockten, durch hohe Mauern miteinander verbunden, an den schmalen Gassen. Rundbogige Tore führten in die Innenhöfe, wo Ziegen und Schafe, Esel und Pferde frei liefen oder angepflockt lagen.

Eine niedrige, sehr bescheiden ausgestattete Kammer empfing die beiden, und Schliemann entschuldigte sich bei Sophia wegen der Dürftigkeit des Raums. Doch Sophia lachte: »Ach, Heinrich, was gilt mir die Armut dieses Zimmers, in dem wir nur die Nächte verbringen. Wie reich aber werden unsere Tage sein! Und reich und glücklich bin ich, weil ich bei dir bin und mit dabei sein darf, wenn du Troja aus dem Schutt der Jahrtausende wieder an das Licht der Sonne bringst!«

Diese Worte erfüllten ihn mit einer Freude und einem Schaffenseifer ohne Maßen. Nach einem einfachen Nachtmahl machte er sich sogleich an die Vorbereitungsarbeiten für die Ausgrabung.

Als er jedoch nach zwei Tagen den türkischen Beamten in Hissarlik aufsuchte, um ihn von seinem Vorhaben in Kenntnis zu setzen, erklärte ihm der, er habe noch keine direkte schriftliche Order vom Gouverneur, und ehe diese nicht eintreffe, könne er ihm die Ausgrabungserlaubnis nicht erteilen. Solchen Formalitätenkram, solche Schikanen war der Mann nicht gewohnt, der 25 Jahre lang nur nach eigenen Entschlüssen gehandelt, als Herr befohlen und als Herr Gehorsam gefordert hatte. Er wartete zwei, drei, vier Tage – untätig, in Wut, verzweifelt. Wer wußte, ob nicht Wochen vergingen, bis er endlich allergnädigst die Genehmigung zum Ausgraben erhielt?

Schliemann entschloß sich, den Gouverneur in der Dardanellenstadt persönlich aufzusuchen. Da in den letzten Tagen zu allem Mißgeschick auch noch Regenwetter einsetzte, nahm er Sophia mit und empfahl ihr, vorerst nach Athen zurückzukehren.

Der Besuch hatte Erfolg; vierzehn Tage aber waren durch die Scherereien verlorengegangen. Trotz des andauernden heftigen Regens stürzte sich Schliemann mit wilder Energie auf die Arbeit. Den ihm zur Überwachung gegebenen türkischen Beamten Georgios Sarkis, einen Armenier, beachtete er kaum.

Seine Absicht in dieser ersten, kurzen Ausgrabungsperiode war: den von Homer erwähnten Tempel der Athene und die Festungsmauern der Burg des Priamos freizulegen. Den Tempel dachte er sich in der Mitte der höchsten Terrasse; die Mauern des alten Troja aber mußten auf den Felsgrund gebaut sein und also ringsum am Fuß der Anhöhe gesucht werden.

Wiederum nahm er die Arbeit von der Nordwestecke des Hügels aus in Angriff. Der 30 Meter breite Grabeneinschnitt, an dem eine bunt gemischte Gruppe von 70 bis 80 Arbeitern mit Spitzhacken und hölzernen Schaufeln, Tragkörben und etlichen Schubkarren beschäftigt war, nahm täglich an Tiefe zu und stieß allmählich in einer Länge von 60 Metern in den Berg hinein. Ungeheure Steinblöcke hinderten oft das Vordringen, und es war eine mühsame und zeitraubende Arbeit, sie bis an den Rand des Abhangs zu schaffen, wo sie dann mit Getöse den steilen Hang hinunterrollten und in der Ebene liegenblieben.

Nur wenige Fuß tief unter der Grasnarbe fand Schliemann Steine mit römischen Inschriften und Münzen aus den Zeiten von Augustus bis zu Konstantin dem Großen, die mit voller Sicherheit bestätigten, daß die jüngsten Mauern der römischen Stadt Ilium angehörten.

In welches Erstaunen wurde er aber versetzt, als er in der Mitte des Hügels, nach der etwa zwei Meter tiefen Schicht der römisch-griechischen Ansiedlung, nach weiteren vier Metern Tiefe plötzlich auf Überreste der primitivsten Kulturstufe, der Steinzeit, stieß! Bis auf sieben Meter unter der Oberfläche lagen nur Steinwerkzeuge in ungeheuren Mengen: Äxte, Hämmer, Handmühlen aus Diorit und Nephrit, sägenförmig behauene Feuersteinstücke, die einst als Messer oder Pfeil- und Speerspitzen gedient hatten.

In den Schuttmassen dieser Schicht stießen die Arbeiter auf eine große Zahl von Hauswänden, die aus kleinen, mit Lehm verbundenen Kalksteinen bestanden. Plötzlich, in zehn Meter Tiefe, kamen kolossale Ruinen zum Vorschein. Die Mauern waren aus mächtigen, teils unbearbeiteten, teils kunstgerecht behauenen Steinblöcken ohne verbindenden Lehm oder Kalkmörtel gefügt.

»Wie seltsam und mir völlig unerklärlich ist diese Umkehrung der natürlichen Folge der Kulturschichten!« sagte Schliemann. Wie konnten Spuren der urältesten Menschheitsgeschichte in einer höheren Schicht liegen als das um Jahrtausende jüngere Troja, von dem Homer berichtet? War es irrig, die Burg des Priamos hier unter diesem Hügel zu suchen?

Verwirrung, Zweifel, Mutlosigkeit befielen ihn. Besonders in den Nächten, wenn er nach der schweren Tagesarbeit allein in seiner Hütte lag oder oft bis in die Morgenstunden Tagebuch führte, Briefe an archäologische Gesellschaften und Ausgrabungsberichte für die griechischen, englischen und deutschen Zeitungen schrieb.

Die körperlichen Anstrengungen gingen oft über seine Kräfte. Zwei kurze Ruhe- und Essenspausen abgerechnet, stand er täglich von sechs Uhr morgens bis sechs Uhr abends in den Gräben. An zehn Stellen zugleich hätte er sein sollen, um die Grabarbeiten zu überwachen und die Leute aus ihrer gewohnten Trägheit aufzurütteln. Er war völlig auf sich allein gestellt, ohne die Beratung und Hilfe eines sachverständigen Mitarbeiters. Der fortschreitende Herbst brachte rauhe Nordwinde und Regen, der tagelang anhielt. Der Schlamm in den Gräben nahm derart zu, daß an ein Durchkommen mit Lasten kaum mehr zu denken war. Dabei war Schliemann gerade auf eine Trümmerschicht gestoßen, die beseitigt werden mußte, wenn er bis zum Mutterboden gelangen wollte. An einem Morgen hatte er mit 65 Arbeitern drei Stunden lang daran gearbeitet, eine einzige Türschwelle mittels Tauen und Rollen fortzuschaffen.

Er litt unter dem bösartigen Fieber, das in den Sumpfniederungen herrschte. Doch er kümmerte sich weder um Regen noch Fieber. »Das Leben ist hier derart abscheulich, der Schmutz so groß und die Entbehrungen jeder Art sind dermaßen unerträglich, daß ich froh bin, daß Du nicht bei mir bist. Du würdest dieses Leben keine zwei Tage ertragen, trotz all Deiner Begeisterung für Homer«, schrieb er im Oktober an Sophia nach Athen. »Die Ausgrabungsarbeiten sind außerordentlich schwierig, aber ich betreibe sie mit so großer Energie, daß sie rapide voranrücken, und ich hoffe sehr, daß es mir bis in sechs Wochen gelingt, den Schleier zu heben, der das homerische Troja verhüllt.«

Wie anders war seine Stimmung wenige Wochen später, nachdem er durch das völlig unerwartete Auftauchen der Steinzeitfunde in so geringer Tiefe in Zweifel und Verwirrung geraten war! Wie bitter mag die Stunde für ihn gewesen sein, als er dann schrieb: »Es scheint, daß die Götter des Olymps für alle Zeit die Spuren Trojas vor den Augen der Menschen verborgen halten wollten ... Meine Ansprüche sind höchst bescheiden. Der einzige Zweck meiner Ausgrabungen war ja von Anfang an nur, Troja aufzufinden. Wenn mir nun dies nicht gelingen sollte, dann würde ich doch überaus zufrieden sein, wenn es mir nur gelänge, durch meine Arbeiten bis in das tiefste Dunkel der vorhistorischen Zeit vorzudringen und die Wissenschaft zu bereichern durch Aufdeckung einiger interessanter Seiten aus dem Buch der urältesten Geschichte des großen hellenischen Volkes.«

Doch ein Zurückschrecken vor Schwierigkeiten, bei der ersten Enttäuschung gleich mutlos werden und den Glauben an den Erfolg verlieren, – das gab es für ihn nicht. Wohl ahnte er, als er des anbrechenden Winters wegen die Arbeiten einstellen mußte, daß er hier noch jahrelang beschäftigt sein würde. Aber er beendete die erste Ausgrabungsperiode mit den Worten: »Meine Neugier ist mehr denn je erregt, und ich werde um jeden Preis fortfahren zu graben, bis ich den Urboden des Hügels von Hissarlik erreicht habe. Ich habe noch keineswegs die Hoffnung verloren, hier Troja zu finden. Wenn es jemals ein Troja gab, und mein Glaube daran steht fest, kann es nur auf der Baustelle von Ilion gewesen sein!«

Wenn Schliemann die vorjährige Grabung wenig befriedigt und in einer bedrückenden Ungewißheit abgeschlossen hatte, so ging er nun im folgenden Frühjahr um so hoffnungsvoller ans Werk.

Am 5. April 1872 trägt er in sein Tagebuch ein: »Ich habe in Gesellschaft meiner Frau am 1. April sechs Uhr morgens bei herrlichem Wetter mit 100 griechischen Arbeitern aus den benachbarten Dörfern Renköi, Kalifatli und Yenischehir die Ausgrabungen wieder aufgenommen.«

»Du bist mein Lebensglück, Sophia; du wirst auch meiner Arbeit Glück bringen!« sagte er, als sie beim Sonnenaufgang vor der Holzbaracke standen, die auf der höchsten Erhebung des Hügels erbaut worden war, und die von allen Seiten herankommenden Arbeitergruppen beobachteten. Schon an der Mannigfaltigkeit ihrer Kleidung, noch mehr aber an ihrer Sprache, ihrer unterschiedlichen Barttracht, der Haut- und Augenfarbe war zu erkennen, daß sie verschiedenen Völkern angehörten: Griechen, Bulgaren, Türken, Armenier, Perser. Sophia fand dieses Gewimmel von grellfarbenen Pluderhosen und mit blanken Knöpfen besetzten bunten Jacken, die weitärmeligen Hemden und im Wind wehenden leuchtenden Schals sehr spaßig.

»Ein größeres Arbeitstempo würde mir mehr Spaß machen!« sagte Schliemann unwillig. »Wenn man nicht den ganzen Tag hinter den Kerlen her ist wie ein Schießhund, trotten sie so träge wie ihre Ochsen und Esel oder hocken in jedem unbewachten Augenblick rauchend und schwatzend hinter einer versteckten Grabenwand! Ich werde neben Nikolaos und Georgios noch einen weiteren Aufseher anstellen. Es muß rascher vorangehen mit der Arbeit! Ich will zum Ziel kommen und – nebenbei kostet mich jeder Tag 320 Mark.«

»Heinrich!« rief plötzlich Sophia ganz verwundert. »Dort

hinter den hochrädrigen Ochsenkarren, sind das nicht Kamele?«

»Ja, gewiß«, antwortete Schliemann. »Du mußt bedenken, wir sind hier im Vorderen Orient, an der Brücke hinüber nach Asien und Afrika. – Doch nun komm, daß wir die Leute zur Arbeit einteilen!«

Nikolaos, der Oberaufseher, hatte die 150 Männer schon antreten lassen und die Werkzeuge und übrigen Geräte ausgeteilt. Schliemann selbst gab jedem die tägliche Dosis Chinin, das einzig wirksame Mittel gegen Malaria. Dann wies er die Trupps in ihre Arbeitsstellen ein.

Daß auch Sophia die Leitung und Beaufsichtigung einer Gruppe von etwa 40 Mann übernahm, war für sie ganz selbstverständlich. Schliemann merkte schon nach wenigen Tagen, daß sie mit einem auffallend sicheren Gefühl gerade die Stellen fand, an denen wertvolle Einzelfunde zutage gefördert werden konnten: herrlich geformte graue, gelbe und rote Tonkrüge, Vasen mit Stülpdeckeln, Schnabeltassen, Waffen aus Kupfer und Bronze, Äxte, silberne Dolche und Kämme, Spinnwirtel mit eingeritzten Linienmustern und Webegewichte aus Stein und Ton.

Unterdessen wühlte sich Schliemann tiefer und tiefer in den Hügel hinein. Er hielt die Dardaner, die Ahnen des Priamos, für die ersten und ältesten Besiedler der Höhen von Hissarlik. Darum vermutete er die Trümmer der trojanischen Burg in der untersten Schicht über dem gewachsenen Fels. Also galt es, alles, was darüber lag, aus dem Weg zu räumen und bis zu ihm vorzudringen. Wer sollte ihm widersprechen? Kein in Ausgrabungen erfahrener Fachmann – wie es in späteren Jahren zu seinem Glück der Fall war – stand ihm beratend zur Seite. So fielen manche wertvollen und aufschlußreichen Mauerreste aus den höher gelegenen Siedlungsschichten dem rücksichtslos in die Tiefe strebenden Spaten Schliemanns zum Opfer.

Hin und wieder, wenn sie auf Reste von gut erhaltenen

Mauern und Gebäuden stießen, äußerte Frau Sophia Bedenken, ob man sie nicht bei der Grabung umgehen und auf diese Weise vor dem Zerstörtwerden bewahren könnte. »Sie sind mir im Wege! Ich muß nach unten!« entgegnete er dann. »Die Mauern von Priamos' Burg müssen nach den Schilderungen Homers gewaltige Ausmaße haben, und nur eine Trümmerschicht, die deutliche Spuren eines großen Brandes aufweist, kann die des alten Troja sein!«

»Manchmal macht mir dieser mächtige, rätselhafte Hügel wirklich Angst, Heinrich!« sagte Sophia zögernd.

»Aber ich will diesem merkwürdigsten aller Berge sein Rätsel entreißen!«

Er griff ihn von einer neuen Seite an und ließ den großen Graben von Süden her in Richtung auf den Nordgraben vorantreiben, um so den ganzen Hügel in der Längsachse zu durchstechen. Vielleicht hatte er hier mehr Glück.

Mit Sophia beaufsichtigte er die 85 Arbeiter auf der Plattform an der Nordseite; Georgios Photidas aus Paxos, der sieben Jahre Bergmann in Australien gewesen war, arbeitete ihnen mit 45 Leuten von der Südseite her entgegen. Wochenlang arbeiteten sie an diesem großen und schwierigen Unternehmen.

Georgios erwies sich als ein sehr gewandter Ingenieur und kam durch seine geschickt angelegten Seitenterrassen mit großer Schnelligkeit vorwärts. Er brachte ein herrliches, aus großen, schön behauenen Muschelkalksteinen gebautes Bollwerk ans Licht. Es schien nicht älter zu sein als die Zeit des Lysimachos.

»Es ist uns zwar im Wege«, sagte Schliemann, »aber es ist zu schön und ehrwürdig, als daß ich es wagen könnte, Hand daran zu legen. Es soll erhalten bleiben.«

Nach Mitte Mai fielen drei große und zwei kleine griechische Festtage an. So arm die Leute waren und so gern sie arbeiten wollten, sie zu überreden, an den Feiertagen selbst der unbedeutendsten Heiligen zu arbeiten, war vergebens. »Es schlägt uns der Heilige!« sagten sie und konnten nicht rasch genug in ihre Dörfer kommen.

Schliemann machte seinem Ärger Luft und drohte das faule Volk zu entlassen. Aber Sophia wußte ihn immer wieder zu besänftigen.

Beim Abhacken der steilen Wände rollten in dem losen Erdschutt fortwährend größere Gesteinsbrocken in die Tiefe und verletzten immer wieder auf der Grabensohle beschäftigte Arbeiter. Kaum einer war da, der nicht mehrere Wunden an den Beinen hatte, Schliemann nicht ausgenommen. Den ganzen Tag hindurch waren auf allen Baustellen die Warnrufe zu hören.

Besonders die Abfuhr des Schutts von den Terrassen in die tiefer gelegenen Gräben war außerordentlich gefährlich. Sturm und Regen lockerten die steilen Wände und brachten viele Tonnen schwere Erdmassen unversehens zum Einsturz.

»Morgen müssen wir hier zur Sicherung der Mauer eine Stützmauer aus großen Steinblöcken errichten!« sagte Schliemann zu dem ihn auf seinem täglichen Kontrollgang begleitenden Aufseher. Kaum waren sie in einen der Seitenstollen eingebogen, hörten sie ein dumpfes Krachen und gleich darauf verzweifelte Hilferufe.

»Ein Unglück!« Sie rannten zurück. Die mehr als zehn Meter aufragende Mauer war eingestürzt und hatte sechs Mann unter sich begraben. Es war geradezu ein Wunder, daß alle lebend und mit nur unerheblichen Verletzungen geborgen werden konnten. Sophia kam, todesblaß und zitternd vor Angst, auf die Hilferufe herbeigeeilt. Sie dachte nicht anders, als daß ihrem Mann ein Unglück zugestoßen sei.

»Dank sei den Göttern, daß du lebst, Heinrich!« sagte sie unter Tränen. Dann aber nahm sie sich, zusammen mit ihrem Mann, mit überlegener Ruhe und Geschicklichkeit der Verunglückten an. Mit Entsetzen dachten sie daran, was aus ihnen geworden wäre, wenn die sechs Männer von der fallenden Mauer zermalmt worden wären. Kein Geld und keine Versprechungen den Frauen der Verunglückten gegenüber hätten sie retten können.

Kurze Zeit später stürzte eine Erdwand ein und begrub Georgios Photidas und einen Arbeiter, die sich unter einem Gerüst aus starken Holzblöcken und Dielen vollkommen sicher geglaubt hatten. Die Rettung der beiden Männer konnte nur unter größter Gefahr geschehen; sie mußten mit Taschenmessern aus den Erd- und Gesteinsschichten, die jeden Augenblick ins Rutschen geraten konnten, herausgelöst werden.

Jeden Abend war Schliemann heilfroh, wenn wieder ein Tag ohne ernsteren Unglücksfall vorbeigegangen war.

Als die Tage zunahmen, wurde die Arbeitszeit verlängert. Sie ging nun vom Sonnenaufgang um fünf Uhr bis abends siebeneinhalb Uhr. Die Arbeiter murrten; manche liefen auch weg. Nur der von neun auf zwölf Piaster erhöhte Lohn hielt sie und – der Respekt vor dem kleinen, schmächtigen Mann mit der seltsam schrillen Stimme, mit der riesigen Stirne und der Brille, hinter deren Gläsern die Augen gebieterisch und böse funkeln konnten, wenn man sich seinem Willen widersetzte.

»Er ist sehr reich! Aber verrückt!« sagten sie untereinander. Man konnte es ihnen nicht verübeln. Denn wie sollte es für sie einen Sinn haben, die Erde und Gesteinstrümmer an einem Ort loszugraben, mühselig in Körben wegzuschleppen oder auf Karren zu laden und an einer weit entfernten andern Stelle wieder aufzuhäufen?

Am liebsten hörten sie Sophia oder Nikolaos dreimal am Tag »Paidos! Arbeitsruhe!« rufen, natürlich auch die Aufforderung, am Wochenende vor der Baracke anzutreten, um sich von Nikolaos den Lohn auszahlen zu lassen.

Nikolaos Zaphyros Jannakis, ein großer, energischer und sehr zuverlässiger Grieche aus dem Dorfe Renköi, der alle Dialekte der Gegend beherrschte, war Oberaufseher, Kassier, Koch und Kantinenwirt in einer Person. Eine ehrliche und treue Seele. Als Schliemann einmal zur Erledigung einer wichtigen Sache zum Gouverneur an die Dardanellen reisen mußte, rief er Nikolaos zu sich und sagte: »Ich werde nächste Woche einige Tage abwesend sein. Ich möchte aber meine Frau nicht allein unter den vielen Männern zurücklassen. Es wäre überhaupt gut, wenn noch ein nettes weibliches Wesen zu ihrer Unterhaltung hier wäre.«

»Ja, Herr.«

»Kannst du, ehe ich abreise – das wäre also bis in vier Tagen – eine Frau ins Haus bringen?«

»Ja, Herr. Dazu sollte ich aber drei Tage Urlaub haben.«

»Gut, Nikolaos, reite!« sagte Schliemann.

Pünktlich am vierten Tag kehrte er zurück und brachte eine sehr schöne junge Frau mit.

»Du hast gut gewählt«, sagte Schliemann. »Wie lange kann sie bleiben?«

»So lange wie ich, Herr. Ich habe sie geheiratet.«

Nikolaos blieb 15 Jahre in Schliemanns Diensten.

Auf dem Konsul Calvert gehörenden östlichen Teil des Hügels begann nun Schliemann einen neuen, 30 Meter breiten Graben. Zahlreiche Marmortrümmer in den oberen Schichten ließen den Schluß zu, daß sie aus der Zeit Neu-Iliums stammten. Rührten sie vielleicht von einem griechischen Tempel her? Schon der zweite Grabungstag brachte einen bedeutenden Fund: einen zwei Meter langen und 70 Zentimeter hohen Block aus parischem Marmor mit dem Relief des strahlengekrönten Sonnengottes Helios auf seinem von vier Pferden gezogenen Kampfwagen. Schliemann freute sich über diesen unerwarteten Fund vor allem darum, weil er ihn in seiner Vermutung bestärkte, daß es in Troja-Ilium einen Heliostempel gegeben habe.

Doch seine Suche galt dem alten, homerischen Troja. Also weiter, in die Tiefe!

Rastlos stieß er ins Innere des Hügels vor. Fast unübersehbar war die Fülle der zutage geförderten Funde. Durch alle vier vorhistorischen Siedlungsschichten hindurch stieß er auf steinerne Werkzeuge und Handwaffen, Schleudern aus Magneteisenstein, zugespitzte Eberzähne, Muscheln und Austernschalen. In die Tausende gingen die flachrunden oder kreiselförmigen Spinnwirtel, die in der Mitte durchlöchert und mit eingeritzten Ornamenten und Figuren verziert waren.

Der Boden war durchsetzt mit zum Teil völlig erhaltenem, größtenteils aber zerbrochenem Tongeschirr. Die Vasen und Krüge der primitiveren Völker waren aus der Hand geformt, die der höheren Kulturstufen auf der Töpferscheibe gefertigt. Ungebrannte Krüge und kugelige, dreifüßige Tongefäße mit eigentümlichem gelben, roten und schwarzen Glanz zeichneten die Trümmerschichten in acht bis zwölf Meter Tiefe aus. Die Entdeckung riesiger, übermannshoher Vorratskrüge und phantastisch geformter Becher aus rotglänzendem Ton mit mächtigen Henkeln zu beiden Seiten ließ Schliemann in einen wahren Überschwang der Freude geraten. Dies waren die Becher der trojanischen Helden, wie sie Homer in seiner »Ilias« schilderte! Er war auf dem rechten Wege!

Mit doppelter Leidenschaft stürzte er sich nun in die Arbeit. Sophia mahnt, Sophia bittet, er möge einen Tag, einige Stunden nur ausspannen und an seine Gesundheit denken.

»Ich habe keine Zeit! Mein einziger Gedanke ist: Troja!«

Eine große Hilfe kam im richtigen Augenblick. Durch die Vermittlung des englischen Konsuls in Konstantinopel hatte Schliemanns alte Firma Schröder u. Co. in London eine große Sendung mit mechanischen Geräten und Handwerkszeug an seine Adresse abgehen lassen. Nun verfügte er über 6 Pferdefuhrwerke, 10 Handwagen, 88 Schubkarren mit eisernen Rädern, 108 Spaten, 103 Spitzhacken, 24 eiserne Brechstangen und ausreichend Winden und Ketten.

Daß auch einige Tausend Dosen Fleisch-, Fisch- und Gemüsekonserven in der Sendung enthalten waren, freute Nikolaos ganz besonders; denn 150 Mäuler wollten jeden Tag gestopft sein.

Nachdem monatelang unter größten Anstrengungen und Gefahren riesige Schuttmassen beiseite geschafft worden waren, stieß Schliemanns Spaten auf der Südseite des Hügels endlich auf den Felsgrund. 17 Meter hoch ragten hier die Grabenwände zu beiden Seiten empor! Wie in einer tiefen Schlucht bewegte sich drunten die Schar der Arbeiter.

Und eben dort, 50 Meter vom Abhang entfernt, fand er in zehn Meter Tiefe eine kolossale, aus kleinen unbehauenen Steinen gefügte Mauer. Sie war in einer Höhe von sechs Metern erhalten und hatte oben eine Stärke von dreieinhalb Metern. Da sie sich aber auf der Hangseite in einem Winkel von etwa 75 Grad abschrägte, mußte sie nach unten an Stärke noch beträchtlich zunehmen. Sie war, wie die Grabung erwies, auch wirklich in 16 Meter Tiefe auf den Fels gegründet, und Schliemann zweifelte nicht daran, daß sie ein Stück der äußeren Burgmauer, vielleicht sogar ein Turm des homerischen Troja war. Begeistert von seinem endlichen Erfolg, rief er Sophia herbei.

»Sieh, hier! Diese Mauer entspricht dem frühesten Altertum! Sie mag einem gewaltigen Turm zugehört haben, denn die sie umgebenden Trümmer beweisen, daß sie einst noch mächtiger dagestanden hatte! Nun wird es mir leicht sein, wenn ich nach links und rechts zu graben fortfahre, vollends die ganze Ringmauer Trojas aufzudecken!«

Wie rasch doch diesen kühlen, besonnenen Mann die Begeisterung und die Phantasie auf ihre Flügel hoben und mit sich davontrugen! Mühelos und in wenigen Tagen, wie er dachte, war die Aufgabe zu bewältigen. Die Ausgrabung dieses »großen Turmes« nahm Wochen in Anspruch.

Harte Wochen. Denn unter der glühenden Julisonne wurde das Sumpfgelände des Skamander und des Simoeis zu einer Brutstätte gefährlicher Fieber. Schliemann, selbst erheblich krank, doch ohne im geringsten darauf zu achten, verteilte zweimal am Tag Chinin an die Arbeiter. Ihre Anzahl schrumpfte mehr und mehr zusammen; die Malaria warf die

Entkräfteten nieder. Doch nicht genug, daß Schliemann seine eigenen kranken Leute betreute, seine ärztliche Kunst hatte sich bald in den umliegenden Dörfern herumgesprochen, und beständig war die Hütte auf Hissarlik von Frauen und Männern belagert. Ja, sogar ihre Pferde, Esel und Kamele brachten sie herbei, damit er ihre Wunden ausheile oder sie von bösen Blähungen befreie.

»Du helfen, Effendi Doktor!« baten sie.

Und Schliemann und Sophia halfen den Armen trotz aller andern Arbeiten, die auf ihnen lasteten. Die Auswahl an Heilmitteln war gering; aber Chinin, Rizinus, Arnika und Kamillen – eines von ihnen bewährte sich bei jedem.

»Besser als die sinnlosen Aderlässe, mit denen die Dorfquacksalber an ihnen herumpfuschen!«

Im August wurden Hitze und Fieber unerträglich.

Tagelang brausten Staubstürme über die Ebene, die den Arbeitern fast den Atem nahmen und ihre Augen entzündeten. Schliemann klagte zum erstenmal über Müdigkeit und schlechtes Befinden. Er war schon entschlossen, die Arbeit für dieses Jahr zu beenden; da stieß er auf die ersten, wenn auch bescheidenen Schätze. In einem ausgebrannten Haus entdeckte Sophia neben einem Skelett einen mit Silberdraht umwundenen Knäuel aus Kupferdraht. Sie rollte ihn vorsichtig auf und brachte drei silberne Armbänder und ein halbes Dutzend Ohrringe aus Gold, Silber und Elektron hervor. Sie arbeiteten noch einen Tag an dieser Stelle, in der Hoffnung, auf weitere Schätze zu stoßen; doch es blieb bei diesem einen Fund.

Nachdem zahlreiche Arbeiter, auch Nikolaos und die andern Aufseher und sie beide vom Fieber geschüttelt und zu jeder Arbeit unfähig waren, stellte Schliemann am 15. August die Grabungen ein und kehrte mit Sophia nach Athen zurück. Er lud den getreuen Nikolaos und seine Frau zu sich ein, damit sie sich mit ihnen zusammen erholen könnten.

Nach knapp vier Wochen, kaum vom Fieber genesen, reisten sie alle am 10. September wieder nach Troja zurück.

Es war höchste Zeit! Denn als sie auf Hissarlik eintrafen, gab es zunächst einmal Aufregung und Ärger. Der zur Bewachung der Ausgrabungsstätten zurückgelassene Aufseher war untreu gewesen und hatte eine ungeheure Masse Steine an seine Dorfgenossen aus Chiblak verkauft oder verschenkt. Die herrliche alte Mauerecke aus großen, regelmäßig bearbeiteten Steinblöcken und eine zur Abschrankung des Schuttes errichtete Stützmauer waren abgebrochen und die Steine zum Bau eines Glockenturmes, zu Haus- und Stallbau verwendet worden.

Schliemann tobte, jagte den Wächter auf der Stelle fort und ersetzte ihn durch einen riesenhaften, wildbärtigen Mann, der mit einer Flinte bewaffnet war.

»Ich werde diesen Steinräubern den nötigen Respekt einflößen!« versicherte er. »Und ihr«, herrschte er die in stummer Furcht verharrenden Arbeiter an, »ihr werdet strikte meinen Befehlen gehorchen oder den Platz verlassen, um nie wiederzukommen!« –

Er hatte nur 20 Arbeiter angenommen, die den bei einem Wolkenbruch angeschwemmten Schutt an der Südseite des »Großen Turmes« zu beseitigen und die von frevlerischer Hand zerstörten oder beschädigten Mauern wiederherzustellen hatten.

Ein Gutes hatte der Regen zuwege gebracht: Er hatte einige große, fast 70 Zentimeter lange Muschelkalksteine bloßgelegt, die zu einer Mauer gehörten, die in 16 Meter Tiefe 40 Meter vom Rand des Hügels entfernt aufstieg.

»Wahrscheinlich umschließt sie die ganze nordöstliche Bergecke«, meinte Schliemann zu dem ihn begleitenden Nikolaos. »Wir werden uns eine gute Zeit an ihr abmühen müssen und wollen sie uns fürs nächste Jahr vorbehalten.«

Wagnis und Glück

Schliemann hatte die Morgenpost durchgesehen und war nach einem kleinen Gang durch den Garten zur gewohnten Stunde am Frühstückstisch erschienen.

»In diesem Jahr werde ich mit den Ausgrabungen schon im Februar beginnen«, wandte er sich an Sophia. »Ich muß vorankommen; der ›Große Turm‹ läßt mir keine Ruhe!«

»Das begreife ich wohl«, erwiderte Sophia. »Aber wird es nicht zu kalt sein um diese Jahreszeit?«

»Ein paar Wochen vielleicht, Sophidion. Aber dann wird der Frühling einziehen, der nirgends schöner sein kann als in der Troas. Ich bin sicher, es wird ein erfolgreiches Jahr werden!«

Am 31. Januar 1873 trafen sie auf Hissarlik ein. Schliemann nahm einen Athener Maler mit, der die bisher entdeckten Gegenstände und die neuen Funde mit Tusche abzeichnen sollte. Zu Georgios Photidas hatte er als neuen Aufseher einen ehemaligen Schiffskapitän aus Chalkis in Euböa gewonnen, denn, sagte er aus Erfahrung: »Ich finde die Gabe des Kommandos selten bei andern als bei Seeleuten, und ein guter Aufseher ist mir nützlicher als zehn gewöhnliche Arbeiter!«

Er hatte letzten Herbst neben den beiden Holzhäusern ein Haus aus Steinen alter trojanischer Bauten erstellen lassen und jetzt mit Sophia bezogen. Tagelang blies ein eiskalter Nordwind und in der Nacht sank das Thermometer unter den Gefrierpunkt. Da die Aufseher, die nicht wie die Arbeiter abends in ihre geheizten Hütten heimkehren konnten, zu wenig warme Kleidung und Wolldecken besaßen, überließ ihnen Schliemann das Steinhaus und zog mit Sophia in das Holzhaus der Aufseher. Sie waren zwar beide ausreichend mit warmen Dekken und Fellen versehen, doch hatten sie bitter unter der Kälte zu leiden. Der eisige Nordsturm drang durch die Fugen der Bretterwände, so daß sie nicht einmal imstande waren, abends Licht anzuzünden, und obgleich sie Feuer im Kamin hatten, gefror das Wasser in den Eimern neben dem Kamin.

Glücklicherweise dauerte die Kälte nur etwa eine Woche, dann schien die Sonne und frühlingshaftes Wetter hob die Stimmung und brachte mehr Arbeiter auf die Ausgrabungsstelle; zu Anfang März war ihre Zahl auf 160 gestiegen.

Zu Schliemanns großer Freude wurde die aus großen unbehauenen Steinen gefügte Stützmauer bloßgelegt, die die ganze Nordostecke des Bergabhangs bekleidete. Auch die Fundamente eines Tempels mit sandsteinernem Fußboden konnte aufgedeckt werden. Holzasche, glänzend schwarze trojanische Topfscherben und eine große Menge Steine, die einer furchtbaren Glut ausgesetzt gewesen sein mußten, bedeckten den Boden.

Doch nun tauchten wieder zu seinem großen Befremden Funde aus uralten Siedlungsschichten neben viel jüngeren »eulengesichtigen« Vasen, Münzen, kupfernen Nadeln und Lanzenspitzen auf.

Doch Schliemann ließ sich nicht entmutigen. Tage mit geringen Grabungsergebnissen benützte er zum Briefe- und Berichteschreiben und zur Sichtung und Ordnung der Funde.

Der Frühling war endlich da und Sophia an seiner Seite; das freute und belebte ihn. »Komm, Sophidion!« sagte er, ihren Arm nehmend; »halte Ausschau von Trojas wiedererstandenem Turme! Sieh, wie die Ebene prangt im leuchtenden Gelb und Rot der Frühlingsblumen, wie die Mandel- und Pfirsichbäume in den Gärten sich schmücken!«

»Und die vielen Kraniche und Störche dort drunten in den Sümpfen!«

»Die Kraniche sind nur auf dem Durchzug«, sagte er. »Aber die Störche bleiben und nisten auf den Häusern in den Dörfern ringsum. Der Storch wird von den Griechen in der Troas ›der heilige Vogel der Türken‹ genannt. Auf manchem der Dächer wirst du nicht nur zwei oder drei Nester, sondern ein halbes Dutzend und mehr antreffen. Diese Vögel sind hier von großem Nutzen, weil sie die Schlangen und Frösche vertilgen, von denen die benachbarten Sümpfe wimmeln. Wie du siehst, habe ich auf unserem Holzhaus und auf dem neuen Steinbau zwei Drahtkörbe anbringen lassen. Vielleicht haben wir das Glück, daß zwei Pärchen sich bei uns ansiedeln.«

Tag für Tag zogen drunten auf der nahen Dardanellenstraße die großen Dampfer vom Mittelländischen Meer zum Schwarzen Meer, während droben auf dem windumwehten Hügel, abgeschieden von diesem Weltverkehr, die beiden damit beschäftigt waren, das vor drei Jahrtausenden versunkene Troja wieder ans Licht zu heben.

Sophia hatte wieder ihre Arbeitsgruppe übernommen und stieg in einen der vielen Gräben hinunter, die nun allmählich wie ein wirres Labyrinth den ganzen Hügel durchzogen. Vorsichtig scharrte sie mit dem Grabstichel die von den Hacken bloßgelegten Schichten durch und brach oft in helle Freudenrufe aus, wenn ihr Glück und Zufall ein besonders schönes Fundstück in die Hände spielten: eine Lanzenspitze aus hartem grünen Stein, einen bronzenen Dolch, eine schlankhalsige Vase, eine Schnabelkanne oder ein kleines Schmuckstück aus Elfenbein.

Die Möglichkeit, auf wichtige und wertvolle Funde zu stoßen, war größer geworden. Aus diesem Grund konnten aber nur wenige verständige und geschickte Männer zu feineren Ausgrabungsarbeiten herangezogen werden. Die Arbeiter schafften, nicht allzu eifrig, um ihren Lohn und fragten nicht nach dem Sinn ihres Tuns. Sie gruben und schafften Schutt beiseite und schüttelten höchstens die Köpfe, wenn der verrückte Deutsche über einen schönen oder bedeutsamen Fund fast außer sich geriet.

Sieben, acht Stunden am Tag auf dem Boden kniend zu arbeiten macht müde. Die Kühle und die Ruhe am Abend taten wohl. Doch mit der Dämmerung hob in den Sümpfen drunten das Quaken von Abertausenden von Fröschen an, und manche Stunde in der Nacht lagen Schliemann und Sophia schlaflos, wenn die unzähligen Eulen ihre unheimlichen Schreie ausstießen.

Unerwartet gab es wieder eine Reihe frostig kalter Tage, und das Feuer mußte besonders die Nacht über unterhalten werden. Der Aufseher Photidas, der im Nebenraum schlief, war gegen Mitternacht zum letztenmal im Zimmer seines Herrn gewesen und hatte einige Eichenscheite nachgelegt. Plötzlich, es mochte gegen drei Uhr morgens sein, erwachte Schliemann von einem beizenden Brandgeruch. Er zündete rasch die Lampe an und weckte Sohpia und Photidas. Dicker Qualm erfüllte die Schlafstube. Aus dem tannenen Fußboden, auf den wohl ein Brocken Glut gefallen war, züngelten die Flammen. Auch die Bretterwand nahe dem Ofen hatte schon Feuer gefangen. Sophias Hilferufe hatten die Aufseher im Steinhaus aus dem Schlaf geschreckt. Mit Hacken, Schaufeln, Sand und Wasser gingen sie dem um sich fressenden Feuer zu Leibe und vermochten gerade noch rechtzeitig den Brand zu löschen.

Die griechischen Feiertage hatten wieder einen großen Arbeitsausfall zur Folge gehabt. Bei dem nun seit Anfang April anhaltend schönen Wetter forderte er eine Arbeitszeit von halb fünf Uhr morgens bis sieben Uhr abends. Mit 150 Arbeitern schritten daher die Ausgrabungen am »Großen Turm« gut voran.

Eine Gruppe stieß auf ein großes Haus mit acht Zimmern. Die Fußböden waren aus geglätteten Kalksteinplatten. Brandstreifen im Innern der Hausmauer und einige kohlschwarz gebrannte Wände zeugten von einer Zerstörung durch eine gewaltige Brandkatastrophe.

Wenn die Leute auch zumeist wenig interessiert waren an dem, was den Alten so entzückte, – einmal liefen doch alle herzu und brachen in Rufe des Staunens und der Bewunderung aus, als zwischen der Hauswand und einer acht Meter breiten Befestigungsmauer neun riesige rote irdene Krüge, sogenannte Pithoi, entdeckt wurden. Sie standen in die Erde eingegraben in einer Reihe nebeneinander, in der Form verschieden, aber alle etwa zwei Meter hoch und eineinhalb Meter in der größten Breite. Was für Vorräte mochten sie einst enthalten haben – Weizen, Olivenöl oder schweren, dunkelroten Wein?

Indessen wurden am Südwesthange 15 Meter hohe Schuttmassen weggeräumt, um den Zug der Ringmauer weiter aufzudecken. Manche Wochen und den Einsatz aller Kräfte nahm diese ungeheure Arbeit in Anspruch.

Schliemann trieb und mahnte von früh bis spät. Er ahnte, daß er seinem Ziel näherkam und neue, bedeutende Funde noch zum Vorschein kommen würden. Aus Sicherheitsgründen ordnete er darum an, daß die Aufseher und Vorarbeiter unter freiem Himmel in den Ausgrabungsstätten schliefen.

Eines Morgens, Mitte April, trat Georgios in Schliemanns Arbeitsraum. »Entschuldigen Sie bitte, Herr, wenn ich störe«, sagte er. »Aber – wir haben eine außerordentliche Entdeckung gemacht!«

»Neue Mauern?«

»Ja. Große, nebeneinanderliegende Sandsteinplatten, die eine Art gepflasterte Straße bilden.«

»Wo?«

»Im Südwesten des Hügels, beim ›Großen Turm‹, Herr.«

Schliemann sprang von seinem Stuhl auf, eilte hinaus. Der Aufseher hatte Mühe, ihm zu folgen.

Im großen Quergraben war Bauingenieur Laurent, der ihn bei der neuen Grabung unterstützte, beim Vermessen.

»Kommen Sie, Herr Laurent!« rief ihm Schliemann zu, ohne seine Schritte zu verlangsamen.

Das Straßenstück war in einer Länge von etwa zehn Metern freigelegt.

»Eine Auffahrtsrampe! Zweifellos!«

»Und was für schöne, gut gearbeitete Platten!« bemerkte der Ingenieur.

»Ja. Sie haben recht..., nur zu schön!« setzte Schliemann rasch hinzu, und als ihn der junge Mann mit einem fragenden Blick ansah, lächelte er ihm mit einem verschmitzten Augenzwinkern zu und sagte: »So etwas gäbe verdammt gute Bausteine für das diebische Volk da ab! Dem muß ich vorbeugen!«

Er rief die Leute zusammen und erzählte ihnen, Jesus Christus habe einmal den König Priamos besucht und sei diesen Weg zur trojanischen Burg hinaufgestiegen. Sie würden sich's darum wohl nicht einfallen lassen, die Steine dieses geheiligten Weges wegzuschleppen, um daraus einen Schafstall zu bauen.

»Ob Christen oder Türken, Furcht und Aberglaube wird sie davon abhalten, auch nur einen Stein aufzuheben!« meinte er.

»Nun aber an die Arbeit, Männer! Nikolaos wird euch zu Mittag ein besonders großes Stück Fleisch in die Erbsensuppe geben!«

Die fünf Meter breite Rampe lief genau in südwestlicher Richtung und fiel ziemlich steil nach der Ebene hin ab. Eine solche herrliche Straße kann nur zu einem Herrengebäude der Burg führen, und sie muß von einem Haupttor in der äußersten Burgmauer ausgehen! – so schloß Schliemann augenblicklich. Und wieder, wie schon so manches Mal, zeigte sich, über was für ein erstaunliches Ahnungsvermögen er verfügte. War er von einer Sache im Innersten ergriffen, so ging er auf sie zu mit der Sicherheit eines Wünschelrutengängers.

Er setzte sofort 100 Mann in diesem Geländeabschnitt ein und stieß schon nach wenigen Tagen auf die gewaltigen Mauerreste eines großen Doppeltors, bei dem die gepflasterte Straße endete.

»Das Skäische Tor!« rief Schliemann voll Entdeckerfreude.

Nun setzte er den Spaten auf den Wall unmittelbar hinter dem zweiten Tor an. Die Grundmauern eines großen Hauses, das aus mehreren Gemächern bestand, tauchten auf. Die Steine waren besonders sorgfältig behauen und gefügt. Auch die Lage auf der höchsten Terrasse dicht beim Tor ließ darauf schließen: Dies mußte einst das vornehmste Gebäude der Burg gewesen sein – das Haus des Priamos.

Wenn aber eines nicht mehr daran zweifeln ließ, daß das homerische Troja endlich gefunden war, so waren es die zahlreichen Brandspuren, die diese Schicht überall durchsetzten. Schwarzgraue Asche, rote verbrannte Tonerde, Rauch- und Glutspuren an Hauswänden und Mauerresten zeugten von der ungeheuren Feuersbrunst, in der einst die herrliche Königsstadt untergegangen war.

Schliemann und Sophia waren überglücklich vor Freude. Da kehrte der Schmerz in ihre Hütte auf Hissarlik ein. Eine Eilnachricht rief Sophia an das Sterbebett ihres Vaters. So leid es Schliemann tat, er mußte die Gattin bitten, allein nach Athen zu reisen, um dem lieben Toten die letzte Ehre zu erweisen. Die vielen Arbeiter konnten gerade zu diesem Zeitpunkt nicht eine Woche lang unbeaufsichtigt gelassen werden.

Sophia versprach, so bald wie möglich zurückzukehren.

»Grüße die Mutter herzlich, tröste sie, und küsse die kleine Andromache von mir«, sagte Schliemann, als er von Sophia Abschied nahm.

Sophia hatte den Vater nicht mehr lebend angetroffen. Mit inniger Anteilnahme an ihrem Schmerz schrieb ihr Heinrich unterm 14. Mai 1873:

»Mein heißgeliebtes Weib.

Tröste Dich meine Teure mit dem Gedanken, daß über ein Kurzes wir alle Deinem ausgezeichneten Vater folgen werden. Tröste Dich für das Wohl unseres lieben Töchterchens, welches ihre Mutter nötig hat und deren ganzes Lebensglück ohne

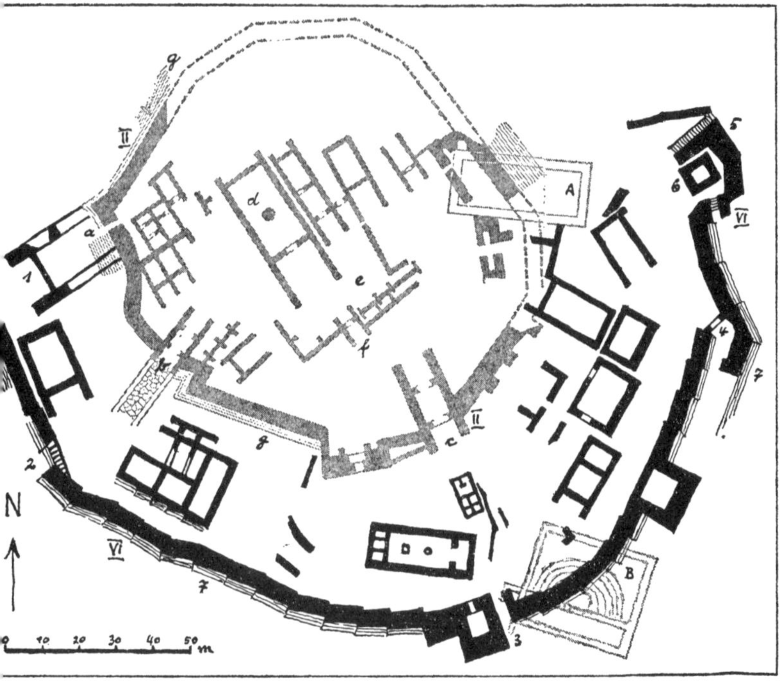

Plan der Ausgrabung von Troja (nach W. Dörpfeld):

II. Siedlungsschicht, das von Schliemann gefundene Troja (etwa 2500 bis 2000 v. Chr.)
a Westtor, *b* Südwesttor (Skäisches Tor) mit Rampe, *c* Südosttor, *d* großes Megaron, 45 m lang, 13 m breit, *e* Vorhof, *f* Hoftor, g die Striche vor den Mauern zeigen die Böschung der Mauersockel an

VI. Siedlungsschicht, das von Dörpfeld aufgedeckte mykenische (homerische) Troja (etwa 1500 bis 1200 v. Chr.)
1 Westtor, *2* Westtor (nachträglich vermauert), *3* Südtor, *4* Osttor, *5* Nordostturm, *6* großer Brunnen, *7* die Striche vor den Mauern zeigen die Böschung der Mauersockel an,

IX. Siedlungsschicht, römisch (um 200 v. Chr. bis 400 n. Chr.)
A Tempel der Athene, *B* Theater

dieselbe vernichtet sein würde. Tröste Dich indem Du bedenkst, daß Deine Tränen Deinen lieben Vater nicht wiederaufwecken können und daß er, als guter braver Mensch jetzt – fern von den Mühen, Sorgen und Qualen dieses Lebens – das wahre reine Glück des jenseitigen Lebens genießt und jedenfalls viel glücklicher ist als wir, die wir ihn bejammern und beweinen. Kannst Du aber Deinen Kummer um den geliebten Hingeschiedenen nicht bemeistern, dann komme doch ja mit dem nächsten Dampfer zu mir zurück und ich werde schon Mittel und Wege finden Dich aufzuheitern. Unsere Ausgrabungen haben ohne Dich keinen Fortgang und wir denken mit Freudentränen an Deine baldige Rückkehr ...«

Sophia wußte, wie einsam er sich ohne sie fühlte. Wenige Tage nach dem Empfang seines Briefes war sie wieder bei ihm.

Während ihrer Abwesenheit war Schliemann oft niedergeschlagen und lustlos, zog sich früh in die Hütte zurück, registrierte Funde, schrieb Briefe und wollte nicht gestört werden.

Gleichzeitig mit Sophia traf ein lieber Besuch in Troja ein: Konsul Calvert mit seinen Brüdern James und Frederik, die ebenfalls an der Archäologie und besonders an Schliemanns Ausgrabungen auf Hissarlik interessiert waren.

Schliemanns Freude kannte keine Grenzen. Bei Tisch berichtete er begeistert von seinen jüngsten Ausgrabungserfolgen und konnte es kaum erwarten, Sophia und die Gäste an die Stätten seiner großen Entdeckungen zu führen.

»Sie waren schon lange nicht mehr hier, Herr Calvert. Sie werden staunen!« wandte er sich an den Konsul.

Die Tür, die zur angrenzenden Altertümersammlung führte, stand offen. Auf Tischen und roh gezimmerten Wandbrettern standen und lagen zahllose Fundstücke aller Art.

»Ja, wirklich zum Staunen!« sagte James Calvert, die bunte Fülle der hier aufgehäuften Gegenstände bewundernd.

»Wie interessant! Steinwerkzeuge? Steinwaffen? Aus welcher Schicht stammen die, Herr Schliemann?«

»Aus allen, ... mit Ausnahme der beiden obersten, die ohne Zweifel der griechischen und römischen Zeit angehören.«

»Und wieviel Schichten zählen Sie?«

»Sechs oder sieben vom Urboden aus. Sie werden sie nachher draußen ohne besondere Schwierigkeiten an den hohen Grabenwänden ablesen können. Wenn ich mir auch noch, das muß ich gestehen, über die genaue Abgrenzung nicht ganz im klaren bin; die zweite oder dritte Schicht von unten an gerechnet, die ›verbrannte Stadt‹, ist aber gewiß die des homerischen Troja.«

»Und auch in ihr fanden Sie Steinwaffen?«

»Ja; neben solchen aus Kupfer und, wenn auch weniger häufig, aus Bronze.«

Frank Calvert machte eine bedenkliche Miene. »Werden Sie nicht Ihrem Kronzeugen Homer untreu, Herr Schliemann?« fragte er. »Wenn die Trojaner mit steinernen Streitäxten und Schleudern und Speer- und Pfeilspitzen aus Feuerstein gekämpft hätten, wäre darüber in der ›Ilias‹ berichtet. Glauben Sie nicht auch?«

»Ich verstehe Ihre Bedenken und hatte sie anfangs auch. Ja, noch mehr: Ich war damals, vor zwei Jahren, als ich schon wenige Meter unter der Oberfläche auf Steinwerkzeuge stieß, so verwirrt und in meinem Innersten erschüttert, daß ich fast den Glauben daran aufgab, in diesem Hügel je einmal das homerische Troja zu finden. – Aber heute, nachdem ich das Skäische Tor, den großen Turm, die gewaltigen Ringmauern aufgedeckt habe, dem verbrannten Troja auf tausend Spuren begegnet bin ... heute vermag meinen Glauben nichts mehr zu erschüttern.«

Frank Calvert hob zweifelnd die Brauen. Doch James sagte: »Ich muß Herrn Schliemann beipflichten. Nach den Fundberichten maßgeblicher Urgeschichtsforscher ist erwiesen, daß die Menschen auch noch in der Bronzezeit Steinwaffen anfertigten, weil die Bronze zu selten und zu wertvoll war, um für alle Waffensorten verwendet zu werden.«

»Ganz richtig!« sagte Schliemann. »Und Homer, der etliche Jahrhunderte nach Trojas Untergang lebte, selbst nur Bronze- und Eisenwaffen kannte und Priamos' Burg nie mit Augen sah, weil sie unter Schutt und Trümmern lag, – er konnte von Steinwerkzeugen gar nichts wissen und darum auch nicht von ihnen berichten.«

Der Konsul lächelte und gab sich zufrieden. Sophia atmete befreit auf und wandte sich an die Herren mit der Frage, ob sie nun nicht einen Gang durch die Ausgrabungsstellen zu machen wünschten.

»Vergessen Sie nicht, Ihre Hüte aufzusetzen!« sagte Schliemann, ehe sie aus dem Haus ins Freie traten. »Wir haben seit zwei Tagen Südwind, und die Sonne brennt hier oben bis in den späten Nachmittag hinein unerträglich.«

Zwischen den hohen Grabenwänden gingen sie wie in einem dumpfen, stickigen Schacht. Die blanken Kalksteine der bloßgelegten Mauerfundamente schimmerten im grellen Sonnenlicht. Aus Spalten und Erdlöchern krochen immer wieder armlange sandfarbene Schlangen hervor.

»Gefährliches Kriechzeug! Man muß sich vor ihnen in acht nehmen, sie sind giftig! Unlängst fand ich eine abends in meinem Bett unter der Wolldecke. Es kommt gar nicht selten vor, daß Arbeiter von ihnen gebissen werden. Doch sie haben ein wirksames Gegenmittel, das sie aus irgendeinem wildwachsenden Kraut zusammenbrauen. Aus welchem, konnte ich aber um keinen Preis aus den Leuten herausbekommen. Rätselhaftes Volk hier!«

»Was für eine gewaltige Schuttanhäufung!« rief Frederik Calvert aus, als sie an einer der tiefsten Stellen im großen Hauptgraben standen.

»Sie stehen auf dem Felsgrund des Hügels«, erklärte Schliemann. »Aber dahin zu kommen, diese Schuttmassen zu bewegen, bedeutet im Verlauf von drei Jahren insgesamt elf Monate härtester, ja übermenschlicher Anstrengung. 250 000 Kubikmeter Schutt mußten bis jetzt weggeschleppt werden.«

»Eine Riesenarbeit!«

»Ja, und dabei hätte ich sie mir zum großen Teil ersparen können. Wenn ich meinen ersten Einschnitt im April 1870 fortgesetzt hätte, so würde ich schon damals in einigen Wochen die große Ringmauer, das ›Skäische Tor‹, den ›Großen Turm‹ und den ›Palast des Priamos‹ ans Licht gebracht haben. Weil ich aber bei den späteren Grabungen diesen Einschnitt vernachlässigte, mußte ich die großen Durchstiche von Westen nach Osten und von Norden nach Süden durch den ganzen Burghügel machen, um sie endlich zu finden.«

»Trösten Sie sich«, sagte der Konsul. »Es mußte wohl so sein. Sie wissen ja um die Wahrheit des Wortes: Vor den Sieg haben die Götter den Schweiß gesetzt.«

Schliemann stimmte ihm mit einem schmerzlichen Lächeln zu. »Lassen wir es gut sein!« fügte er hinzu. »Denn denen, die hier vor Zeiten lebten und wirkten und – starben, haben die Götter auch nichts erspart. Dieser Hügel redet eine deutliche Sprache von Kampf und Zerstörung. Da, schauen Sie empor: Fünfzehn und mehr Meter dick lagern die Schutt- und Trümmerschichten der verschiedenen Siedlungsperioden übereinander. Sie können leicht sechs bis sieben Schichten zählen.«

»Welch eine Geschichte hat dieser Berg! Welche Zeitspannen waren nötig, um diese Massen aufzutürmen? Wieviel Völker lebten, bauten und starben! Welche schweren Schicksale gingen über sie hin; wie viele Städte gingen zugrunde, bis sich kein neues Volk mehr entschloß, auf diesen Trümmern zu siedeln, und die tote Stätte den Schafen und Ziegen als Weide überlassen wurde!«

»Und eine dieser Städte«, sagte Schliemann, »war das Troja Homers, das ›schöngebaute‹ und ›mauergewaltige‹. – Kommen Sie! Komm, Sophidion! Ihr sollt mit Augen sehen, was seit Jahrtausenden begraben lag!«

Sie bestaunten die Ringmauern, die Bastionen, die mächtigen Tore, zwischen deren fast senkrecht aufragenden Mauerflanken sie wie in einem engen Hohlweg dahingingen. In schweigendes Betrachten versunken, standen sie zu Seiten des Auffahrtswegs, dessen große Steinplatten im hellen Mittagslicht leuchteten.

»Zu denken, daß die Füße der trojanischen Könige und Helden über diese Steine schritten, daß Helenas Gewänder ihren Staub streiften und über sie hin die Kampfwagen der Priamossöhne in jene Schlacht rollten, die den Untergang brachte... Doch nun müssen Sie noch den herrlichen Blick von Ilions großem Turm aus genießen. Es gab gewiß keinen erhabeneren Ort auf der Burg.«

Der Ausblick war überwältigend! Die Sonne begann zu sinken, und die trojanische Ebene lag überflutet von ihrem goldenen Licht. Hinter den blauen Küstenbergen schimmerte purpurn und perlmutterfarben der schmale Meeresstreifen der Dardanellen... Dort lagen einst die tausend Schiffe der Achaier vor Anker, zwischen ihrem Heerlager und der mauerbewehrten Feste tobte die Schlacht, und hier, auf der höchsten Zinne der Burg, waren Priamos, Helena und der Rat der Alten versammelt, um über Trojas Geschick zu beraten:

Um König Priamos dort und Antenor, den Weisen, saßen
alle Ältesten des Volkes auf der Zinne des skäischen Tores,
nahmen bejahrt am Kampfe nicht teil, doch sprachen im Rate
trefflich. – Also saßen die Fürsten der Troer dort hoch auf dem
Turme...

Sophia drückte verstohlen Schliemanns Hand: »Ich freue mich unsagbar, Heinrich. Nun ist Troja kein Traum mehr, sondern Wirklichkeit geworden!«

Schliemann schwieg, als hätte er Sophias Worte nicht vernommen. Seinen immer wachen Augen war nicht entgangen, daß der Konsul im Gespräch mit seinem Bruder in Worten und Gebärden Bedenken äußerte.

»Können Sie nicht ganz mit mir übereinstimmen, Herr Calvert?« wandte er sich an ihn.

»Ich weiß nicht... Ich möchte es wohl, um meine Bewunderung für Sie und Ihre Grabungserfolge zum Ausdruck zu bringen. Doch ... nach den Schilderungen Homers habe ich mir die Mauern und Tore noch gewaltiger in den Maßen vorgestellt. Scheint Ihnen nicht auch das Haus, das Sie für den Palast des Priamos halten, viel zu schlicht und zu klein im Umfang, als daß es den königlichen Anforderungen hätte genügen können? Und auch die Größe der Burg, so wie sie durch die bis jetzt zutage liegenden Ringmauern angedeutet und also im ganzen freigelegt ist, will mir zu wenig eindrucksvoll erscheinen.«

»Auch ich«, sagte Schliemann, »bedaure es, kein größeres Troja gefunden zu haben und der Öffentlichkeit nur einen so wenig imposanten Plan der Burg des Priamos vorlegen zu können. Aber mir geht die Wahrheit über alles! Man mag sich in seinen Erwartungen getäuscht sehen, dieses Troja viel zu klein finden für die großen Taten der ›Ilias‹, und man mag von Homer sagen, er habe alles Geschilderte mit dichterischer Freiheit übertrieben – meine Hoffnungen sind sogar übertroffen, und ich freue mich, durch meine dreijährigen Ausgrabungen bewiesen zu haben, daß es wirklich ein Troja gab und daß den homerischen Gesängen Tatsachen zugrunde liegen. – Ich habe das Ziel erreicht, das ich mir steckte. Warum sollte ich nicht meinem Schicksal dankbar sein und mich mit meinem Erfolg bescheiden? Meine Aufgabe in Troja ist erfüllt, der Tag für den endgültigen Abschluß der Grabungen auch schon festgelegt. Am 15. Juni liegt das Lastboot zum Verschiffen der Geräte im Hafen von Karanlik bereit.«

Der Konsul schüttelte ungläubig den Kopf. »Das ist nicht Ihr letztes Wort. Ich verstehe, wenn Sie nach den ungeheuren Strapazen einmal eine Zeitlang ausspannen wollen. Aber Sie werden wiederkommen, Sie müssen es ja, – der halbe Hügel von Hissarlik, meine Osthälfte im besonderen, ist noch nicht durchforscht. Es ist auch ganz undenkbar, daß Sie nach Ihren großen Erfolgen als Ausgräber plötzlich den Spaten beiseite legen können!«

Schliemann lächelte und seine graublauen Augen leuchteten unternehmungslustig hinter den Brillengläsern. »Den Spaten beiseitelegen?« sagte er. »Im Gegenteil; ich habe neue Pläne, ebenso große.«

Er nahm den fragenden Blick Calverts wahr und fügte nach einer kleinen Pause die Bemerkung an: »Noch sind es nur Pläne. Und, wissen Sie ... Sie müssen doch auch mal wieder an dem wunderlichen Schliemann etwas zu rätseln haben!«

Sophia, die so gern und auf liebenswürdigste Weise Besuche empfing, war an diesem Tage im stillen froh, als die beiden Gäste sich verabschiedeten. Sie wußte, daß durch die Bedenken und Einwände, die Calvert vorgebracht hatte, ein Schatten auf die Freude ihres Mannes gefallen war. Darum suchte sie ihn, als sie abends allein beim Lampenlicht am Kamin saßen, von seinen Gedanken abzulenken. Sie erzählte von daheim, vom Tod des Vaters, von Mutter und Andromache, – doch sie fühlte, daß er nur mit halbem Ohr zuhörte.

»Eigentlich ...«, begann er in eine Pause hinein zu sprechen, »sagte Calvert, was ich vor mir selbst verschwieg. Ob dieses Troja, das Troja der zweiten Schicht, das wirkliche alte Troja ist ...? Und wenn ich auch seine Mauern gefunden haben sollte: wer auf der Welt wird mir Glauben schenken, wenn ich nicht auch das ›goldreiche‹, von dem Homer spricht, durch Funde belegen und nachweisen kann? Warum habe ich nicht das Glück, den Schatz des goldenen Ilion zu finden?«

»Vertraue deinem Glück, wie du es vierzig Jahre deines Lebens getan hast, und habe Geduld, Heinrich.«

»Geduld ... sie ist meine schwächste Eigenschaft, Sophia. Du weißt es.«

»O ja, ich weiß es«, antwortete Sophia mit einem bedeutungsvollen Lächeln. »Du bist mein Brausekopf, – aber ich liebe diesen Brausekopf ... Und weil dich die Götter lieben, stellen sie dich immer wieder auf die Probe der Geduld.«

Schliemann legte liebevoll den Arm um sie. »Es mag so sein, wie du sagst«, antwortete er. »Doch nun wollen wir schlafen gehen, und morgen wieder ans Werk, – an *unser* Werk, Sophidion! Viel Neues und Bedeutsames werden wir in den paar Wochen, die uns bleiben, kaum mehr zutage fördern. Und, um ehrlich zu sein, – ich bin müde und sehne mich nach einer Ruhepause.«

Vase aus Troja

Der Schatz des Priamos

Frederik Calvert, der sich von Hissarlik aus auf das den Brüdern Calvert gehörende Landgut Thymbria begeben hatte, das nur wenige Kilometer von Troja entfernt lag, mag nicht wenig erstaunt gewesen sein, als er einige Tage nach seinem Besuch auf Hissarlik einen Brief Schliemanns erhielt, der nach Stimmung und Inhalt ebenso ungewöhnlich wie rätselhaft war:

»Leider muß ich Ihnen mitteilen, daß ich streng bewacht werde und befürchte, daß der türkische Wachmann, der aus Gründen, die ich nicht kenne, gegen mich aufgebracht ist, morgen mein Haus durchsuchen wird. Ich erlaube mir daher, Ihnen sechs Körbe und einen Reisesack anzuvertrauen mit der Bitte, sie gütigst einzuschließen und um keinen Preis zuzulassen, daß die Türken sie in Beschlag nehmen.«

Der älteste Bericht über den Fund des großen Goldschatzes, den er den »Schatz des Priamos« nannte, ist vom folgenden Tag, dem 31. Mai 1873. In ihm bemerkt er eingangs, daß er die großen goldenen und silbernen Vasen und Becher, »um sie der Habsucht der Arbeiter zu entziehen und für die Wissenschaft zu retten, mit solcher Eile herausnehmen, verstecken und absenden mußte, daß ich weder die Zahl der Gefäße weiß noch ihre Form zu beschreiben im Stande bin«. Der genaue Fundtag ist von Schliemann nie genannt worden.

Was war geschehen?

Es war an einem Morgen gegen acht Uhr, wenige Tage vor dem Termin, an dem Schliemann seine Ausgrabungen in Troja für immer beenden wollte. Er machte gerade mit Sophia den gewohnten Kontrollgang zu den verschiedenen Arbeitsstellen. Auf der Terrasse des Skäischen Tors verhielten beide den

Schritt, als ob eines des andern Gedanken spürte. In schweigendem Betrachten Abschied nehmend, schauten sie noch einmal hinaus in die weite Landschaft. Dann setzten sie ihren Weg über die Ringmauer zum Palast des Priamos fort. Über ihnen ragte die sieben bis acht Meter hohe, aus großen Steinblöcken erbaute Festungsmauer der folgenden Schicht auf.

Plötzlich blieben Schliemanns Blicke an einer von der Sonne beschienenen Stelle der Grabenwand haften. Ein merkwürdig geformter Behälter, wie es schien aus Kupfer, hob sich von dem ihn umgebenden rötlich-grauen Erdschutt ab. Dahinter aber – dieses Glänzen und Funkeln ... war das nicht Gold?

Er schaute sich vorsichtig um, sah zu Sophia hin und legte den Finger auf den Mund.

»Gold, Sophia!« flüsterte er. »Gold! Jetzt bloß keine Arbeiter in der Nähe! Am allerwenigsten den Aufpasser Amin Effendi! Nur wir, wir zwei, Sophia. Geh' schnell durch die Gräben und rufe Paidos aus!«

»Frühstückspause? Jetzt? Es ist noch eine Stunde bis dahin. Sie könnten dann gerade vermuten ...«

»So suche eben irgendeinen glaubwürdigen Grund! ... Sage ihnen, heute sei mein Geburtstag, daran hätte ich erst jetzt gedacht. Sie sollen nach Hause gehen. Sorge dafür, daß auch keiner der Aufseher zurückbleibt! Sage ihnen, sie sollen ihrem Herrn zu Ehren fröhlich sein und feiern; er werde ihnen den Tag mit dem vollen Lohn bezahlen.«

Warum sollte man auch einer solchen Freudenkunde nicht gleich Gehör schenken? Noch ehe eine Viertelstunde vergangen war, kehrte Sophia zurück und kauerte sich neben ihrem Mann nieder. Er beachtete sie gar nicht, mit solch fieberhaftem Eifer war er beschäftigt.

Er versuchte mit dem Taschenmesser das kupferne Gerät aus der fest zusammengebackenen Aschen- und Trümmerschicht zu lösen. Er arbeitete mit größter Kraftanstrengung. Sein Atem ging keuchend; der Schweiß rann ihm über Stirne und Gesicht.

»Das Zeug ist glashart. Kaum irgendwo ein Spalt oder eine Ritze, in denen ich das Messer ansetzen könnte«, sagte er atemschöpfend. Dann begann er erneut, doch mit wenig Erfolg zu scharren. Voller Ungeduld griff er nach einem spitzen Steinbrocken und hämmerte rings um die Fundstelle auf die glasige Masse los.

»Heinrich, halt' ein! Bedenke die Gefahr! Die Mauer kann jeden Augenblick zusammenstürzen und uns unter ihren Trümmern begraben!«

»Sie wird halten. Ängstige dich nicht! Soll ich, wer weiß, einen wertvollen Schatz ungehoben lassen – nur weil ein bißchen Gefahr damit verbunden ist?«

Er wischte sich den Schweiß von der Stirne und schaffte in fiebriger Hast weiter. Er verbreiterte die Fugen mit dem Messer. Endlich lockerte sich die Hülle. Was er als erstes aus dem Gemäuer lösen konnte, war ein stark verbeulter ovaler kupferner Schild. Der zweite Gegenstand, den er herauszog, war ein zweihenkliger Kupferkessel von mehr als vierzig Zentimeter Durchmesser. Was sich aber dahinter ihren Blicken enthüllte, war ein funkelnder Glanz von Gold und Silber.

Schliemann griff mit zitternden Händen in die Höhlung und brachte eine kugelrunde schwere Flasche aus Gold hervor, dann einen großen doppelhenkeligen Becher aus Gold und zwei kleinere aus Gold und Elektron.

Sophia konnte ihr Staunen und Entzücken nicht unterdrükken und stieß einen hellen Freudenruf aus.

»Still! Verrate uns nicht! Geh' rasch ins Haus und hole deinen großen roten Schal! Sieh dich überall vorsichtig um, falls der türkische Schnüffler doch in der Nähe ist!«

Sophia war in wenigen Augenblicken zurück. Schliemann sah sie mit einem fragenden Blick an. Sie schüttelte verneinend den Kopf, barg behend die Gefäße in ihren wollenen Schal und eilte mit ihnen die kurze Strecke zur Hütte empor.

»Drei herrliche silberne Vasen«, flüsterte er, als Sophia sich wieder neben ihm niederließ. »Und hier ... sieh nur ... die

Heinrich Schliemann

Sophia Schliemann mit dem Goldschmuck aus dem »Schatz des Priamos«

Troja nach den Ausgrabungen von 1871/73

Troja: Goldene Gefäße aus dem »Schatz des Priamos«

Mykene: Die Agora mit dem doppelten Plattenring und den Schachtgräbern

Mykene: »Goldmaske Agamemnons« aus Grab V und Kriegervase

Mykene: Kopf eines Spendengefäßes aus Gold und Silber

Tiryns: Ostgalerie der Burg

Das Wohnhaus Schliemanns in Athen, die »Hütte von Ilion«

Das Mausoleum Schliemanns in Athen

größte ist bis zum Rande gefüllt mit dem wundervollsten Goldschmuck: Diademe, Ohrgehänge, Armbänder, Ringe und Tausende von kleinen durchlöcherten Goldperlen, die einst zu Halsketten gefaßt waren ... Sophidion, das ist der Schatz des Priamos!«

Wohl fünf- oder sechsmal lief Sophia nach oben, bis sie alle Schätze geborgen hatten. Es kamen noch zwei weitere kleine Goldbecher, fünf silberne Vasen und eine Schale hinzu, sechs rohe Silberbarren, dreizehn bronzene Lanzenspitzen und Dolchklingen, vierzehn bronzene Streitäxte und sieben zweischneidige Dolchmesser.

Viele Stücke zeigten deutlich die Spuren der Feuersglut, der sie ausgesetzt gewesen waren. Sie hatten sich in der Hitze aufgerollt, waren unförmig mit Erde und Asche vermengt oder aneinandergeschmolzen.

»Der ganze Schatz, so scheint mir, war einst in einer Truhe verwahrt, denn alles lag dicht zusammengepackt in einem viereckigen Haufen. Irgend jemand aus der königlichen Familie wird in der Angst und Verzweiflung beim Untergang Trojas noch versucht haben, die kostbaren Schätze zu retten und aus der Burg zu schaffen. Doch hier auf der Mauer, schon nahe beim Tor, wurde er vom Feind oder vom Feuer überrascht und der Schatz unter Asche und Ziegelschutt begraben.«

Mit klopfenden Herzen, wie Diebe verstohlen um sich blikkend, brachten sie den Rest ihres Fundes in Sicherheit. Hinter verriegelter Tür und verhängten Fenstern begannen sie alles auf den Tischen auszubreiten. Die große goldene Flasche wog 400 Gramm, der schiffsförmige goldene Becher 600 Gramm, der kleine Goldbecher 250 Gramm.

Mit feinen Fingern entwirrte Sophia die goldenen Kostbarkeiten: es waren zwei Diademe, ein Stirnband, sechs Armreifen, 56 Ohr- und Lockenringe und vier wundervolle Ohrgehänge, die aus aneinandergefügten kleinen Ringen und Goldblättchen gearbeitet waren. Die Zahl einzelner kleiner Goldperlen und goldener Knöpfe ging in die Tausende.

Immer wieder glitten verhaltene Rufe des Entzückens über ihre Lippen. »Oh! Wie schön! Heinrich, sieh nur!«

Schliemann bewunderte den herrlichen Schmuck in Sophias Händen, und einem plötzlichen Einfall folgend, sagte er: »Komm, ... schöne Griechin, laß dich schmücken!«

Er band der geliebten Frau das königliche Geschmeide ins schwarzglänzende Haar, legte ihr Ohrschmuck und Armbänder an und schlang die perlenreichste der Ketten um ihren weißen Hals.

»Nun bist du Helena ... meine Königin!«

Schweigend, mit tränenverschleiertem Blick und einem versonnenen ernsten Zug um den Mund stand die schöne Griechin unter der Last des Goldes. Dann sprach sie mit kaum vernehmbarer Stimme: »Nein ... nicht Helena ... nur deine kleine, glückliche Sophia möchte ich sein.«

Was aber sollte nun mit dem Schatz geschehen? Diese Frage erfüllte Schliemann mit Sorge und Unruhe. Wohl bestand die Vereinbarung, daß alle zutage geförderten antiken Gegenstände mit der türkischen Regierung zu teilen waren. Dagegen lehnte sich jedoch Schliemanns Entdeckerstolz auf, noch mehr aber sein Forschergewissen.

Was tun? Der Schatz mußte aus Troja fortgeschafft werden, ehe der türkische Aufseher Amin Effendi Verdacht schöpfte! Und so wurde also der Goldschatz in den sechs Körben und dem Reisesack heimlich zu Calvert nach Thymbria gebracht und ein paar Tage später an Frau Schliemanns Adresse auf ein nach Athen abgehendes Handelsschiff verladen. »Obst und Gemüse aller Art« lautete die Warenbezeichnung auf den Begleitpapieren. – Wenn die türkischen Aufsichtsbeamten geahnt hätten, welch wertvolle Fracht hier unter ihren Augen außer Landes ging!

Nachdem Schliemann durch seine Ausgrabungen bewiesen hatte, daß Troja einmal wirklich existierte und damit auch der Nachweis der geschichtlichen Grundlagen der homerischen

Gesänge erbracht war, sah er sein Ziel erreicht und die große Idee seines Lebens verwirklicht. Am 17. Juni wurden die Ausgrabungen plötzlich beendet und die Arbeiter entlohnt. Ein Frachtschiff brachte die Funde von Hissarlik in die griechische Hauptstadt.

Der Goldschatz war zunächst sicher geborgen. Auf den Ruhm des Entdeckers konnte und wollte er jedoch nicht verzichten. Was nützte ihn als Archäologen ein geheimer Schatz?

Er schrieb einen Fundbericht, der in kurzer Zeit durch alle großen Zeitungen ging. Nicht nur bei den Gelehrten, auch in der breiten Öffentlichkeit herrschte große Aufregung. Man war voll des Staunens und Fragens. Überall, in den Familien, auf der Straße, im Postwagen und auf der Eisenbahn wurde von Troja und seinen Schätzen geredet.

Schliemanns Name ging um die Welt.

Doch auch Konstantinopel lag nicht außerhalb der Welt. Aus den Zeitungen erfuhren auch die Türken von den ihnen entgangenen Schätzen. Die Regierung der Goldenen Pforte erhob Anspruch auf die Funde und setzte sofort eine Aktion gegen Schliemann in Gang. Eines Tages wurde auf Veranlassung des türkischen Gesandten in Athen das Schliemannsche Haus beschlagnahmt und durchsucht – doch der Goldschatz war spurlos verschwunden. Er lag längst weit zerstreut in den Dorfscheunen und Ställen der Verwandten Sophias in sicherem Versteck.

Es kam zu einem Prozeß mit der Türkei, der sich Monate und Monate hinzog. Schliemann führte ihn im Gefühl des Rechts mit unnachgiebiger Verbissenheit.

»Ich allein«, sagte er, »habe Troja und den großen Schatz ans Licht gehoben, habe der archäologischen Wissenschaft eine ganz neue, ungeahnte Welt aufgedeckt; unter unsäglichen Mühen und mit meinem eigenen Geld! Welcher andere, welche Regierung insbesondere, würde dieses Opfer bringen!? Ich bin den Türken nichts schuldig geblieben! Ist ihnen Troja nicht genug!?«

»Ja, es sollte ihnen genug sein«, antwortete Sophia; »aber der Schatz, der ihnen entgangen ist, gilt ihnen mehr.«

»Das Gold, Sophia! Nur das Gold! Und hätten sie den Schatz in die Hand bekommen, so hätten sie ihn eingeschmolzen und keine zwölftausend Franken herausgekriegt. – Anrecht auf den Schatz und alle gemachten Funde hat auch nicht der Privatmann Heinrich Schliemann, sondern der Archäologe, der Troja ausgrub. Doch es ist kein ungetrübtes Glück für mich, den Schatz gefunden zu haben. Er bereitet mir manche schlaflose Nacht, glaube mir. Er muß aus meinen Händen. Doch wohin?«

Schliemann war zu beschäftigt, um sich in Ruhe mit dieser Frage befassen zu können. Der Prozeß mit der Türkei raubte ihm Zeit und Nervenkraft.

In besondere Bedrängnis geriet er, als er erfuhr, daß dem Aufseher Amin Effendi wegen Nachlässigkeit im Dienst bei den Ausgrabungen in Troja der Prozeß gemacht werden sollte. Er fühlte sich verpflichtet, für den unschuldigen Beamten einzutreten. Er wandte sich in einem Schreiben über den ersten Dolmetscher an den Gouverneur Safvet Pascha und bat ihn »im Namen der Menschlichkeit und des heiligen Rechts« von einer Bestrafung des Beamten abzusehen. »Wenn er mich nicht gut überwacht hat«, schrieb er, »so ist der einzige Grund nur der, daß wir immer an fünf Stellen zugleich gegraben haben, und wahrlich, der Mensch ist noch nicht geboren, der sich verfünffachen und fünf Baustellen zu gleicher Zeit überwachen kann.

Ich konnte den Schatz nur beiseite bringen, weil ich ihn entdeckte während Amin Effendi eine andere Baustelle beaufsichtigte, und wenn Sie gesehen hätten, wie verzweifelt dieser arme Mann war, als er später von andern Arbeitern erfuhr, daß ich einen Schatz gefunden hatte, und wenn Sie gesehen hätten, mit welchem Zorn er in mein Zimmer gestürzt kam und mir im Namen des Sultans befahl, sofort alle meine Kästen und Schränke zu öffnen, und ich ihn ohne ein Wort zu sagen zum Hause hinauswarf – Sie würden gewiß Mitleid mit ihm gehabt haben.

Ich versichere Ihnen, daß keiner der Türken meine Ausgrabungen in Troja hätte besser beaufsichtigen können als Amin Effendi; aber man muß Archäologe sein, wenn man auf wirksame Weise eine einzige Ausgrabungsstelle überwachen will. Und Amin Effendis einziger Fehler ist, daß er eben kein Archäologe ist.«

Der Prozeß schleppte sich hin. Abwarten und Geduld war noch nie Schliemanns Sache gewesen. Ermüdet in den Streitereien mit den Behörden, verbittert über die Nichtanerkennung seiner archäologischen Leistung gerade durch das Land, zu dessen Ruhm er arbeitete, bewegte ihn immer ernstlicher der Gedanke, Griechenland zu verlassen und nach Italien, vielleicht nach Palermo oder Neapel überzusiedeln. Dies aber würde endgültigen Verzicht auf die Verwirklichung aller weiteren Grabungspläne auf griechischem Boden bedeuten.

Plötzlich – denn der klug rechnende Kaufmann in ihm war im entscheidenden Augenblick immer wach – sah er einen Weg, der von Vorteil sein konnte.

Um sich die Ausgrabung der berühmtesten alten Stätten auf dem Peloponnes zu sichern, hatte er sich schon vor Monaten in einem Brief an den griechischen Kultusminister gewandt: »Ich habe mich in Athen niedergelassen, eine Griechin geheiratet und arbeite ohne Unterlaß für den Ruhm Griechenlands. Da ich das Glück hatte, den wirklichen Punkt von Ilion zu finden und wunderbare Ruinen zu entdecken, so habe ich eine Menge Gegenstände von archäologischem Wert gefunden, aus denen ich eine einzigartige prähistorische Sammlung zusammenstellte, wie jeder sehen kann, der mein Haus besucht, wo ich alles aufgestellt habe. Alles, was ich noch finden werde, bringe ich nach Athen.

Nachher möchte ich Griechenland nützlich sein, indem ich Mykene und Olympia ausgrabe und dadurch die Urgeschichte Griechenlands wieder belebe. Deshalb bitte ich Sie um die Erlaubnis, in Mykene und Olympia auf meine Kosten zu graben, mit der Bedingung, daß alles, was ich finde, bis zu meinem Tode mir gehöre. Nachher werden alle Sachen, sowie die trojanischen Altertümer als Eigentum der Nation in einem Museum aufgestellt, für das ich zweihunderttausend Goldfranken aussetzen werde. Für diesen Vorschlag bin ich bereit einen notariellen Vertrag abzuschließen.«

Der Minister hatte ihm umgehend geantwortet: »Ihre Niederlassung in Griechenland betrachten wir als Ehre und freuen uns über die Liebe, die Sie diesem klassischen Boden entgegenbringen. Die Sammlungen in Athen sichern Ihnen den höchsten Dank. Und so haben wir denn mit Entzücken Ihr Angebot gelesen und werden sorgsam prüfen, auf welche Art wir davon Gebrauch machen können... Da wir unsere Antwort nicht sofort geben können, wollten wir unsere Dankbarkeit wenigstens sofort ausdrücken. Wir beglückwünschen Griechenland zu seinen Altertümern, die Männer Ihres Wertes hergezogen haben.«

Voller Hoffnung erzählte er Sophia von seinem Unternehmen und den neuen Ausgrabungsplänen, und er konnte an ihren glückstrahlenden Augen ablesen, welche Freude er ihr mit der Schenkung seiner Sammlungen an Griechenland bereiten würde.

»Dieses Mykene«, sagte er, »läßt mir keine Ruhe. Nach der Burg der unglückseligen Trojaner möchte ich nun auch die stolze Feste des Siegers Agamemnon aus dem Schutt der Jahrhunderte ans Licht bringen. Ich bin des festen Glaubens: wenn du mir als guter Geist zur Seite stehst, wird mir das Glück doppelt hold sein und wir werden in Mykene noch größere Erfolge haben als in Troja.«

Zunächst bedeutete jedoch die Niederschrift seines Buches »Trojanische Altertümer«, dem ein umfangreicher Bilderatlas beigegeben werden sollte, eine Arbeit, die seine Kräfte für Monate in Anspruch nahm. Doch damit nicht genug. Auf seinem Schreibtisch häuften sich die Briefe und Aufsätze, die auf seinen ersten, Aufsehen erregenden Fundbericht hin von Archäologen und Historikern aus allen europäischen Ländern an ihn und über ihn geschrieben wurden. Die meisten dieser Stimmen waren kritisch und ablehnend, ja herabwürdigend. Man nannte ihn »einen Toren, des Irrenhauses würdig, einen Falschmünzer, Betrüger und Gaukler«. Obwohl die Ergebnisse seiner Ausgrabungen sichtbar und greifbar zutage lagen, wurden sie von den Fachgelehrten angezweifelt und der Entdecker in böswilliger Weise angegriffen; nur weil man ihm, dem Außenseiter, der nicht einmal ordentlicher Professor war, den Ruhm des Entdeckers nicht gönnte.

Es war daher für Schliemann eine besondere Freude, als sich eines Tages der Direktor des Britischen Museums in London, C. T. Newton, zu Besuch bei ihm anmeldete.

Schliemann begrüßte ihn als einen guten Boten, der »zu einem Einsamen in der Wüste« komme. Newton tröstete ihn aber mit der Bemerkung, er werde alt und erfahren genug sein, um zu wissen, daß Undank der Welt Lohn sei. Falsche Theorien hätten erfahrungsgemäß keine lange Lebensdauer, die Wahrheit bringe sie doch eines Tages zu Fall.

»Sie haben keinen Grund, sich durch Quängeleien erschüttern zu lassen, Herr Doktor«, meinte er. »Sie haben Ihrem Glauben an Homer immerhin Ihren Erfolg auf Hissarlik zu verdanken – und wir das wiedererstandene Troja!«

Schliemann lächelte: »Wie schön, daß gerade Sie das heute aussprechen, Herr Newton. Erinnern Sie sich an meinen Besuch in London im Frühjahr 1871? Wie herzlich lachten Sie damals über mich, als ich Ihnen erzählte, ich wolle im Oktober in den Orient reisen, um Troja auszugraben.«

»O ja, ich erinnere mich gut«, sagte er. »Und heute, nach drei Jahren, bin ich bei Ihnen in Athen, um Ihre trojanischen Funde zu bestaunen, die Sie mir noch immer nicht gezeigt haben, obwohl ich nun schon zwei Stunden zusammen mit Ihren Kostbarkeiten unter einem Dache weile!«

Schliemann rief Sophia herbei, und unter ihrer Führung gingen sie nun durch die herrlichen Räume, die durchstrahlt waren vom flimmernden Mittagslicht der griechischen Sonne. Newton konnte sich nicht sattsehen an all dem, was hier vor seinen Augen ausgebreitet lag.

Es gab während seines neuntägigen Athener Aufenthalts keinen Tag, an dem er nicht durch das Schliemannsche Museum wanderte, bald stundenlang allein und in forschende, vergleichende Betrachtung versunken, bald in angeregtem Gespräch mit dem glücklichen Finderpaar.

»Am liebsten würde ich sogleich mit Ihnen in die Troas reisen, um die Ausgrabungsstätte selbst zu besichtigen!« erklärte er. Schliemann hob aber wie abwehrend die Hand und meinte, es sei ratsamer, diesen Besuch erst nach dem gewonnenen Prozeß gegen die türkische Regierung zu machen. Wenn er jetzt auf Hissarlik auftauchte, würden ihn die sehr verärgerten Türken zweifellos durch herumstreifende Häscher gefangennehmen lassen.

»Ich muß auf der Hut sein und abwarten. – Zunächst lockt mich Mykene. Was ich dort finden werde, wird mir neue Vergleichsmöglichkeiten mit Troja in die Hand geben. Noch bin ich in manchen meiner Annahmen und Schlüsse unsicher. Es wäre noch soviel zu tun, noch so manches Rätsel zu lösen, – ich fürchte, mein Leben wird dazu nicht ausreichen.«

Nachdem Schliemanns wiederholte Anträge auf Grabungserlaubnis ohne Antwort geblieben waren, begann er Ende Februar 1874 eine Probegrabung in Mykene. In seiner Begleitung war der Leiter der französischen Schule in Athen, der Orientalist und Religionsforscher Emile Burnouf mit seiner Tochter, die die notwendigen Zeichnungen anfertigen sollte. Mit 17 Arbeitern stellte er Grabungen am Kuppelgrab des Atreus, auf der Akropolis und an mehr als 30 Stellen der West- und Ostterrasse an. Dabei stieß er schon in ein bis eineinhalb Meter Tiefe auf den gewachsenen Felsgrund. Da wurde ihm durch den Landrat von Argos ein Telegramm des Kultusministers übermittelt, daß er die Arbeiten sofort einzustellen habe, – neun Tage, nachdem er mit den Ausgrabungen begonnen hatte.

Dem ärgerlichen Verbot folgte ein ehrenrühriger Artikel des Direktors der Athener Universitätsbibliothek, S. Komnos, in der angesehenen Fachzeitschrift »Athenaeum«. »Am Ende«, hieß es da, »hat dieser Deutsche amerikanischer Nationalität, der uns hier ein Haus verspricht, wo er seine Funde aufstellen will, sein Vermögen als Schmuggler erworben. Vielleicht hat er die Sachen nicht beim Ausgraben, sondern beim Trödler gefunden. Und was hat er gefunden? Töpfe. Wer sagt uns, daß seine Töpfe nicht gefälscht sind?«

Schliemann tobte.

»Diese Stimme, Heinrich, ist nicht die Stimme des griechischen Volkes; ich weiß es!« versicherte Sophia mit Tränen in den Augen.

»Aber die der Herren der Athener Archäologischen Gesellschaft, deren Neid gegen mich keine Grenzen kennt! Und Schande, zehnmal Schande für die Regierung, die auf solche Verleumder hört! Nun weiß ich, was ich zu tun habe: endgültig mit diesem Lande brechen, wo man so mit mir umgeht!«

Empört, doch sich an das Sachliche haltend, erwiderte er auf diese niederträchtige Schmähschrift: »... Die trojanischen Altertümer seien von mir ›gemacht‹! Ich habe jene Gefäße an verschiedenen Orten aufgekauft und sie von mir als in Hissarlik ausgegraben angegeben! ... Derartige Gefäße wurden bislang weder in Asien noch in Griechenland gefunden und weder eine öffentliche noch eine Privatsammlung hat ein einziges derartiges aufzuweisen. Herr Newton erwähnt ein einziges derartiges Gefäß, welches sich in der Kyprischen Sammlung im Britischen Museum befindet. Allein wenn derartige Gefäße so selten sind, daß das Britische Museum nur ein einziges aufzuweisen hat, wie ist mir dann – im Namen des gemeinsamen Gottes – möglich gewesen, die Tausende von ihnen an verschiedenen Orten aufzukaufen?«

»Es sind so viele da«, schrieb Schliemann an seinen Verleger Eduard Brockhaus, »die Troja entdeckt haben möchten ... und jetzt ihren giftigen Neid auf mich ausschütten ... Aber die Wahrheit wird und muß zur Geltung kommen; vielleicht aber erst nach meinem Tode.«

Eduard Brockhaus, mit dem er bei der deutschen Ausgabe seines ersten archäologischen Werkes »Trojanische Altertümer« geschäftliche Verbindung aufgenommen hatte, war jahrelang sein einziger Vertrauensmann in Deutschland, leitete seine Aufsätze in die maßgebliche deutsche Presse und tat dem mit Neid und Haß Befehdeten freundschaftliche Dienste, die weit über die buchhändlerischen Beziehungen hinausgingen. Er war Schliemann in seinen Bedrängnissen ein treuer Helfer. Er zeigte, wie Ernst Meyer sagt, »gegenüber dem sprunghaften Wesen und stimmungsbedingten Handeln seines Autors weitgehendes Verständnis; an seiner Ruhe brachen sich die Wogen seiner Kämpferseele.«

Nur wenige Archäologen, doch solche mit bedeutenden Namen, standen auf seiner Seite und bekundeten ihm Achtung und Anerkennung. Der Freiburger Altphilologe Otto Keller bekannte in seiner Akademischen Antrittsrede »Die Entdekkung Ilions zu Hissarlik«: »Wenn wir gerecht sein wollen, müssen wir sagen: dieser Praktiker hat in unserer Frage mehr geleistet für Wissenschaft und Wahrheit als die meisten Gelehrten von Fach.«

Schliemann war selbstbewußt und ehrgeizig genug, für seine Leistung als Ausgräber die gebührende Achtung zu beanspruchen und darum entrüstet über das ihn schwer beleidigende Benehmen der führenden Männer der Wissenschaft und der Regierung in Athen. Sophia mußte einige seiner ihr nicht ungewohnten leidenschaftlichen Ausbrüche über sich ergehen lassen. Jedes Bemühen, ihn zu besänftigen, war vergebens.

»Ich werde ihnen zeigen, wer Schliemann ist! Athen ist

meiner nicht wert!« rief er aus. – »Ich werde meine ganze trojanische Sammlung samt dem Goldschatz an das Britische Museum in London oder an den Louvre in Paris verkaufen, ja meinetwegen verschenken!«

Noch aber entschied er sich nicht. Mykene und Troja hielten den Forscher und Ausgräber in ihm zu sehr in Bann. Als seine Erregung verebbt war, entschloß er sich noch einmal zu brieflichen Verhandlungen mit den beiden Regierungen in Konstantinopel und Athen, und seine zähe Beharrlichkeit in der Verfolgung gefaßter Pläne führte schließlich zum Erfolg. Die Überlegenheit des nüchternen, weltgewandten Großkaufmanns und Diplomaten siegte.

Es lag ihm viel daran, daß es zwischen ihm und der türkischen Regierung zu einer Aussöhnung und Verständigung kam. Er sagte der Hohen Pforte zu, alle bei künftigen Ausgrabungen in Troja gemachten Funde an das Museum in Konstantinopel abzuliefern, – vorausgesetzt, daß die türkische Regierung ihm das Eigentumsrecht über die bisher dort gefundenen Gegenstände einräume.

»Um was es mir im Grunde geht, ist dies«, sagte er zu Sophia: »Ich möchte nicht haben, daß andere, die Engländer oder die Franzosen zum Beispiel, meine Ausgrabungen in Troja fortsetzen. Deutschland allein soll vor der Geschichte der Ruhm verbleiben, das homerische Troja entdeckt zu haben!«

Über ein Jahr, bis in die Mitte des April 1875, zog sich der Prozeß auf Herausgabe der Goldfunde hin. Nun endigte er mit der Entscheidung des Gerichtshofs, daß Schliemann eine Entschädigungssumme in Höhe von 10 000 Francs an die türkische Regierung zu zahlen habe. Jetzt war die Gelegenheit geboten, zu beweisen, daß es ihm bei dem Schatz nicht um Geld und Gold ging. Großherzig übersandte er dem Minister Safvet Pascha 50 000 Francs mit der Bitte, sie für das kaiserliche Museum in Konstantinopel zu verwenden. In freundlichster Weise wurde die Schenkung angenommen und vom Großwesir selbst die Ausstellung eines neuen Erlaubnisscheins oder Fermans für Ausgrabungen in Troja angeordnet.

Fast zu gleicher Zeit hatte auch die griechische Regierung Schliemann die Graberlaubnis zugesagt, wenn auch unter Bedingungen, die seine Handlungsfreiheit sehr einschränkten: Unter Aufsicht der Archäologischen Gesellschaft in Athen durfte er in Mykene auf seine Kosten graben. Alle Funde waren an den Staat abzuliefern; dafür hatte er auf die Dauer von drei Jahren das alleinige Recht, über die Ergebnisse seiner Ausgrabungen zu berichten. Die Zahl der Arbeiter an der Baustelle war auf 50 beschränkt, und es durfte nur innerhalb der oberen Burgmauern gegraben werden.

»Erkennst du den Pferdefuß, Sophia?« fragte er, nachdem er den Vertrag im Wortlaut vorgelesen hatte. »Unter der Aufsicht der Archäologischen Gesellschaft und nur innerhalb der Mauern der Akropolis, ja nicht außerhalb!«

»Es geht ihnen um die antiken Gräber und die Schätze, die sie möglicherweise bergen.«

»Um nichts anderes. Und siehst du sie im geheimen lächeln, meine Herren ›Kollegen vom Fach‹? Sie sind überzeugt, daß die Gräber der mykenischen Könige außerhalb der inneren Burgmauer liegen – und dort zu graben, haben sie sich selbst vorbehalten. Schliemann, so sagen sie, mag den innern Burghügel umwühlen, so lange es ihm beliebt. Was wird er schon finden? Nichts als altes Mauerwerk, Ziegel und Topfscherben!

Sie irren sich, Sophia!, wie sie sich damals mit Bunarbaschi-Troja geirrt haben! Sie haben alle kein Empfinden für die Wirklichkeit und zu wenig Phantasie, die die Augen hellsichtig macht. Sie nennen den einen Phantasten, der nicht wie sie in Homer einen bloßen Märchenerzähler sieht, – aber ich hob das Troja der grauen Sage in die taghelle Wirklichkeit! Und was Mykene betrifft: So wenig wie den Dichter Homer wissen sie den alten Geographen Pausanias zu lesen, der im 2. Jahrhundert nach Christus Griechenland bereist und beschrieben hat. Sie reden, sie streiten, sie deuten, – alles am grünen Tisch.

Ich aber werde beweisen! Auch in Mykene wird der Spaten entscheiden!«

Vor Beginn der Ausgrabungen in der Burg Agamemnons hatte aber Schliemann dringend eine Ruhepause nötig. Er wollte sich einmal wieder mit Sophia zusammen einige Wochen der Erholung gönnen. Die große Anerkennung, die er mit seinen epochemachenden Entdeckungen bei dem englischen Premierminister und Homerforscher Gladstone fand, veranlaßte ihn zu einem längeren Englandbesuch.

Schon vor einiger Zeit war er von dem Pariser Schriftleiter Gauthiot, Mitglied des namhaften »Comité Central« zu einem Vortrag vor der »Französischen Geographischen Gesellschaft« eingeladen worden. Er nahm die Gelegenheit wahr und fuhr nach Paris, – doch hier empfing man ihn »wie einen Verräter« und seine Ausführungen stießen auf kalte, ja beleidigende Ablehnung durch die französischen Gelehrten.

In London jedoch wurde Schliemann mit größtem Wohlwollen und Hochachtung als der Entdecker des homerischen Troja begrüßt. Wie er in einem Brief berichtet, empfingen ihn die gelehrten Freunde und die höchsten Kreise Londons, als ob er »einen neuen Weltteil für England erobert hätte«. Er wurde in den vornehmsten Häusern zum Essen eingeladen, und zusammen mit allen Würdenträgern des Reiches war er Gast an der Tafel der Königin von Holland, die damals gerade in England zu Besuch war. Vor der »Gesellschaft der Londoner Altertumsfreunde« gab er in einem Vortrag ein Gesamtbild seiner bisherigen Ausgrabungen in Troja, zu dem Gladstone das Schlußwort sprach. Die »Times« brachte einen eingehenden Bericht über diesen mit Begeisterung aufgenommenen Vortrag Schliemanns. Vier Wochen war er der gefeiertste Mann der Hauptstadt.

Als er anschließend Holland besuchte, empfing ihn die wissenschaftlich sehr gebildete Königin in Den Haag in Privataudienz und gab zu seinen Ehren einen großen Empfang.

Brüssel machte ihn zum Mitglied der Akademie der Wissenschaften. Eine Woche lang hielt er sich in Kopenhagen auf; dann führte die Reise über Stockholm nach Rostock. Dort durfte er in seiner Heimatuniversität, die ihm vor sieben Jahren den Doktortitel verliehen hatte, mit Stolz und Freude vor dem »Deutschen Philologentag« über Troja und seine Ruinen berichten.

Auf Anregung Gladstones machte Schliemann Ende August 1875 in Berlin erstmals Besuch bei dem berühmten Professor Rudolf Virchow; eine Begegnung, die in den folgenden Jahren für ihn und sein Werk von außerordentlicher Bedeutung werden sollte.

Nach einem neuen Aufenthalt in Pompeji und Neapel und einem Besuch der Ruinen von Segesta auf Sizilien, das der Sage nach von geflüchteten Trojanern gegründet wurde, kehrte er mit neuer Kraft und Schaffensfreude nach Athen zurück.

Die Burg des Agamemnon

Am 31. Juli 1876 reiste Schliemann in Begleitung Sophias und einiger Professoren der Altertumskunde an der Athener Universität nach Tiryns ab.

Schon bei seinem ersten Besuch in der Argos im Jahr 1868 teilte er die allgemeine Ansicht, daß die »kyklopischen« Mauern von Tiryns das älteste Baudenkmal Griechenlands sind.

Mit 50 Arbeitern zog Schliemann auf dem höchsten Plateau der Akropolis einen langen und tiefen Graben und hob außerdem auf den Terrassen der Ober-, Mittel- und Unterburg dreizehn vier bis fünf Meter tiefe und zwei Meter breite Schächte aus. Im Norden der Zitadelle und außerhalb der Mauern erreichte er den Felsgrund in sieben Schächten in einer Tiefe von zwei bis drei Metern.

Er stieß in den Schächten auf archaische Töpferware einer hohen Zivilisation: dreifüßige Vasen mit durchbohrten Griffen und Löchern im Rand des Fußes zum Aufhängen sowie Kannen, Töpfe und Näpfe, auf der Scheibe gedreht und mit roten Verzierungen geschmückt.

Die eigenartigsten Fundstücke aber waren kleine Kühe aus Terrakotta mit lebhaft roten Verzierungen und weibliche Idole mit stark hervorstehenden Brüsten und seitwärts als Stümpfe aufragenden Armen; rot, schwarz und dunkelgelb verziert. Symbole der in der Argos beheimateten »kuhäugigen« Göttin Hera?

Schliemann hatte diese Grabung nur als einen ersten Versuch betrachtet und sich die Hauptarbeit für einen späteren Zeitpunkt vorgenommen. Als die drei Professoren nach einer Woche wieder nach Athen zurückkehrten, schloß er, zum Verwundern Sophias, die Grabungen in Tiryns ab.

»Nur aufgeschoben, Sophidion!« sagte er. »Ich habe das sichere Gefühl, die Ausgrabung in der Akropolis von Mykene sei viel wichtiger.«

Der Ort, an dem die Burg des Priamos stand, mußte von Schliemann erst gesucht und gefunden werden. Die Ruinen von Agamemnons gewaltiger Feste Mykene ragten aber noch nach Jahrtausenden auf den Felshängen über der fruchtbaren Ebene von Argos vor wild zerklüfteter Gebirgskulisse am Fuß des 807 Meter hohen Hagios Elias. Sie lag 278 Meter über dem Meer und 15 Kilometer vom Meer entfernt im nördlichsten Winkel der kahlen Bergzüge und beherrschte die Pässe, die zum Isthmus von Korinth führten.

Wohl lagen die Gebäude des einstigen Königspalastes in Trümmern, begraben unter meterhohem Schutt und Staub, von hartem Gras und Dorngestrüpp überwachsen. Doch weder Feinde noch Naturkräfte hatten den Riesenmauern etwas anhaben können, die diese Burg umschlossen. Perseus, der Sohn des Zeus und der Danaë, soll sie gegründet haben. Atreus, sein Nachfolger, war als Vater Agamemnons der Ahne des unglückseligen Atridengeschlechts.

Düster, drohend in ihrer geheimnisvoll stummen Gewalt wuchsen die Mauern vor den beiden Reitern auf, die sich ihnen zu Anfang August 1876 näherten. Sophia schauderte. Trotz der sengenden Augustsonne war es zwischen den aufgetürmten mächtigen Steinquadern des Torwegs schattig und kühl.

Das Haupttor der Burg, das Löwentor, dessen Eingang zum größten Teil mit riesigen Blöcken versperrt war, tat sich vor ihnen auf. Großartig und unheimlich zugleich.

»Es ist der Weg des Todes, den wir schreiten«, sagte Schliemann ernst, »Agamemnon ging ihn, als er von Troja heimkehrte und statt in die Arme der Gattin Klytämnestra in die Dolche seiner Mörder sank. Welch schaurigen, blutigen Untergang fand dieses einst so glückliche, goldreiche Mykene!«

Das Dunkel und die Schwere wichen erst wieder von ihnen, als sie von der Höhe der obersten Bergterrasse hinunterblickten in die friedliche, sonnige Landschaft und die sanfte blaue Bucht von Nauplia.

Schliemann umschritt mit Sophia das ganze Burggelände und besprach mit ihr seine Ausgrabungspläne. Die gewaltige Umfassungsmauer der Akropolis zwang die beiden immer wieder zu staunendem Verweilen. Sie war in ihrem gesamten Umfang in einer Höhe von vier bis zehn Metern erhalten und im Durchschnitt etwa fünf Meter stark. Steine von zwei, ja drei Meter Breite und einem Meter Dicke waren keine Seltenheit.

»Wohl begreiflich«, sagte er, »daß spätere Generationen, daß die einfachen Bauern und Hirten der Argos es nicht für möglich hielten, daß diese Mauern von gewöhnlichen Sterblichen erbaut waren. Solch mächtige Quader konnten nur von Riesen, von Kyklopen, aufeinandergetürmt worden sein. Darum bezeichnet die archäologische Wissenschaft heute noch solche Riesenbauten als kyklopisch.«

»Alles hier in Mykene ist so ungeheuerlich, über alles gewohnte menschliche Maß hinausgehend«, bemerkte Sophia.

»Ja, so ist es! Man steht vor diesen Trümmern mit einem ehrfürchtigen Schaudern. So erging es mir schon bei meinem ersten Besuch hier vor zwei Jahren. – Komm, Sophia, du sollst etwas Großes sehen, das unzerstört die Jahrtausende überdauert hat, das sogenannte ›Schatzhaus des Atreus‹, oder, wie es die Bewohner der Umgegend vielleicht zutreffender nennen, das ›Grab des Agamemnon‹.«

Sie ritten den steinigen Pfad zurück zu dem schwer zugänglichen Löwentor.

»Hier werde ich mit den Arbeiten beginnen«, sagte er. »Ich will das herrliche Tor freilegen bis zur Schwelle, über die einst Mykenes Könige schritten. – Und du, Sophidion, wirst hier, gleich außerhalb des Tores, den eigentümlichen Hügel in Angriff nehmen. Vielleicht hast du Glück – deine Hände spüren ja das Gold – und förderst etwas Ähnliches zutage wie jenes ›Schatzhaus des Atreus‹, das wir nun aufsuchen wollen.«

Der Weg führte etwa 500 Meter am südwestlichen Berghang hin in Richtung auf das kleine Dorf Charvati, in dem sie für die Dauer der Ausgrabungen Quartier genommen hatten.

»Hier!« sagte Schliemann und wies nach einer breiten ummauerten Öffnung im Berg.

»Unterirdisch...?«

»Ja. Du wirst überrascht sein, Sophidion!«

Ein 35 Meter langer, sechs Meter breiter und oben offener Gang zwischen Mauern aus behauenen Steinblöcken führte zu einem mächtigen Eingangstor von drei Meter Breite und fünf Meter Höhe. Der Raum, den sie nun betraten, war von riesigem Ausmaß. Über einem Kreisrund von 14,5 Meter Durchmesser wölbte sich eine spitze Kuppel in eine Höhe von über 13 Meter. Sie war aus regelmäßigen Schichten glatter und schön gefugter Steine gebildet. Der Fußboden war natürlicher Fels. Kühle und feierliches Halbdunkel herrschten im Raum. Bienengesumm erfüllte die dämmrige Kuppel, als schwinge in der Höhe eine unsichtbare Glocke.

»Ein herrlicher Kuppelraum! Ein einmaliges architektonisches Kunstwerk, Sophia! Es ist der größte stützenlose Innenraum der Antike vor dem Pantheon in Rom.«

»Und diese zweite Türe dort, wohin führt die?« fragte Sophia.

»In eine kleine viereckige Felsenkammer. Doch, was heißt hier klein? Es ist zu dunkel darin, als daß du einen richtigen Eindruck gewinnen könntest. Bei Fackellicht würdest du sehen, daß er immerhin acht Meter im Quadrat und fast sechs Meter hoch ist. Hier wurde der Tote beigesetzt. Der große Kuppelraum war für den Totenkult und die regelmäßig stattfindenden Opfer bestimmt.«

»Dann ist es aber nicht richtig, von einem ›Schatzhaus‹ zu sprechen.«

»Da hast du recht, Sophia. Diese Bauten sind eine der mykenischen Kultur eigene monumentale Grabform; architektonisch keine geringere Leistung als die Pyramiden Ägyptens.«

Sie kehrten sich wieder dem Kuppelraum zu.

»Hier, schau mal«, sagte er: »von der vierten Schicht des Gewölbes an nach oben kannst du in jedem Stein zwei gebohrte Löcher erkennen. In vielen stecken Reste von Bronzenägeln. Die Nägel müssen bronzene Platten festgehalten haben, mit denen einst die Wände des Saales geschmückt waren. Homer, wenn du dich erinnerst, erzählt von den ›ehernen Wänden‹ im Palast des Alkinoos, und auch die Hallen der Götterburg auf dem Olymp dachte er sich mit bronzenen Platten bekleidet.«

»Unser Homer, Heinrich!« sagte Sophia mit einem strahlenden Lächeln. »Nie steigt ein leerer Eimer empor, wenn man aus seinem Brunnen schöpft.«

»Unser hochgeschätzter Freund Newton teilt übrigens meine Ansicht. Er machte mich darauf aufmerksam, daß General Gordon in seiner Sammlung in Schottland nicht nur einige von den Nägeln, sondern auch Bruchstücke der bronzenen Schmuckplatten aus dem Schatzhaus des Atreus besitze. Die mykenischen Schatzhäuser oder Gräber – beides ist möglich – sind zweifellos schon im frühen Altertum ausgeraubt worden.

Die alten Leute in Charvati und Mykene erzählen auch von einem türkischen Pascha, der vor etwa siebzig Jahren in den unterirdischen Häusern nach Schätzen gesucht und auch wirklich Gold gefunden haben soll. Ich bezweifle jedoch diese Schatzfunde sehr.«

»Vor allem«, sagte Sophia, »kann ich nicht glauben, daß die mykenischen Könige ihre großen Goldschätze außerhalb der festen inneren Burgmauer aufbewahrt haben sollten.«

»Die andern glauben es, auch die Herren der Athener Archäologischen Gesellschaft. Sie lächeln über diesen verrückten Schliemann, der den Reisebericht des Pausanias, etwa aus dem Jahre 170 nach Christus, nicht richtig zu lesen vermag.

Aber, glaube mir, dem Bericht zufolge müssen die Gräber in der Burg liegen. Und darum werden wir sie innerhalb suchen.

Hier, höre selbst, was Pausanias schreibt: ›Von der Mauer sind noch Reste und das Tor vorhanden; über ihm stehen Löwen... In den Ruinen von Mykene gibt es eine Quelle, Perseia genannt... Unter den Trümmern befinden sich unterirdische Gemächer des Atreus und seiner Söhne, in denen sie ihre Schätze aufbewahrten. Dort liegen auch Atreus' Grab und die Gräber von Agamemnon und seinen Gefährten, die bei ihrer Rückkehr aus Ilion beim Gastmahl von Ägisthos ermordet wurden... Klytämnestra und Ägisthos wurden in einiger Entfernung von der Mauer begraben, denn sie galten für unwürdig, im Innern bestattet zu werden, wo Agamemnon ruht und jene, die mit ihm getötet wurden.‹

Pausanias kann nur die große kyklopische Burgmauer meinen, denn nur sie kann er bei seinem Besuch in Mykene gesehen haben. Die viel schwächere Mauer der unteren Stadt war schon 650 Jahre vor seiner Zeit von den Argivern erobert und zerstört worden.

Und hier noch eine andere bemerkenswerte Stelle aus dem Pausanias, wenn dabei auch nicht gerade von Mykene die Rede ist: ›... hier bauten sie den Platz der Ratsversammlung, damit sie das Grab der Helden innerhalb der Agora hätten‹. – Die Agora war schon im frühesten griechischen Altertum der Mittelpunkt der Stadt oder Burg, der Ort, an dem öffentlich Rat gehalten und Recht gesprochen wurde. Warum sollten nicht gerade an dieser ehrwürdigen Stätte die Könige und die ruhmreichsten Helden bestattet worden sein?«

»Heinrich«, sagte Sophia mit leuchtenden Augen, »wenn wiederum alle die Andersmeinenden im Irrtum wären, was für eine Genugtuung, was für ein Triumph wäre das für dich!«

»Was nützen Meinungen! Der Spaten wird beweisen und – mir recht geben!«

Nach dem Vertrag waren ihm nur 50 Mann an der Grabungsstelle zugebilligt; trotzdem begann er mit 63 Arbeitern, die er gleichzeitig an drei verschiedenen Orten einsetzte. Somit hielt er sich an den Wortlaut der Vereinbarungen; denn bei einer Unterteilung der 63 Leute in drei Gruppen waren an keiner Stelle mehr als 50 Mann beschäftigt. Es war eben kein Leichtes, gegen diesen listenreichen Odysseus aufzukommen! Doch der Kampf zwischen ihm und den drei Aufsichtsbeamten unter Führung des nichts als seine Dienstanweisung kennenden Stamatakis begann schon am ersten Tag und stand den lästigen Streitereien in Troja in keiner Weise nach.

Da Schliemann durch Probeschächte festgestellt hatte, daß unmittelbar hinter dem Löwentor der Felsgrund am tiefsten vom vorhistorischen Schutt bedeckt war, glaubte er hier am ehesten Aussicht auf Ausgrabungserfolge zu haben. Darum ließ er hier durch eine 43 Mann starke Gruppe einen etwa 35 Meter breiten Einschnitt anlegen.

Sophia übernahm mit acht Arbeitern die Ausgrabung des Schatzhauses am Südhang der Burg. Die Tür war wohl sichtbar, lag aber fast ganz unter der Erde; der obere Teil des Gewölbes war eingestürzt und also der Kuppelraum teilweise zugeschüttet.

Die dritte Gruppe hatte das im Geröll und Trümmerschutt halb versunkene Haupttor der Burg freizulegen. Seine drei Meter breite und ebenso hohe Türöffnung wurde von riesigen Steinblöcken gebildet. Wie beim »Schatzhaus des Atreus« war der gewaltigste der Türsturz; er hatte eine Länge von viereinhalb Meter, eine Tiefe von zwei Meter und eine Höhe von einem Meter und mußte etwa zwanzig Tonnen wiegen. Wie die noch vorhandenen Zapfenlöcher für die Angeln bewiesen, war das Tor durch eine zweiflügelige Tür verschließbar. Zur Entlastung des Türsturzes war im Mauerwerk ein drei Meter hohes Dreieck ausgespart, in das als majestätisches Symbol das berühmte Löwenrelief eingelassen war: zwei Löwen, die aufgerichtet eine sich nach unten verjüngende Säule flankierten und sich dem Ankommenden zuwandten, – das älteste monumentale Relief auf griechischem Boden.

Als Schliemann befahl, den verschütteten Zugang durch das Löwentor freizulegen, kam es zum ersten Zusammenstoß mit Stamatakis und nach wenigen Tagen zu einem entrüsteten Bericht des kleinen Beamten an die Regierung über das eigenmächtige Vorgehen des Ausgräbers.

Was nützte es, sich mit diesem rechthaberischen Laien anzulegen? Am klügsten war es, so zu tun, als ob er überhaupt nicht vorhanden wäre.

Die Arbeit ging gut voran. Schon nach einigen Tagen hatte er durch zahlreiche interessante Kleinfunde den Beweis dafür, daß ihn sein Gefühl richtig geleitet hatte. Wenige Fuß tief unter der Oberfläche fand er Bruchstücke ältester naturfarbener und unbemalter Keramik, Vasen und Becher aus bunt bemalter Terrakotta, kleine Tierplastiken, Spinnwirtel, durchbohrte Glaskugeln, Bronzemesser, Pfeilspitzen, Äxte aus Stein, einen kupfernen Dreifuß, – alles wie in Troja aus verschiedenen Epochen stammend. Als er kurz nachher auf eine grabsteinähnliche Steinplatte und zwei riesige Hausmauern stieß, steigerte sich sein Eifer. Er dingte weitere Arbeitskräfte, und bald waren 125 Leute, Männer und Frauen, an den drei Grabungsstellen beschäftigt.

Doch nun erwies sich dieser Stamatakis als ein ganz unleidiges, nur Ärger und Verdruß schaffendes Hindernis. Bald da, bald dort tauchte der lange Grieche mit dem Vertragsprotokoll in der Hand auf und erhob, wild gestikulierend, Einspruch im Namen des hohen Ministeriums.

»Herr Schliemann, Sie arbeiten entgegen dem Vertrag mit mehr als der doppelten Anzahl Leute! Und wenn Sie an drei Stellen zugleich arbeiten lassen, kann ich niemals alles gleichzeitig überwachen!«

»Dann müssen Sie eben zu den dreien noch ein paar Aufseher mehr beantragen!« erwiderte Schliemann barsch und ließ ihn stehen.

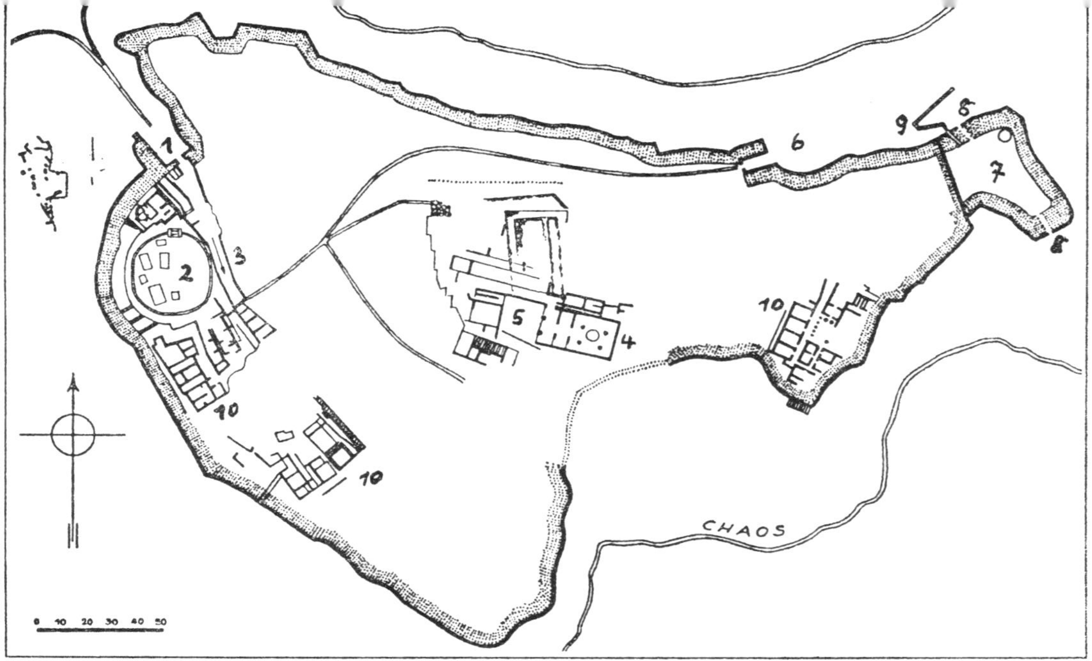

Plan der Burg von Mykene: *1* Löwentor, *2* Schachtgräberring, *3* Rampe, *4* Megaron, *5* Vorhof, *6* Nebentor, *7* späte Erweiterung der Burgmauer, *8* Ausfallpforten, *9* Treppe zum unterirdischen Brunnen, *10* Wohnhäuser

Einige Tage später stieß er auf Überreste einer jüngeren Siedlungsperiode und ließ sie beseitigen, um in ältere Schichten vorzudringen.

Stamatakis in heller Aufregung: »Sie müssen wissen, Herr Schliemann, daß keinerlei Mauern abgerissen werden dürfen!«

»Ich weiß es sogar besser, Herr Stamatakis. Ich weiß, was ich zu tun habe, und zwar weiß das *ich* allein! Gehen Sie und lassen Sie mich endlich in Dreiteufelsnamen arbeiten!«

Stamatakis lief zu Frau Schliemann, um sie als Vermittlerin zu gewinnen, die sie auf fraulich liebenswürdige Weise schon mehrmals spielte. Doch diesmal fand er kein Gehör.

»Herr Stamatakis«, sagte sie, »mein Mann ist nicht irgendeiner. Er ist ein Gelehrter, der sich durch seine archäologischen Forschungen in Troja einen Namen in der ganzen Welt gemacht hat. Sie haben kein Recht, ihn zu bevormunden.«

»Aber ich habe im Namen der Regierung die Pflicht, auf Einhaltung der Vorschriften zu dringen. Ich kann nicht dulden, daß Herr Schliemann griechische oder römische Mauern einreißt, nur um ...«

»... diejenigen des alten, homerischen Mykene zu finden? Doch, gerade das muß er und wird er, ob Sie es ihm erlauben oder nicht. Und zu wessen Ruhm und Ehre gräbt er übrigens? Doch nur zum Ruhme Griechenlands!«

»Das bestreite ich nicht, Frau Schliemann.«

»Gut. Dann streiten Sie bitte nicht unnütz und unterstützen Sie lieber meinen Mann, als daß Sie ihn verärgern. Sie wissen, wie leicht erregbar er ist. Wenn Sie fortfahren, ihn auf solche Weise zu reizen, wird er die Arbeit hier einstellen und der Weltpresse seine Gründe für diesen Entschluß mitteilen! So, Herr Stamatakis, geht es auf keinen Fall weiter!«

»Das sehe ich. Darum werde ich, auf Ihre und Herrn Schliemanns Verantwortung, die notwendigen Schritte unternehmen!«

Und nun begann ein nervenaufreibender Kampf in Briefen und Telegrammen mit dem Aufseher, den Präfekturen in

Nauplia und Argos und dem Ministerium in Athen über Wochen und Monate hin.

Täglich gab es Szenen. Präfekt und Bürgermeister von Nauplia erschienen zu Stamatakis' Unterstützung auf der Burg. In der glühenden Sonne auf den Felstrümmern redeten sie sich die Köpfe heiß, mit dem einzigen Ergebnis, daß Schliemann kostbare Zeit verlorenging.

Empört und beleidigt wandte er sich mit einem Brief an den Minister. Sophia fuhr zu einer persönlichen Unterredung mit ihm nach Athen. Der Minister wies daraufhin den Aufseher an, einzulenken.

Inzwischen machte Schliemann auf der großen Ausgrabungsstelle hinter dem Löwentor eine höchst bedeutsame Entdekkung. In einer Tiefe von drei bis fünf Metern gerieten die Arbeiter auf über einen Meter hohe, teils stark beschädigte, teils gut erhaltene Sandsteinplatten, die mit sehr altertümlichen Ornamenten oder Reliefs von Jagd- und Kampfszenen geschmückt waren, sogenannte Grabstelen.

Grabsteine!

Und hier, im weiten Rund um den Gräberplatz, ein doppelter Kreis aus aufrecht stehenden Steinplatten, zum Teil noch mit wohlgefugten Querplatten bedeckt. Das mußte die Agora, der Platz der Volksversammlung der Mykener sein! So wie Homer ihn in seiner »Ilias« bei der Schilderung des Schildes des Achilleus beschrieb:

Auf dem Markt standen die Bürger in Scharen .. Die Ältesten aber saßen im heiligen Kreise auf ringsgeglätteten Steinen.

War dann aber nicht auch der Bericht des Pausanias wahr und wirklichkeitsgetreu?

Auch hier hatte ihn sein Glaube nicht getrogen. Die Gräber Agamemnons und seiner Getreuen mußten unter den Grabstelen der Agora liegen, die Gräber ... und die märchenhaften Schätze des goldreichen Mykene!

Ahnten Stamatakis und die Neider in Athen, wie nahe er am Ziel war? Der Präsident der Archäologischen Gesellschaft erschien eines Tages persönlich mit zwei weiteren Mitgliedern auf Mykene und besichtigte eingehend den Stand der Ausgrabungen. Die Grabstelen wurden auf Eselskarren in das provisorische Museum nach Charvati gebracht. Stamatakis' Späherauge wachte schärfer denn je. Die Schikanen nahmen zu.

Stamatakis an die Archäologische Gesellschaft in Athen: »... Vor einigen Tagen fand er eine Mauer über einer anderen Mauer liegend und wollte die obere abreißen; ich habe es ihm verboten und er hat aufgehört. Am nächsten Morgen, als ich nicht da war, hatte er die Mauer abgerissen und die untere freigelegt ... Er behandelt mich, als wäre ich ein Barbar.«

Telegramm des Ministers an den Präfekten von Argos: »Gehen Sie selbst gleich nach Mykene und sagen Sie Stamatakis, er solle nicht erlauben, daß irgendwelche Mauern abgerissen werden, aus welcher Zeit sie auch stammen. Auch darf, um sichere Aufsicht zu ermöglichen, nicht an mehreren Stellen zugleich gegraben werden. Die Zahl der Arbeiter muß beschränkt werden. Für jede Verletzung dieser Vorschriften ist der Ephor verantwortlich.«

Schliemann nach ein paar Wochen an den Kultusminister: »Herr Minister, ich unterziehe mich mit meiner Frau hier allen Strapazen, indem ich ununterbrochen mein Leben riskiere, da ich den ganzen Tag unter der brennenden Sonne stehe; ich gebe täglich hier vierhundert Franken weg aus reiner Liebe zur Wissenschaft und aus reiner Liebe zu Griechenland ... Deswegen ist Ihr Telegramm sowohl Ihrer unwürdig als auch unwürdig, von mir gelesen zu werden.«

Anschuldigungen und Proteste beider Seiten über Wochen und Wochen hin. Stamatakis an das Ministerium: »Herr Schliemann will immer tun, was er will. Nach der letzten heftigen Szene habe ich den Bürgermeister von Mykene gerufen ... wir verkehren nur durch die Aufseher. Seine Frau ist aus Athen wieder zurück. Wäre sie doch niemals hergekommen! Sie ist an allem schuld, und ich fürchte, es geht wieder von vorn an.« An den Präsidenten der Archäologischen Gesellschaft: »Sein rechthaberisches Wesen, sein Eigensinn und der Hang, seinen Gedanken nachzugehen, haben diese Szenen hervorgerufen, die aber noch schlimmer wurden, als Frau Schliemann sich hineinmischte, obwohl ich doch nur meine Pflicht tat.«

Empört über diese Behandlung und wütend wegen der dauernden Behinderung in seiner Arbeit, fertigte Schliemann an den Kultusminister ein Telegramm aus: »Beamter macht furchtbare Schwierigkeiten. Wenn das nicht aufhört, stelle Grabungen ein, reise mit meiner Frau sofort nach Amerika!«

»Bringe es selbst zur Post nach Nauplia«, sagte er zu Sophia. »Ich mag es niemand anvertrauen als dir. Reite mit Glück, Sophidion!«

Sophia machte sich schweigend auf den Weg. Im Bereiche der einsamen, von kühlen Schatten umdüsterten Burg war ihr Gemüt bedrückt. Die Müdigkeit und die Erregung der vergangenen Wochen wirkten sich aus. Lange lag ihr noch der dumpfe Widerhall der Spitzhacken und schürfenden Spaten aus den Grabungsstellen im Ohr.

Das war die einzige Musik, die sie seit Wochen hörte: Wind und Sturm, der durch kahle Schluchten und Ruinen brauste, das Poltern niederstürzender Felsblöcke und das Knarren und Schrillen der Karren und eisernen Werkzeuge im harten Gestein.

Gab es nichts anderes für sie? Hatte sie keine Sehnsucht in ihrem jungen Frauenherzen nach Glück und stiller Häuslichkeit, daheim in Athen bei der Mutter und der reizenden kleinen Andromache?

Glück ...? War nicht Heinrich, ihr großer Mann und ihr großes Kind zugleich, ihr höchstes Glück? Sie war ein Teil geworden von ihm und seinem Werk, dem er sich mit Leib und Seele verschrieben hatte. Sein Auftrag, sein Erfolg, sein Ruhm waren auch der ihre. – Diente sie ihm und dem Werk, wenn sie diesen heutigen Auftrag nach seinem Willen erfüllte? Sie verstand, wenn er nach all den Ärgernissen in einer Aufwallung seines leicht erregbaren Gemüts das Telegramm an den Minister in dieser Entschiedenheit und unfreundlichen Kürze abgefaßt hatte. Wenn aber die zu erwartende Antwort wirklich das Ende der Ausgrabungen in Mykene bedeutete? In dem Augenblicke gar, wo Heinrich der letzten und bedeutendsten Entdeckung nahe war – der Auffindung der Königsgräber und ihrer goldenen Schätze!

Nein, sie mußte einen Schritt verhüten, den er später vielleicht bitter bereuen würde. Allmählich war die Spannung von Sophia gewichen, sie atmete befreit auf und spornte das Pferd zu munterer Gangart an. Jetzt gewahrte sie auch die freundlichere Landschaft. Die sanft gewellten Hänge lagen in warmem Sonnenlicht. Die Luft war erfüllt von würzigem Thymianduft und vom hohen Zirpen der Grillen. Schmetterlinge umgaukelten die Astern- und Distelbüsche, Eidechsen huschten über den Weg. Im Vorgelände der Küste begannen die Korn- und Tabakfelder und die von Starenschwärmen durchschwirrten Weinberge.

Am steinigen Hang über dem Bauerndorf zur Linken kletterten rauhfellige Ziegen und rupften das spärliche Gras aus den Spalten im Gestein. Ein barfüßiger, braungebrannter Hirtenjunge ritt fröhlich pfeifend auf einem Eselchen die Gasse herauf.

Auf dem Markt in Nauplia herrschte reges Leben. Für Sophia war das bunte Gewimmel eine wahre Augenweide. Sie freute sich an dem überall im Peloppones, besonders aber in der Argos getragenen schönen Nationalkostüm: die Wohlhabenden zwei samtene, goldgestickte Westen, die Bauern eine oder zwei Westen aus einfachem Stoff, dazu die Fustanella, der Rock, der über dem Leib durch einen Schal oder einen Gürtel befestigt war; in ihm steckten ein Dolch und eine oder zwei Pistolen. Die Tracht der Frauen bestand aus einem enganschließenden gestickten Mieder und einem hellfarbigen

Rock. Auf dem Kopf trugen sie einen roten türkischen Fez mit einer langen Eichel von Seide oder Goldfäden.

Sophia unterhielt sich eine Weile mit einer sehr alten Bäuerin und ihrer hübschen Enkelin, kaufte ihnen ein Körbchen Früchte ab und begab sich dann zum Postamt.

Sie las noch einmal aufmerksam den Wortlaut des Telegramms, gab dem Text eine weniger schroffe, höfliche Form und bat den Beamten um rasche Erledigung.

Dann ritt sie frohen Muts wieder hinauf nach Mykene.

»Du bist schon zurück, Sophia?« fragte er, als sie zu ihm in die Agora trat. Er schob den Tropenhelm ein wenig aus der Stirn und lachte ihr liebevoll zu.

»Heißer Tag heute. Wohl auch für dich, Sophidion?«

»Ja«, antwortete Sophia, »und doch ein unvergeßlich schöner Tag für mich.«

Schliemann war der geheime Sinn, der in ihren Worten lag, entgangen. Als schon am übernächsten Tag die Antwort des Ministers eintraf, war sie sehr entgegenkommend und im freundlichsten Ton gehalten.

»Siehst du, Sophia! Man muß diesen Leuten nur drohen, dann geben sie nach!« sagte er.

Sophia nickte lächelnd. Es war also richtig gewesen, was sie getan hatte.

Es war so, wie Schliemann sagte: Ohne Sophia kam er nicht weiter. In ihr hatte der schwierige Mann eine Lebensgefährtin gefunden, die, obwohl sie dem Alter nach seine Tochter hätte sein können, ihn klug und mit milder Frauenhand lenkte und doch zugleich liebte und verehrte. Sie liebte ihn und opferte sich seinem Werk.

Bei weiteren Grabungen kam außer den üblichen Spinnwirteln, Messern und Äxten, Elfenbeinnadeln und kleinen Tierplastiken auch ein goldener Knauf zum Vorschein. Südlich des Steinplattenrings stießen die Arbeiter auf ein großes Gebäude mit sieben Räumen. Da Schliemann annahm, es handle sich um den königlichen Palast, ließ er weitergraben und machte dabei einen sehr bedeutsamen Fund: Scherbenstücke einer riesigen Vase zeigten den Auszug mykenischer Krieger, denen eine Frau mit betend erhobenen Händen nachblickt. Die mit hörnergeschmücktem Helm, Brustharnisch, Beinschienen, Rundschild und Speer ausgerüsteten Krieger waren in realistisch-skizzenhaftem Stil mit dunkelroter Farbe auf hellgelbem Hintergrund gemalt.

Am schmalen Ostende der Burg wurden im Norden und Süden je eine Ausfallpforte entdeckt. Beide führten tunnelartig durch die Mauer und konnten als letzter Rettungsweg benützt werden, falls die Burg erobert wurde. Neben der nördlichen Ausfallpforte führte über 104 Stufen ein enger, unterirdischer Treppenweg zu einer Schöpfstelle, an die das Wasser einer einige hundert Meter östlich entspringenden Quelle in verdeckten Tonröhren geleitet wurde. Auf diese Weise konnten die Burgbewohner einer Belagerung auch über längere Zeit hinweg standhalten.

Das fürstliche Megaron krönte die Oberburg an der steilsten Stelle des Burgbergs, fünfunddreißig Meter über dem Löwentor.

Der Kreis der Agora, der einen Durchmesser von 28 Metern hatte, war fast ganz freigelegt, als die Regierung in Konstantinopel an Schliemann die Bitte richtete, den Kaiser von Brasilien, Dom Pedro II., der sich auf einer Orientreise befand, nach Troja zu begleiten. Er tat es nicht ungern, zumal es ihn ehrte, daß eine so bedeutende Persönlichkeit Interesse an seinen Ausgrabungen zeigte. Sophia würde ihn inzwischen gut vertreten. Doch er sagte ihr nicht Lebewohl, ohne sie vorher ermahnt zu haben: »Nun habe du, liebe Sophia, ein wachsames Auge auf unsern Wächter, dem meine Abwesenheit recht gelegen kommen könnte! Laß keinen einzigen Spatenstich tun innerhalb der Agora; du weißt unser Geheimnis!«

Nach vierzehn Tagen kehrte er mit dem hohen Gast und den Herren seiner Begleitung zurück und hatte nun die Ehre, Seine Majestät auch durch die Sehenswürdigkeiten Mykenes zu führen. Im mehr als dreitausend Jahre alten unterirdischen Dom des großen Schatzhauses fand das Frühstück statt.

Dem Polizeikommandanten Leonardos überreichte der Kaiser beim Abschied ein Trinkgeld zur Verteilung an die kleine Polizeitruppe, die ihm als Wache und Ehrengeleit gedient hatte.

Nur vierzig Franken? Das war ganz unmöglich! Also wurde Leonardos durch mißgünstige Gesellen beschuldigt, er habe in Wirklichkeit tausend Franken erhalten und den Rest unterschlagen. Leonardos wurde kurzerhand seines Amts enthoben.

Schliemann, der den Mann kannte, als redlich und zuverlässig schätzte und Ungerechtigkeiten nicht ertragen konnte, setzte sich sofort für ihn ein. Ohne lange Umwege drahtete er an den Minister: »Als Gegenleistung für die vielen hundert Millionen, um die ich Griechenland bereichert habe, bitte ich, mir die Gefälligkeit zu erweisen, meinen Freund, den Polizisten Leonardos in Nauplia, zu pardonieren und auf seinem Posten zu belassen. Geschieht für mich, Schliemann.«

Als nicht umgehend Antwort eintraf, sandte er ein zweites Telegramm hinterher: »Schwöre, daß Polizist Leonardos ehrlich und tüchtig. Nichts als Verleumdung. Garantiere, daß nur vierzig Franken bekam. Fordere Gerechtigkeit.«

Doch damit nicht genug. Er, der an den Umgang mit Königen und Ministern gewohnt war, schreckte auch vor höchsten Würdenträgern nicht zurück. Er sandte an den Kaiser von Brasilien, der inzwischen in Kairo eingetroffen war, ein Telegramm: »Bei Ihrer Abreise aus Nauplia haben Eure Majestät dem Polizeikommandeur Leonidas Leonardos vierzig Franken zur Verteilung unter die Polizisten gegeben. Der Bürgermeister, um den braven Mann zu verleumden, behauptet, er habe tausend von Eurer Majestät erhalten. Leonardos wurde des Amtes entsetzt, und nur mit großer Mühe konnte ich ihn vor dem Gefängnis retten. Da ich ihn seit Jahren als den ehrlichsten Menschen von der Welt kenne, bitte ich im Namen der heiligen Wahrheit und der Menschlichkeit Eure Majestät, mir zu telegraphieren, wieviel Leonardos bekommen hat, vierzig Franken oder mehr?«

Und der Kaiser von Brasilien mußte im Namen der Gerechtigkeit öffentlich eingestehen, daß er alles, nur keinen königlichen Lohn zu spenden gewohnt war.

Leonardos, der natürlich in seinem Amt verblieb, wollte Schliemann für seine Güte danken. Doch der drückte ihm schweigend einen Geldschein in die Hand, mit dem großherzig wiedergutgemacht war, was ein wenig freigebiger Kaiser zu tun versäumt hatte.

Als das weite Kreisrund zwischen den Steinplatten völlig freigelegt war, machte Schliemann die Entdeckung, daß wohl hier und dort der gewachsene Felsgrund zutage trat, die Grabsteine jedoch auf angeschüttetem Erdreich gestanden hatten. Und hier, an einer Stelle, war ein deutlicher Einschnitt erkennbar. Sogleich ließ er einen Trupp Arbeiter die Spaten ansetzen, und nach kurzer Zeit zeigten sich die Wände eines Schachtes, der senkrecht in den Fels eingelassen war.

Die Gräber! Die Gräber waren gefunden!

Die Erde war durchsetzt von zahlreichen Bruchstücken buntverzierter Töpferware. Die Gefäße waren teils auf der Scheibe gedreht, teils mit der Hand geformt. Glänzend schwarze, auch hellgelbe und grünliche Becher, wie sie auch in der untersten Schicht von Troja gefunden worden waren: Dünne Lagen grauschwarzer Asche, durchlöcherte Knöpfe, schöne Perlen und Gemmen von Halsketten aus Achat, Amethyst und hellgrünem Opal, Nadeln und Schmuckstücke aus Elfenbein.

Und dann – ein goldener Ring. Sophias scharfe Augen hatten ihn zuerst erspäht.

Der große Augenblick war gekommen, für Schliemann und nicht weniger für den Aufseher Stamatakis.

Sofort wurde der größte Teil der Arbeiter entlassen. Man werde sie rufen, sobald man sie wieder benötige. Stamatakis benachrichtigte den Minister und den Direktor der Archäologischen Gesellschaft von der Entdeckung der Gräber und dem ersten Goldfund. Die Regierung schickte umgehend Soldaten nach Mykene, die in weitem Bogen den ganzen Burghügel abzusperren hatten, um jeden Diebstahl von vornherein unmöglich zu machen. Mykene glich einer Festung, die außer den Toten, die in ihr ruhten, nur drei Menschen barg: Schliemann, Sophia und den beide mit Argusaugen überwachenden Stamatakis.

Halb ernst, halb mit versteckter Ironie schrieb Schliemann zu Anfang Dezember: »Zum ersten Male seit ihrer Eroberung durch die Argiver im Jahre 468 v. Chr., also zum ersten Mal seit 2344 Jahren, hat die Akropolis von Mykene wieder eine Garnison, deren Wachtfeuer bei Nachtzeit in der ganzen Ebene von Argos sichtbar sind, uns an jene Wachtposten erinnernd, die unterhalten wurden, um Agamemnons Rückkehr von Troja zu verkünden, und an jenes Signal, das Klytämnestra und ihren Geliebten vor seinem Herannahen warnte.«

Als sie beim ersten Grab bis zu einer Tiefe von dreieinhalb Metern vorgedrungen waren, wurden sie durch tagelangen Regen aufgehalten, der die weiche Erde in Schlamm verwandelte.

Da das Austrocknen des Grabs einige Tage dauern würde, begannen sie mit der Aushebung des zweiten Grabes. In mehr als sieben Meter Tiefe unter der Geländeoberfläche stießen sie auf zwei Schichten aus groben Kieselsteinen. Auf der zweiten lagen, durch Steinmauern getrennt, drei Skelette mit dem Kopf nach Osten.

Asche, die von Holz und Gewändern stammte und die Skelette bedeckte, sowie Spuren von Feuer und Rauch an den Schachtwänden, ließen Schliemann vermuten, daß die Toten auf kleinen Scheiterhaufen in der Grabstelle selbst verbrannt worden waren, was jedoch später von den Fachgelehrten bezweifelt wurde. Sicher war, daß die Decke der Schachtgräber aus Balken und Schieferplatten und einer darüberliegenden

Erdpackung bestand. Auch die Särge oder Bahren bestanden aus Holz und standen auf einer isolierenden Kieselschicht.

Vorsichtig schälte Sophia die Skelette aus der dicken Lehmschicht. 15 goldene Diademe und 14 Schmuckkreuze mit getriebenen Buckeln, Blatt- und Spiralornamenten bedeckten die Toten; goldene und silberne Vasen, Becher und Schalen, bemalte Tonvasen, Obsidianmesser und Bronzedolche waren ihnen beigegeben.

Auch das dritte Grab barg drei Skelette, die mit dem Kopf nach Osten lagen. Die Grabbeigaben für sie waren noch reicher. Das Haupt des einen Toten schmückte eine prachtvolle Goldkrone, deren oberer Rand mit 36 großen goldenen Blättern gesäumt war. Acht Diademe und sechs Kreuze und Schmucksterne mit eingehämmerten Verzierungen lagen über die Skelette verstreut. Goldene Vasen, Becher und Deckelkrüge, Gefäße aus Terrakotta und Alabaster, Schwertknäufe aus Bergkristall, eine große Anzahl von Broschen und Ohrgehängen und Gemmen aus Achat oder Amethyst waren den Toten beigegeben. Staunen und Bewunderung löste die Entdeckung von siebenhundert getriebenen Goldscheiben aus, etwa sieben Zentimeter im Durchmesser. Sie lagen über und um die Knochenüberreste verstreut. Die mit großer Kunst eingehämmerten Muster stellten Sterne, Blumen, Blätter, Schmetterlinge, Bienen und Tintenfische dar; dazu eine beträchtliche Anzahl kleiner plastischer Nachbildungen von Schmetterlingen, Bienen, Grillen, Tauben, Enten, Schwänen, Hirschen und Löwen in feinstem Gold.

Bei der Aushebung des dritten Grabs zeigte sich plötzlich in einem Fels, der gefahrdrohend über dem sieben Meter tiefen Grabrund hing, ein klaffender Spalt. Zwei Arbeiter ließen sich jedoch des in Aussicht stehenden Trinkgelds wegen nicht abhalten, immer wieder in den Schacht zu steigen. Schliemann sah die Gefahr, sprang hinzu, riß beide mit Gewalt zur Seite – und im selben Augenblick stürzte der Felsblock in die Tiefe. Steinsplitter flogen. Alle drei wurden zu Boden geworfen, und nur einem glücklichen Zufall war es zu verdanken, daß niemand ernstlich verletzt oder gar tödlich getroffen wurde.

Schliemann war von einer heimlichen Freude erfüllt, daß er mit seinem Glauben an den Bericht des alten Pausanias recht behalten hatte. War da aber nicht von fünf Gräbern die Rede gewesen? Es mußte die ganze Agora aufgedeckt werden! Er grub westlich des dritten Grabes weiter. Nach sechs Metern stieß er auf einen etwa einen Meter hohen kreisrunden, in der Mitte durchlöcherten Opferaltar, und eine Mannshöhe tiefer auf ein sieben Meter langes und fünf Meter breites Grab, das etwa drei Meter tief in den Felsen eingehauen war. Es barg die Gerippe von fünf Menschen, drei mit dem Kopf nach Osten, zwei nach Norden gerichtet. Wie in den andern Gräbern waren auch sie auf eine Schicht großer Kieselsteine gebettet. Sophia konnte einen Ausruf des Erstaunens nicht unterdrücken: Diese fünf Toten waren mit Gold und Edelsteinen geradezu überschüttet. Auf den Gesichtern von dreien lagen goldene, getriebene Masken, jede mit eigenen Zügen, so daß sie fast lebensnah wirkten, – alle aber drückten in erhabener Größe die Majestät des Todes aus. Neben der vierten Leiche lag ein sehr kunstvoll aus Goldblech getriebener Löwenkopf, der sich später als Spendengefäß erwies. Doch die Masken stellten nur einen kleinen Teil des vierten Grabschatzes dar. Zwei Leichen trugen mit reichen Ornamenten verzierte goldene Brustplatten. Die größte Bewunderung Schliemanns fand eine bronzene Dolchklinge; die eine Seite zeigte in Metalleinlegearbeit eine Löwenjagd, die andere Seite einen Löwen, der drei Gazellen angreift. An wertvollen Beigaben fand er außerdem: eine Goldkrone, sechs Diademe, elf massive goldene Becher, goldene Gürtel und Stirnbänder, Ringe, Spangen und Nadeln, kleine Doppeläxte aus Gold, zwei große goldene Siegelringe mit Darstellungen einer Jagd- und einer Schlachtszene, 400 Goldstücke, mehr als 400 Bernsteinkugeln, eine große dreihenkelige Alabastervase, fünf Kupferkessel, einer von ihnen bis zum Rand mit Goldknöpfen gefüllt. Einer der merkwürdigsten Funde war ein 50 Zentimeter hoher Stierkopf aus Silber mit geschwungenen goldenen Hörnern und einer goldenen Rosette auf der Stirn.

Das fünfte Grab, wenige Schritte vom vierten entfernt, enthielt nur eine Leiche; ein schön geschmücktes Diadem um die Stirn geschlungen. Zu ihrer Linken ein goldener Henkelbecher und eine zerbrochene Vase, die vielleicht ägyptischer Herkunft war.

Der Glanz der Ausstattung dieser Gräber, die riesigen Schätze, die den Toten beigegeben waren, ließen Schliemann keinen Augenblick daran zweifeln, daß die hier bestatteten neun Männer, acht Frauen und zwei Kinder nur Angehörige der königlichen Familie gewesen sein konnten.

Doch die Arbeit war noch nicht ganz getan. Das erste Grab, dessen Aushebung vor Wochen das schlechte Wetter verhinderte, wollte er noch öffnen. Das Grab enthielt drei Tote, die dicht an der Innenmauer lagen. Zwei trugen goldene Masken, der mittlere war ohne jeden Schmuck. War das Grab vor langer Zeit einmal geplündert worden? Diese Vermutung stützte Schliemann auch darauf, daß er während des Tieferschürfens in mehreren Schichten einzelne goldene Knöpfe, Ringe und feingehämmerte Goldsterne gefunden hatte, die der Grabräuber in der Eile verloren haben mußte. Als Grabbeigaben waren erhalten: goldene Becher, getriebene Goldscheiben, Agraffen, eine Menge großer Bernsteinkugeln, 80 Schwerter und kurze Dolche mit kunstvoll eingelegten Szenen: ein Fluß, dessen Ufer Schilf und Papyros säumen, Fische und Enten im Wasser, Vögel jagende Panther im Röhricht. Eine Streitaxt, die erste, die in Mykene gefunden wurde, lag neben dem einen, über und über mit Goldschmuck bedeckten Körper, – und er war über die Jahrtausende hin als Mumie erhalten.

Die Goldmaske über seinem Gesicht übertraf an Schönheit alles bisher Entdeckte. Als Sophia diese wie nach dem Leben gearbeitete Maske abhob und in Heinrichs Hände legte, war er von dem Anblick ergriffen. »Agamemnon ...«, sagte er mit bebender Stimme und drückte seine Lippen auf den goldenen Maskenmund.

Es war fast als sicher anzunehmen, daß der gut erhaltene Körper an der freien Luft zerfallen werde. Was konnte dagegen getan werden? In größter Eile ließ Schliemann einen Maler aus Nauplia rufen, damit er wenigstens das Antlitz des Toten im Bild festhalte; gleichzeitig wandte er sich an einen Drogisten aus Argos, der durch Übergießen mit in Alkohol aufgelöstem Sandarak die Mumie hart und fest machte. Es blieb nichts anderes übrig, als rings um den Körper einen kleinen Graben in den Fels zu hauen und dann durch einen horizontalen Schnitt eine handbreite Felsplatte abzulösen und sie samt dem darauf ruhenden Toten zu heben.

Tausende kamen aus Argos, Nauplia und den Dörfern der Umgegend herbeigeströmt, um »das Wunder« zu sehen. Dann wurde die Mumie wohlverwahrt in das Athener Museum geschafft.

Es war Schliemanns letzter mykenischer Fund, der zugleich seine Arbeit hier krönte.

Wieder waren es, wie einst in Troja, die behutsamen Hände Sophias, die den königlichen Goldschmuck ans Licht brachten. 25 Tage lang lag Sophia auf ihren Knien und trug vorsichtig, nur mit Hilfe eines Taschenmessers, in feinen Schichten die Erde ab, welche die Leichname und die Schätze bedeckte. Jeden Abend, wenn sie beide nach der anstrengenden Tagesarbeit mit der sinkenden Sonne hinunterritten nach Charvati, hielt Sophia einen großen Henkelkorb im Schoß, der die aufgefundenen Schätze barg. Wie ein böser Schatten folgte ihnen Stamatakis, der amtsgewaltige Aufpasser. Zu Hause wurden die Funde genau gezählt, mit Nummern versehen und in einer Liste registriert. Dann erst waren sie mit sich allein; müde, abgespannt und doch glücklich über ihre ungeahnten Erfolge.

Da lag das Gold der Könige und Königinnen, die vor drei Jahrtausenden durch Mykenes Paläste geschritten waren, eine Nacht lang in ihrer Kammer ausgebreitet, und wenn das fahle

Licht des Mondes über die Schätze glitt und die starren Masken der Toten seltsam belebte, dann standen alle die Helden und Frauen aus Atreus' fluchbeladenem Geschlecht wieder auf mit ihren Taten und zogen vor Schliemanns traumwachen Augen vorüber ... Agamemnon, Menelaos, Iphigenie, der Kampf um Troja, Klytämnestras Meuchelmord an dem heimgekehrten Gatten und Orests sühnende Rache an der eigenen Mutter, die ihm den Vater erschlagen.

Gold und Blut, Glanz und Tränen – das war das dunkle Schicksal Mykenes.

Schweigend saßen beide eine Zeitlang in Gedanken. Licht und Schatten spielten auf den goldenen Masken. Trugen sie nicht die Züge von Lebenden?

»Sieh nur, Sophia!« sagte Schliemann. »Jede Maske ist anders; wie von Künstlerhand nach dem Bild des Verstorbenen geformt. Könige einst und Königinnen, die wie wir ihre Menschenschicksale trugen ... große, dunkle und leiderfüllte, wie sie nur wenigen Sterblichen durch die Lose der Götter zugeteilt wurden.«

Er hob einen schwergoldenen Becher auf. »Da, Sophidion«, sagte er, »sieh diese zwei kleinen goldenen Tauben auf den Henkeln! Es ist Nestors Becher. Zumindest einer, der jenem fast genau gleicht, den Homer uns im elften Gesange der ›Ilias‹ schildert:

Dann schritten die Helden herein und setzten auf Sessel sich nieder.
Ihnen nun mischte den Trunk die lockige Maid Hekamede,
stellt' auf den schön geglätteten Tisch mit schwärzlichen Füßen
den Korb mit dem Imbiß zum Trunke, auch goldenen Honig und Brot
und einen herrlichen Becher – ihn brachte der Alte von Hause –
rings mit goldenen Buckeln beschlagen; die Seiten des Bechers
schmückten der Henkel vier und an jedem von ihnen zwei goldene,
pickende Tauben; auch gingen vom Fuß des Bechers zwei Stützen.
War er gefüllt, so vermochte ein anderer vom Tische nur mühsam
ihn zu heben, doch Nestor, der Alte, hob ihn wie spielend.«

»Und hier, Heinrich! Ein Gruß aus deiner Heimat an der Ostsee – Bernstein!« Als sie die honigfarbenen durchbohrten Kugeln zählten, waren es mehr als 800; 800 Bernsteinperlen, die einst, auf goldene Drähte gereiht, den Hals der mykenischen Fürstinnen schmückten.

»Immer wieder«, sagte er, »stellt uns die Kultur der Mykener vor neue Wunder und Rätsel. Hier, der große Stierkopf aus dem vierten Grab; aus purem Silber, mit goldenen Hörnern. Und du erinnerst dich doch an die weißlichen Scherben im ersten Grab, die ich für Bruchstücke eines Gefäßes aus Alabaster hielt? Der Direktor des Altertumsmuseums setzte sie zusammen, und was ergaben die Scherben?: Ein Straußenei.

Diese sonderbare hellgrüne Vase ist aus ägyptischem Porzellan. Die unterschiedlichen Gräberbauten, die goldenen Gesichtsmasken weisen auf ägyptische und phönizische Herkunft. Und der Bernstein von der Küste der Ostsee, ... sind sie nicht alle Beweise, daß Mykene schon in uralter Zeit in Handelsverbindung mit Ägypten, mit dem Orient und dem europäischen Norden stand? Sophia, wir haben eine ganz neue, unbekannte Welt für die Archäologie aufgedeckt!«

Die Freude und das Glück beider und der Entdeckerstolz Schliemanns waren unbeschreiblich. »Die Welt wird aufhorchen, Sophia!« sagte er begeistert. »Der Goldglanz Mykenes wird den von Troja noch überstrahlen! Nichts, was bisher in Europa an vorzeitlichen Funden gemacht wurde, ist mit diesen Schätzen vergleichbar! Alle Museen der Welt zusammen besitzen nicht den fünften Teil davon.«

Ende November 1876 sandte er ein Telegramm an König Georg von Griechenland: »Mit außerordentlicher Freude melde ich Eurer Majestät, daß ich die Gräber entdeckt habe, welche die Überlieferung seit Pausanias als die Grabstätten Agamemnons und seiner Gefährten bezeichnete. Sie waren von einem doppelten Kreis aus Steinplatten umgeben, der nur zu Ehren besonders hoher Persönlichkeiten errichtet sein kann. Ich fand in den Gräbern ungeheure Schätze an altertümlichen

Gegenständen aus reinem Gold. Diese Schätze reichen allein schon aus, ein großes Museum zu füllen, das herrlichste der Welt, das in den kommenden Jahrhunderten Tausende von Fremden aus allen Ländern nach Griechenland locken wird. Da ich aus reiner Liebe zur Wissenschaft arbeite, erhebe ich natürlich keinerlei Anspruch auf diese Schätze. Ich übergebe sie ungeschmälert und mit glühender Begeisterung dem griechischen Volke. Gott gebe, daß diese Schätze zum Grundstein eines unermeßlichen nationalen Reichtums werden.«

Unmittelbar neben dem »Palast«, von dem Schliemann mehrere Zimmer aufgedeckt, dann aber die weitere Ausgrabung vorerst eingestellt hatte, bemerkte einer der Arbeiter ein Mauerwerk aus roh behauenen Steinen, das dem der Grabkammern völlig glich. Er teilte seine Entdeckung dem Aufsichtsbeamten mit und zeigte ihm auf seinen Plänen die genaue Lage des zu vermutenden sechsten Grabs. Stamatakis nahm einen Arbeiter mit, und schon nach den ersten Hackenschlägen in die lockere Schuttschicht kam ein goldener Becher zum Vorschein. Im Verlauf einer halben Stunde brachten sie vier große goldene Becher mit Henkeln, ein Dutzend Spiralen aus Golddraht und sechs Ringe ans Licht. Tote barg dieses Grab nicht.

Das schönste und bemerkenswerteste Fundstück war ein goldener Siegelring. Das ovale Siegel von kaum drei Zentimeter Durchmesser zeigte eine Opferzeremonie für die Muttergöttin. Über der künstlerisch sehr ausdrucksvoll dargestellten Szene, jenseits der Erde und den Wogen des Meeres, stand am Himmel die strahlende Sonne neben dem Sichelmond – es war Tag und Nacht zugleich. Die Kleidung der Göttin und der zwei Priesterinnen – mit Volants besetzte, reich gestickte Doppelröcke – und das Symbol der Doppelaxt in der Mitte des Petschafts erwies untrüglich die Beziehung zur mykenisch-kretischen Kultur des heroischen Zeitalters.

Als Schliemann das Siegel sah, erinnerte er sich sofort an die Stelle der »Ilias«, die den Schild des Achilleus beschreibt:

Fünffach waren die Schichten am Schilde selber, und auf ihm
fügte sein wägender Sinn gar viele, schöne Gebilde.
Auf dem Schilde schuf er die Erde, das Meer und den Himmel,
den gerundeten Mond und die unermüdliche Sonne,
drauf auch alle Gestirne, die rings den Himmel bekränzen ...

In seiner Begeisterung über die großartigen Funde in Mykene machte sich Schliemann sogleich nach der Ankunft in Athen an die Niederschrift des Buches »Mykenae. Bericht über meine Forschungen und Entdeckungen in Mykenae und Tiryns«, zu dem ihm kein Geringerer als der ›große alte Mann‹ Gladstone das Vorwort schrieb. Das in Englisch abgefaßte Original übersetzte er selber ins Deutsche und begann sofort mit seinen Verlegern in Leipzig und London zu verhandeln. Die ersten Fundberichte waren schon durch die Weltpresse gegangen. Der französische Archäologe Burnouf, vor allem aber die beiden englischen Gelehrten Newton und Gladstone, nahmen an seinen neuen Entdeckungen bewundernd Anteil. Das Archäologische Institut lud ihn zu einem Vortrag ein und deutete an, daß an eine besondere Ehrung für ihn und seine Gemahlin gedacht sei. Er bat darum Sophia, die sich bei seiner Abreise nicht wohl gefühlt, doch inzwischen wieder erholt hatte, so rasch wie möglich nach London zu kommen. Und Sophia kam in Begleitung ihres Bruders und der sechsjährigen Andromache.

Überall begegnete man dem Paar mit Verehrung und liebenswürdigen Aufmerksamkeiten. Schliemann stand wiederum, wie bei seinem Besuch vor zwei Jahren, im Mittelpunkt der Londoner Ereignisse. Von einer Woge des Ruhms und des Glücks fühlte er sich aber emporgehoben in jener Stunde, als ihm und Sophia vor einer auserlesenen Gesellschaft das Ehrendiplom des Archäologischen Instituts überreicht wurde. Nach seiner Ansprache trat auch Sophia an das Rednerpult. Wie eine Königin stand sie in ihrer seltsamen, strengen Schönheit vor der bewundernd lauschenden Zuhörerschaft. Anschaulich, sachkundig und doch in bescheidener Zurückhaltung erzählte sie, wie sie an der Seite ihres Mannes die goldenen Schätze

Trojas und Mykenes ans Licht gebracht hatte. Die Damen waren entzückt von ihr, lobten ihr gutes Englisch, ihre archäologischen Kenntnisse und sprachen davon, was für ein stolzes, beglückendes Gefühl es für sie sein müsse, die Mitarbeiterin eines so großen Mannes wie Heinrich Schliemann zu sein.

Holzknöpfe, mit Goldblech überzogen, aus Mykene

Freund Virchow

In zweijähriger Bauzeit war in Athen am Fuß des Hügels Lykabettos gegenüber dem königlichen Schloß Schliemanns neues Wohnhaus fertig geworden. Er hatte es sich von dem Wiener Architekten und Universitätsprofessor Ernst Ziller bauen lassen: von außen ein schön gegliederter, nicht aufwendig großer Palast in toskanischem Renaissancestil. Die prunkvolle Innenarchitektur aber entsprach dem Reichtum seines Besitzers und gab den würdigen Rahmen für die wertvollen trojanischen Funde und den Goldschatz des Priamos. 24 marmorne Standbilder griechischer Götter und Göttinnen ragten von der Balustrade des flachen Daches in den blauen Himmel. Im Erdgeschoß waren das Museum, die Wirtschaftsräume und die Wohnungen für die Dienerschaft untergebracht. Aus der säulengetragenen Eingangshalle führte eine Marmortreppe zu den kunstvoll geschmückten Sälen und Wohnräumen empor. Die Wände waren mit Marmor bekleidet, die Fußböden mit herrlichen Mosaiken geschmückt. Von Türen und Wandfriesen sprachen in goldenen Lettern geschriebene Worte großer Philosophen und Verse Homers den Besucher an. Auf der Vorderfront des Palastes stand in griechischen Buchstaben »Iliou Melathron« – Hütte von Ilion, zur Erinnerung an die einfache Holzhütte auf Hissarlik.

Doch in diesem fürstlichen Haus wohnte ein Mann, der sein Leben lang Bequemlichkeit und Müßiggang nicht kannte, sondern unablässig an der Arbeit war. Im Sommer um vier Uhr, im Winter um fünf, begann für ihn der Tag mit einem Ritt zur Küste und einem Bad im offenen Meer. An einem Stehpult, wie er es aus seiner Kaufmannszeit gewohnt war, schrieb er seine Briefe und Bücher.

Hatte er Gesellschaft bei sich, stand er die meiste Zeit oder ging mit raschen Schritten im Zimmer hin und her. Bequeme, gepolsterte Stühle waren ihm verhaßt. Als ihm Sophia eines Tages einen Schaukelstuhl schenkte, befahl er, ihn sofort aus dem Zimmer zu schaffen. Der Diener stellte ihn auf die Gartenterrasse. Schliemann, ganz in Gedanken, ließ sich in der Mittagspause darin nieder und schlief ein. Fortan wurde es für ihn zur Gewohnheit, in ihm sein Mittagsschläfchen zu halten. Von dem Schaukelstuhl durfte aber nicht gesprochen werden. »Ich habe zu tun! Ich habe keine Zeit!« waren immer wieder seine Worte.

War er zu Hause, häuften sich die Besuche, waren Berge von Post zu erledigen. Hunderte und Aberhunderte von Briefen, die in alle Länder der Erde gingen. Bald schrieb er in Griechisch, bald in Englisch oder Französisch, Deutsch oder Italienisch. Kein Gebildeter, der Griechenland bereiste und nach Athen kam, versäumte es, Schliemann und sein berühmtes Museum zu besuchen, und aus welchem Land der Welt die Gäste auch kamen, Schliemann sprach sie ausnahmslos in ihrer Muttersprache an. Mit Sophia unterhielt er sich nur in Altgriechisch, der Sprache, die ihm wegen ihres Wohlklanges die schönste der Welt erschien.

Das Ehepaar wurde rasch der Mittelpunkt der Athener Gesellschaft; Sophia jedoch war die Seele des Hauses. Sie war nach den Worten Carl Schuchhardts, der die erste bedeutende Würdigung der wissenschaftlichen Leistung Schliemanns schrieb, »das echte Bild einer leise und weise waltenden Hausfrau, die von Jahr zu Jahr mehr der gute Engel des stürmischen Schwärmers geworden war.« Auch Schliemanns sehnlichster Wunsch ging endlich in Erfüllung. Im März 1878 wurde sein Sohn Agamemnon geboren.

Nun war sein Buch »Mykenae« erschienen. Und wieder stürzten sich die Fachgenossen, allen voran die deutschen, wie eine wilde Meute auf den Verfasser.

»Ach, Sophia«, sagte er, »wie beschämend ist es doch, daß nirgendwo so sehr wie unter den Deutschen das Wort gilt: ›Kein Prophet ist angenehm in seinem Vaterland‹. Wenn ich an die sieben Wochen unseres Aufenthalts in England denke im vergangenen Sommer... Die Londoner überschütteten mich mit Ehrungen. Aus Deutschland höre ich nur Beschimpfungen von den Zunftgelehrten und Anfeindungen von allen Seiten. Warum?«

»Aus Neid, Heinrich. Aus gekränktem Ehrgeiz. Weil du, ein Kaufmann, ein Dilettant, ihnen den Ruhm vorweggenommen hast. Achte doch nicht auf solche kleinliche Tadelsucht und Mäkelei am Unwesentlichen. Sie vermögen damit weder deinen Erfolg noch deinen Ruhm zu erschüttern!«

»Aber meine Ehre! – Ich hätte mein Vermögen durch Schmuggel von Salpeter erworben! ... Das Gold in den Schutt der mykenischen Gräber hineinpraktiziert! So schreiben deutsche Zeitungen! Ist das wissenschaftliche Kritik? Kritik, die mich selbst und die Sache der Archäologie fördern könnte? Der Forschung dient nur die Wahrheit – auch der Irrtum und der Zweifel, die auf dem Weg zur Wahrheit liegen. Ich zweifle heute an manchem, was ich vor fünf Jahren für wahr und richtig hielt. Ich gestehe auch ein, wenn ich geirrt habe. Kann ich mehr tun? Aber tun auch sie es, die mich beschimpfen? – Ich habe es ja nur mit Leuten zu tun, die selbst heute noch abstreiten, daß es überhaupt je einmal ein Troja gegeben habe!«

»Ein Kampf gegen Windmühlen, Heinrich. Nimm ihnen den Wind aus den Flügeln, dann werden sie zu klappern aufhören! – Du bist nicht ohne Freunde. Nicht alle sind gegen dich: Newton, Gladstone, Burnouf ...«

»Engländer, Franzosen, ja. Ich müßte einen Deutschen als Fürsprecher haben, einen großen, dessen Name Geltung hat.«

»Ich weiß einen solchen, Heinrich: Professor Virchow! Willst du ihn nicht noch einmal zu einem Besuch nach Troja und Mykene einladen? Er schätzt dich und deine Arbeit. Das beweist deine Ernennung zum Ehrenmitglied der Deutschen Anthropologischen Gesellschaft, deren Vorsitzender er ist.«

»Virchow ... ja, er wäre der einzige. Doch der weltberühmte Anatom und vielseitige Gelehrte, der Vorstand zahlloser wissenschaftlicher Gesellschaften, Politiker und Reichstagsabgeordneter dazu ..., woher soll er die Zeit nehmen, zu Schliemann nach Troja zu kommen?«

»Bitte ihn noch einmal, Heinrich!«

»Dein Rat und Wunsch, Sophidion? Dann muß ich's tun, heute noch.«

Schliemann teilte Virchow mit, daß er am ersten März nächsten Jahres seine Ausgrabungen in der Troas fortzusetzen gedenke, und bat ihn um die Ehre seines Besuches, da seine Anwesenheit in Troja eine Notwendigkeit für die Wissenschaft und für ihn selbst von allerhöchstem Interesse sei.

Schon im Lauf des Sommers 1878 hatte Schliemann vorsorglich bessere und geräumigere Gebäude für Unterkünfte, Wachen, Küche und Grabungsfunde erstellen lassen. Wenn er dann statt im März, wie er ursprünglich geplant, erst Ende September seine Grabungen in Troja wieder aufnahm, so geschah dies aus der Beunruhigung und den Zweifeln heraus, die ihn angesichts der riesigen Burganlagen Mykenes befallen hatten. Was er für die homerische Stadt hielt, war zu klein ... Noch war das Rätsel von Troja nicht gelöst. Er mußte weitergraben, sich selbst überlassen, den nie verstummenden Angriffen seiner Gegner ausgesetzt, unter denen es kaum einen gab, dessen Füße je einmal trojanischen Boden betreten hatten.

Reiche Geschäftsleute und Reisende, die ihr Weg durch die Troas führte, waren immer in Gefahr, von Wegelagerern überfallen und ausgeplündert zu werden. Die Goldfunde auf Hissarlik mochten Grund dazu gegeben haben, daß seit dem letzten Jahr Räuberbanden die Troas unsicher machten. Bei einem Überfall bewaffneter Tscherkessen auf das Dorf Kalifatli hatte es auf beiden Seiten zwei Tote gegeben. Für die neue Grabungsperiode hatte sich daher Schliemann mit einer von ihm gut bezahlten elf Mann starken Leibwache umgeben, großen, baumstarken türkischen Gendarmen, die mit Büchsen, Pistolen und Dolchen bewaffnet waren. »Ihre Feuerwaffen«, schreibt er in seinem Buch »Troja«, »waren nicht gerade vom neuesten System, denn sie hatten meist Feuersteingewehre. Diese Mängel wurden jedoch durch den Mut der Leute wettgemacht. Sie wurden von einem Korporal befehligt, der die übrigen zehn Mann beaufsichtigte und den Wachdienst bei Tage und bei Nacht leitete... Ich benutzte die Gendarmen ferner zu scharfer Überwachung meiner Arbeiter in den Gräben und gestattete nirgends eine Ausgrabung, wenn nicht mindestens ein Gendarm die Wache hatte. Auf diese Weise zwang ich meine Leute zur Ehrlichkeit; denn sie wußten, daß sie ohne Gnade eingesperrt werden würden, wenn man sie bei einem Diebstahl antraf.«

Drei der Gendarmen hatten ihn auch jeden Morgen vor Sonnenaufgang nach dem eine Meile entfernten Karanlik am Hellespont zu begleiten, wo er bei jeder Witterung ein Bad im Meer nahm. »Da ich beständig trabte«, erzählt Schliemann, »mußten sie, so schnell sie konnten, laufen, um mir folgen zu können. Diese täglichen Spazierläufe waren also sehr ermüdend für die Leute; ich zahlte ihnen deshalb jeden Morgen ein Extra-Trinkgeld.« Pünktlich zum Arbeitsbeginn um fünf Uhr war Schliemann wieder zurück auf Hissarlik.

Die Hauptarbeit galt der Aufdeckung des großen, westlich und nordwestlich vom Tor gelegenen Gebäudes sowie der nordöstlichen Verlängerung des Torwegs beim »Haus des Königs«.

Hier wurden im Lauf des Oktobers und Novembers neben einer Fülle verschiedener Bronzewaffen und Töpferwaren in der II. bis III. Siedlungsschicht drei bedeutende Schätze entdeckt. In Tongefäßen verwahrt fand man: 37 goldene Lokkenringe, zehn goldene Ohrringe, 21 silberne Ohr- und Lokkenringe, ein goldenes Stirnband, zwei goldene Armbänder, zwei Armbänder aus Elektron, einen Elektron-Ohrring, ein Elektron-Ohrgehänge, goldene und silberne Nadeln und Schieber, sechs Ketten aus verschieden geformten Goldperlen, 158 einzelne Silberringe und 20 Teile von silbernen Halsbändern, zehn Karneolperlen, 45 goldene Knöpfe und 25 Goldklumpen.

Der Eintritt des Winterregens zwang Schliemann Ende November, die Arbeiten für dieses Jahr einzustellen.

Am 1. März 1879 nahm er mit 150 Arbeitern die Ausgrabungen wieder in Angriff, unterstützt von dem Orientalisten und Ingenieur Emile Burnouf und dessen Tochter Louise, die genaue Pläne und Schnitte der verschiedenen Schuttschichten und malerische Landschaftsbilder für die späteren Veröffentlichungen Schliemanns anfertigten.

Dann traf, kurzfristig angemeldet, Rudolf Virchow in Troja ein. Der vielseitig Interessierte wollte nicht nur zu Besuch hier sein, sondern auch der Sache dienen, indem er die botanischen, zoologischen und geologischen Verhältnisse der trojanischen Ebene erforschte.

Es war eine schicksalhafte Begegnung, als sich die beiden Männer auf Hissarlik die Hand drückten. In Virchow hatte Schliemann endlich für das letzte Jahrzehnt seines Lebens das gefunden, was er immer entbehrt hatte, – einen Freund.

Sie standen beide im siebenundfünfzigsten Lebensjahr, auf der Höhe ihres Lebens und Schaffens. Genialer Geist, vielseitiges Interesse, unermüdliche Tatkraft und leidenschaftliche Hingabe an die Sache, der sie sich, ein jeder auf seine Weise, verschrieben hatten, waren die gemeinsamen Züge ihrer sonst so verschieden geprägten Naturen. Aber eben aus diesem Gemeinsamen und Gegensätzlichen konnte eine Freundschaft entstehen, die echt und fruchtbar war und für die Wissenschaft von bleibendem Werte.

Virchow spürte, wie glücklich Schliemann über sein Kommen war, und es war auch wirklich nicht nur wissenschaftliches Interesse, sondern warme menschliche Anteilnahme, die ihn zu seinem Besuch bewogen hatte.

Er wußte aus eigener Erfahrung, wie schwer es für einen überragenden Einzelnen war, sich auf dem Gebiet der Wissenschaft mit neuen Erkenntnissen durchzusetzen. Er war kühl und sachlich genug, um anzuerkennen, daß ernster wissenschaftlicher Streit dem Finden der Wahrheit nur förderlich sein konnte. Er sah aber, daß Schliemann Unrecht geschah, und darum stellte er sich ihm zur Seite.

Virchow war ehrlich erstaunt, als er zum erstenmal auf dem Hügel von Hissarlik stand.

»Dieser ungeheure Trümmerberg hat nicht seinesgleichen! Nicht einmal ein Maßstab für seine Beurteilung ist in irgendeiner anderen Trümmerstätte gegeben.«

»Ein Berg voller Rätsel«, entgegnete Schliemann. »Ein Gewirr von Mauern aus sieben und vielleicht noch mehr Städten übereinander, durcheinander, kreuz und quer!«

»Wir wollen sie uns einmal ansehen; ich muß mich hier erst etwas zu Hause fühlen. Es ist doch ein ziemlicher Unterschied zwischen einem Anatomiesaal und einer archäologischen Ausgrabungsstätte«, setzte Virchow lachend hinzu.

Nach dem Rundgang beanstandete er, daß Schliemann sich bei seinen Ausgrabungen im wesentlichen auf die Mitte des Hügels beschränkt, gewissermaßen nur einen Querschnitt, aber keinen klaren Längsschnitt angelegt habe.

»Und – haben Sie auch genaue Pläne über die Lage der Mauerreste der verschiedenen Siedlungsschichten anfertigen lassen?«

»Leider nein. Wie sollte ich das zuwege gebracht haben, allein, ohne Hilfe eines Fachmanns?«

»Sie müssen sich unbedingt einen solchen suchen! Ich werde Ihnen, wenn Sie es wünschen, dabei gerne behilflich sein. Wie mir Herr Professor Schöne, der Direktor der Königlichen Museen in Berlin, unlängst erzählte, soll der junge Architekt Dörpfeld besonders tüchtig sein. Ihn müssen Sie sich verpflichten, sobald die Ausgrabungen in Olympia, wo er zur Zeit als Bauführer tätig ist, abgeschlossen sind.«

»Ich danke Ihnen sehr für diesen Hinweis«, antwortete Schliemann freudig bewegt. »Ich bin mir der Mängel meiner Arbeit wohl bewußt. Und diese Mängel geben ja auch meinen lieben Fachgenossen reichlich Gelegenheit zu belächelnder Kritik, unsachlichen Angriffen und – Sie mögen mir bitte verzeihen, wenn ich ein wenig in Wallung gerate – zu böswilligen Verleumdungen, die mir an die Ehre gehen.«

»Ich verurteile diese Art des Kampfes. Sie ist wahren Gelehrtentums unwürdig. Gehen Sie dagegen an, Schliemann! Meines Beistandes dürfen Sie immer versichert sein!«

Schliemann dankte dem Freund: »Nun habe ich neuen Mut. Manchmal, Ihnen gestehe ich es, war ich nahe am Erliegen, krank in der Seele. Von einer tiefen Trauer erfüllt, mich vom eigenen Vaterland, das ich immer liebte, so verkannt und mißachtet zu sehen. Wundert es Sie, daß auch ich zuletzt mein Herz verschloß?«

»Ich verstehe Sie vollkommen, lieber Schliemann«, antwortete Virchow. »Es hat etwas Schmerzliches an sich, daß Sie sich in einem gewiß nicht unbegründeten Gefühl von Ihrem Vaterlande innerlich etwas abgewendet haben. Sie dürfen aber nicht vergessen, daß die kleine Schar der Unbelehrbaren und erfolgsneidigen Philologen nicht Deutschland und das deutsche Volk sind. Das Volk ist stolz auf Sie, und Sie haben Bewunderer und Freunde genug, deren Namen vom höchsten Range sind: Erbprinz Bernhard von Sachsen-Meiningen, Fürst Bismarck und Kronprinz Friedrich, der Ihnen mit ganz besonderem Interesse zugetan ist.

Im übrigen, was kümmern Sie schon Wortgefechte? Nicht Meinungen sind entscheidend, die mit dem Gänsekiel auf geduldiges Papier gekritzelt werden, sondern allein der Erfolg, den harte Arbeit mit dem Spaten zuwege bringt!«

»Sie haben recht. Mögen sie zischen und geifern! Alle Galle der deutschen Philologen wird doch nicht genügen, um den fünfzig Fuß hohen und dreihundert Fuß breiten Trümmerberg von Hissarlik ins Meer der Vergessenheit hinabzuschwemmen!«

Virchow war nicht nur ein aufmerksamer Betrachter und kritischer Berater, sondern ein tatkräftiger Mitarbeiter Schliemanns. Er widmete sich insbesondere der geologischen und botanischen Untersuchung der trojanischen Ebene und des alten Skamandertales. Er verglich die gefundenen Töpferwaren, Werkzeuge und Waffen mit denen Mykenes, um etwaige Beziehungen festzustellen, die auf die Zugehörigkeit zum gleichen Kulturkreis hinwiesen.

Die Grabungen auf der Westhälfte des Hügels machten gute Fortschritte. Aber sie brachten Enttäuschungen. Was Schliemann den »Großen Turm« genannt hatte, erwies sich als zwei aneinandergebaute Burgmauern; was er bisher für Häuser und enge Straßen des homerischen Troja gehalten hatte, waren kleine Kammern und Korridore. Virchow bezweifelte, daß die »verbrannte Stadt« das Ilion des Priamos war; sie mußte einige Jahrhunderte älter sein.

Dann war aber auch der Goldschatz nicht der des Priamos, und es war nicht Helena, die den herrlichen Schmuck getragen, mit dem er einst im Überschwang der Freude seine geliebte Sophia geschmückt hatte.

Unsicherheit, Zweifel, Unruhe befielen ihn aufs neue. Aus seiner Stimme klang es wie ein leiser, müder Verzicht, als er eines Abends zu Virchow sagte: »Ach, ich wollte, ich hätte Homer als Augenzeugen des Trojanischen Krieges beweisen können; aber leider vermochte ich es nicht!«

»Legen Sie die Grabschaufel einmal ein paar Tage hin«, sagte Virchow. »Es geht auch eine Zeitlang ohne Sie. Der getreue Nikolaos wird alles in bester Ordnung halten. Wäre es nicht eine schöne Erinnerung an diese gemeinsamen Tage, wenn wir zusammen das Idagebirge, den Sitz des Göttervaters Zeus, erstiegen?«

Der fünftägige Ritt durch die sonnige Frühlingslandschaft zu den Höhen des Ida ließ nicht nur die beiden Männer einander menschlich näherkommen, er ließ auch in Schliemanns verwundetem Herzen wieder Gefühle wach werden, die ihn seinem Vaterland gegenüber milder und versöhnlicher stimmten.

Klug, behutsam und mit einem feinen Gefühl für Schliemanns Eigenart warb Virchow um das Vertrauen des verehrten Mannes. Er hatte während einer Unterhaltung eine passende Gelegenheit wahrgenommen, um an Schliemann die Frage zu richten: »Sie haben, wie ich von Herrn Professor Schöne hörte, einen großen Teil Ihrer trojanischen Sammlung nach London gegeben?«

»Ja ... vorläufig. Zu einer Ausstellung im Kensington-Museum. Es sollte ein kleiner Dank sein für die große Gastfreundschaft und die Ehrung, die uns drüben vor zwei Jahren zuteil wurden... Meine Sammlungen haben einen unschätzbaren Wert und sollen nie verkauft werden. Wenn ich sie nicht einst noch bei meinen Lebzeiten verschenke, so sollen sie kraft letztwilliger Bestimmung nach meinem Tode dem Museum derjenigen Nation zufallen, die ich am meisten liebe und schätze. – Sie wissen ja, daß bei diesem Londoner Besuch nicht nur ich, sondern auch meine Frau zum Ehrenmitglied der Archäologischen Gesellschaft ernannt wurden.«

Virchow war hellhörig genug, um Schliemanns Worten das zu entnehmen, was unausgesprochen in ihnen verborgen lag.

»Ich hoffte damals«, fuhr er im Weiterreiten fort, »daß Ihre Londonreise Sie über Berlin führen würde, und freute mich schon im geheimen auf Ihren Besuch.«

»Sie schon, Herr Virchow; das weiß ich nun«, sagte Schliemann mit einem freundlichen Lächeln, »und dafür danke ich Ihnen nachträglich. Aber nun sind Sie ja bei mir, und das finde ich noch schöner und dankenswerter.«

Der schmale steinige Pfad führte jetzt steiler bergan. Die Pferde gingen in müdem Trott. Bei einer steingefaßten Quelle ließen sie sich zu einer kurzen Ruhepause nieder. Virchow erklomm einen mit Wacholder und Dorngebüsch bewachsenen Hügel. Dann trat er wieder zu dem im Schatten eines Walnußbaumes ruhenden Schliemann und überreichte ihm mit den Worten: »Ein Gruß aus der Heimat!« ein paar Frühlingsblumen.

Schweigend nahm Schliemann sie entgegen, und seine Hand zitterte, während er sie betrachtete. »Blüten ... wie daheim in Ankershagen. – Das ist lange her ...«

»Zu lange, lieber Freund.«

Als sie andern Tags nach fünfstündigem Aufstieg den Kamm des Gebirges erreicht hatten und inmitten von duftendem Thymian, Veilchen und Krokus auf der Gipfelmatte rasteten, wandte sich Schliemann plötzlich mit der Frage an den Freund: »Was meinen Sie, Virchow, wäre es nicht am richtigsten, meine trojanische Sammlung von London nach Berlin zu bringen?«

Da antwortete Virchow freudig: »Nun hat endlich Ihr Herz gesprochen, verehrter Freund!«

»Endlich, ja. Und Sie haben das unter mancherlei bitteren Enttäuschungen verstummte wieder zum Reden gebracht – nicht allein mit diesen blühenden Frühlingsboten, lieber Virchow. Ja, ich gestehe es gerne: Sie haben mich wieder mit Deutschland ausgesöhnt. Außer Virchow wäre niemand dazu imstande gewesen!«

»Das macht mich ebenso stolz wie glücklich«, sagte Virchow. »Aber – mit Ihrer Jugendheimat, mit dem Fleckchen Erde, auf dem Sie daheim sind, braucht es doch keiner Versöhnung. Sie Weltenfahrer, vergessen Sie das kleine mecklenburgische Dörflein nicht, aus dem Sie einst ausgezogen sind in die Welt! Sie wissen doch, was Ihr großer Landsmann Fritz Reuter sagt: ›Meckelnborg is en schöön Land. Als us Herrgott de Welt erschaffen deed, fung he bi Meckelnborg an‹.«

Wenige Tage nach ihrer Rückkehr vom Idagebirge verließ Virchow Troja, um auch noch bei Frau Schliemann in Athen einen kurzen Besuch zu machen und die trojanischen Schätze zu bewundern. Schliemann begleitete den Freund bis zu den Dardanellen.

»Haben Sie die Güte und prüfen bei der Gelegenheit auch die Gesundheit meiner Frau! Wenn Sie einen Badeaufenthalt für gut finden, so schlagen Sie ihr bitte womöglich gleich den Badeort vor. Ich dachte an Kissingen. – Und sehen Sie sich den kleinen Agamemnon an. Er ist nun bald zehn Wochen alt; ich werde den Kerl kaum wiedererkennen, denn gleich nach der Taufe fuhr ich hierher nach Troja.«

»Ich werde mein möglichstes tun. Darf aber der Arzt Virchow auch Ihnen einen Rat erteilen?« fragte Virchow mit ernster Miene. »Nun denn: Schonen Sie sich etwas! Niemand zwingt Sie zur Eile, Sie, den unabhängigsten Mann der Welt! Konzentrieren Sie sich ganz auf Hissarlik, da gibt es nach meiner Ansicht noch allerhand zu tun. Finden Sie viel! Auf ein glückliches Wiedersehn!«

Seiner Ankunft in Athen war ein Brief Schliemanns an Sophia vorausgegangen, in dem er sie bat, Virchow mit großen Ehren zu empfangen. »Er war genau drei Wochen hier«, schrieb er, »und ich glaube, daß er von seinem Aufenthalt entzückt ist. Sage ihm auch, ich hätte Dir geschrieben, wie er mit unüberbietbarem Eifer und Wohlwollen die Hunderte von Kranken geheilt habe, die ihn hier aufgesucht haben.«

Sophia begrüßte den hohen Gast mit gewinnend natürlicher Herzlichkeit. »Ich freue mich sehr, Sie in unserem Hause willkommen heißen zu dürfen, lieber Herr Professor Virchow. Und ich danke Ihnen als die Gattin Schliemanns, der in Ihnen endlich unter den deutschen Gelehrten einen Freund gefunden hat.

Es war allmählich zu viel, was an Angriffen und Beleidigungen über ihn hereinbrach, der doch alles aus lauterster Gesinnung und idealer Begeisterung tut. Ich kenne ihn, ich weiß, daß es ihm in seinem Streit mit den Fachleuten nicht um das Rechthabenwollen geht, sondern nur um die Wahrheit. Was er verteidigte, war sein Glaube an Homer. Darum erschütterte ihn dieser Kampf zutiefst... Ein bitteres Ärgernis war für ihn die Haltung der deutschen Fachgelehrten und die Einstellung Deutschlands überhaupt. Ich bemühte mich immer wieder, ihn von dem tiefen Vorurteil gegen Deutschland zu bekehren und den in seinem Herzen schlummernden Funken der Vaterlandsliebe und des Heimatgefühls zu heller Flamme zu erwecken ... Und nun ist endlich einer – dafür danke ich Ihnen von Herzen –, der ihn ernst nimmt, der seiner Arbeit Achtung und Anerkennung entgegenbringt.«

»Mehr noch, verehrteste Frau: Bewunderung und – Verständnis für den Menschen Schliemann. Während unsres Ausflugs zum Ida sind wir uns mehr und mehr nahegekommen. Er macht einem jedoch den Weg in sein Innerstes nicht leicht. Darf ich das Ihnen als seiner Gattin gestehen?«

Sophia nickte lächelnd. »Das dürfen Sie, Herr Virchow. Ich erwarte sogar von Ihnen diese schöne Offenheit. Sie bestätigt mir nur, wie sehr Sie ihm zu einem wirklichen Freund geworden sind. – Er ist ein sehr liebenswerter, gütiger und zärtlicher Mann, aber eine Naturkraft, die sehr eigensinnig und herrisch und rätselhaft ist und in ihren leidenschaftlichen Ausbrüchen in Erstaunen und Schrecken versetzen kann. Immer muß jemand um ihn sein, der, wo es nottut, sein Feuer kühlt und besänftigt.«

»Und diese milde Lenkerin und Besänftigerin sind Sie, liebste Frau Schliemann. Er weiß es und dankt es Ihnen mit einer rührenden Liebe. Doch – Sie sagten's eben selbst: Nur wo es nottut darf man sein Feuer dämpfen. Denn ohne diese heilige Glut im Herzen wäre er nicht Schliemann. Er ist in kleinsten Dingen ungeduldig, in großen Dingen jedoch von äußerster Geduld. Alle seine menschlichen Schwächen, alles Außergewöhnliche und Unbegreifliche und Widerspruchsvolle gehören zu ihm. – Es mag oft nicht leicht für Sie sein, ihn zu ertragen. Ich bewundere Sie aufrichtig, und die Nachwelt wird Ihnen einst viel zu danken haben.«

»Ich liebe ihn, das ist alles«, sagte Sophia bescheiden.

»Alles – ja, das ist es.«

Virchow bewunderte in Schliemanns Heim den »Goldschatz des Priamos« und die noch viel reicheren mykenischen Schätze im Athener Museum. Als Anatom und Anthropologe schenkte er sein besonderes Interesse den dort ausgestellten Schädeln aus den Königsgräbern.

Er war entzückt von der Anmut und Klugheit der achtjährigen Andromache, die ihn überallhin begleitete und immer voll kindlich-neugieriger Fragen und phantasievoller Erzählfreude war. Er überzeugte sich vom Wohlbefinden des kleinen Agamemnon und gab auch Sophia wohlmeinende ärztliche Ratschläge.

»Ihr hoher Gebieter«, sagte Virchow mit schalkhaftem Lächeln, »gab mir auch den Auftrag, Sie an das tägliche Bad im Meer zu erinnern. Ich muß doch mein Versprechen halten.«

»O ja, das müssen Sie, so wie ich. Schliemann gibt keinen Pardon!«

»Ich habe während der drei Wochen auch ab und zu mitgemacht, und ich muß gestehn, ich bewundere die ungewöhnliche Leistungsfähigkeit Ihres Mannes. Es ist mir nicht leicht gefallen, Ritte mit ihm zu unternehmen, bei denen wir bis zu vierzehn Stunden im Sattel saßen.«

»Das hat aber sicher großen Eindruck auf ihn gemacht«, meinte Sophia.

»So großen, daß er es mir sogar sagte. Er habe mir diese Leistung nicht zugetraut, gestand er. Ich sei überhaupt der erste Professor, der so etwas fertig gebracht habe. Man muß ihm durch körperliche Leistungen imponieren, wenn man was bei ihm gelten will, glaube ich.«

»Damit haben Sie schon recht. Er schließt immer von sich auf andere und versteht nicht, daß man auch einmal müde werden kann.«

»Er ist eine sehr harte Natur, mit einem unbändigen Willen und gegen sich selbst von geradezu rücksichtsloser Selbstzucht. Das ist bewundernswert – doch als Arzt habe ich gewisse Bedenken ... Auf unserer Idareise bemerkte ich mehrmals Zeichen seiner Schwerhörigkeit. Das Meerwasser ist sicher nicht gut für sein Ohrenleiden. Er sollte unbedingt wieder einmal in die Behandlung eines Spezialarztes.«

»Er sollte es, ja. Aber, was sagt er: ›Ohrenleiden? Hab' ich schon zehn Jahre! Nicht von Bedeutung! Hab' keine Zeit!‹«

»Er muß sich eben Zeit nehmen! Ich werde dafür sorgen. Im Sommer muß er mit Ihnen nach Kissingen, basta!«

Noch einige Male saßen Sophia und Virchow in freundschaftlichstem Gespräch beisammen; dann schied Virchow als ein wahrer Freund der Familie Heinrich Schliemann.

Der Aufenthalt in Kissingen von Anfang Juli bis Mitte August 1879, mit Sophia und den Kindern kam wirklich zustande. Ein Erlebnis besonderer Art war die Begegnung mit Bismarck, der sie einmal bei sich zu Tisch lud. An den Kuraufenthalt schloß sich eine Reise nach Mecklenburg an, wo Schliemann die Gattin an die Stätten seiner Jugend: Neustrelitz, Fürstenberg und Ankershagen führte. Über Boulogne sur Mer kehrten sie dann erholt und gekräftigt nach Athen zurück.

Schon wenige Tage später stürzte sich der Rastlose in eine neue Arbeit. In einem großen, planvoll und gründlich ausgearbeiteten Werk »Ilion«, dem er auch eine umfangreiche Selbstbiographie beigab, faßte er die Forschungsergebnisse seiner bisherigen Ausgrabungen in Troja zusammen. Er hatte das Manuskript – wie das des zwei Jahre zuvor erschienenen »Mykenae« – in englischer Sprache geschrieben. Das Original hatte er durch einen jungen Studenten ins Deutsche übertragen lassen. Zur Durchsicht der Übersetzung und Vorbereitung der deutschen Ausgabe bei Brockhaus reiste er nun nach Leipzig, wo er von Ende Mai bis Anfang September mit der Fertigstellung des Buches beschäftigt war.

Briefe gingen hin und her zwischen dem ruhelosen Odysseus und Sophia, die mit Andromache und dem kleinen Agamemnon in Sorge und Sehnsucht auf seine Heimkehr wartete.

»Was ist das für ein Leben!« schrieb die junge Frau. »Immer getrennt! Ewig soll ich Dir schreiben, und ewig sollen wir getrennt leben! Was für ein Dasein! Es gibt Augenblicke, wo ich in furchtbare Melancholie verfalle... Glaubst Du denn nicht, es wäre schön, wenn Du in der Nähe Deiner armen Frau leben würdest, die Dich vergöttert, die das Eheleben nur im Traume kennt? Was ich tue? Ich gehe wenig aus, und abends sitze ich mit meinem Bruder am Feuer. Ein- bis zweimal in der Woche gehen wir ins Theater, aber das macht mir auch kein Vergnügen. Unserem Kind geht es sehr gut. Deine Dich ewig liebende Frau.«

Und Heinrich an Sophia: »Meine allerliebste Frau! ... Wesen, die sich innig lieben, haben eine Art von Gedankengemeinschaft, und der eine weiß, aus reinem Instinktgefühl, was der andere denkt und sinnt. Oft hast Du meine geheimen Gedanken erraten, und ich frage Dich daher, ob Du wohl erraten hast, was ich heute denke und sinne? Dein Dich liebender Ehemann Heinrich Schliemann.«

Es hatte lange gedauert, bis endlich auch eine deutsche wissenschaftliche Institution, die »Deutsche Anthropologische Gesellschaft«, Schliemann ehrte und ihn zu ihrem Ehrenmitglied ernannte. Die Urkunde würdigte ihn als den Mann, der »die Herrschersitze des Priamos und des Agamemnon aus jahrhundertelanger Vergessenheit ans Licht gebracht und sich um die bessere Kenntnis der Vergangenheit des griechischen Volkes und der homerischen Gesänge höchst verdient gemacht hat«. Das Diplom war ihm schon 1877 übersandt worden; die feierliche Ehrung – zusammen mit dem schwedischen Polarforscher Nordenskiöld – fand in Anwesenheit des Kronprinzen Friedrich und seiner Gemahlin am 5. August 1880 in Berlin statt und erhielt ihren bedeutsamen Abschluß in der Einladung zur Tafel beim Kronprinzen im Schloß zu Potsdam.

»Ilios« erschien gleichzeitig in deutscher, englischer und französischer Sprache und lenkte die Aufmerksamkeit der ganzen gebildeten Welt erneut auf Schliemann. Es war nicht zuletzt Rudolf Virchows Vorwort, das dem Buch in den Reihen der akademischen Fachgelehrten Gehör verschaffte.

»Jetzt« – so schrieb er – »ist aus dem Schatzgräber ein gelehrter Mann geworden, der seine Erfahrungen in langem und ernstem Studium mit den Aufzeichnungen der Historiker und Geographen, mit den sagenhaften Überlieferungen der Dichter und Mythologen verglichen hat ... Es ist heute eine müßige Frage, ob Schliemann im Beginne seiner Untersuchungen von richtigen oder unrichtigen Voraussetzungen ausging. Nicht nur der Erfolg hat für ihn entschieden, sondern auch die Methode seiner Untersuchung hat sich bewährt. Es mag sein, daß seine Voraussetzungen zu kühn, ja willkürlich waren, daß das bezaubernde Gemälde der unsterblichen Dichtung seine Phantasie zu sehr bestrickte, aber dieser Fehler des Gemüts, wenn man ihn so nennen darf, enthielt doch auch das Geheimnis seines Erfolges. Wer würde so große, durch lange Jahre fortgesetzte Arbeiten unternommen, so gewaltige Mittel aus eigenem Besitz aufgewendet, durch eine fast endlos scheinende Reihe aufeinandergehäufter Trümmerschichten bis auf den in weiter Tiefe gelegenen Urboden durchgegraben haben, als ein Mann, der von einer sicheren, ja schwärmerischen Überzeugung durchdrungen war? Noch heute würde die ›gebrannte‹ Stadt in der Verborgenheit der Erde ruhen, wenn nicht die Phantasie den Spaten geleitet hätte.«

Orchomenos

Kaum hatte Schliemann nach Vollendung seines Buches »Ilios« die Feder aus der Hand gelegt, griff er schon wieder zum Spaten, um einen lange gehegten Plan auszuführen: eine Grabung auf Orchomenos in Böotien, der Burg des sagenhaft reichen Königs Minyas.

Bevor er aber das neue Vorhaben in Angriff nahm, besuchte er in Begleitung Sophias die Ausgrabungen des Deutschen Archäologischen Instituts in Olympia. Der siebenundzwanzigjährige Architekt Wilhelm Dörpfeld, der technische Leiter des Unternehmens, führte die Gäste einen ganzen Tag durch die umfangreiche Ruinenstätte, und Schliemann war begeistert von der meisterhaften Planung und technischen Durchführung der Ausgrabungen. Er empfand immer mehr, wie dringend er der Mitarbeit wissenschaftlich geschulter und erfahrener Fachleute bedurfte.

Vom ersten Augenblick an war ihm dieser junge, gescheite Dr. Dörpfeld äußerst sympathisch, und so ließ sich das Ehepaar gerne dazu überreden, in Druva zu übernachten und wenigstens bis zum andern Morgen zu bleiben. Bis in die späte Nacht hinein saßen sie beisammen und sprachen über Troja, Mykene und Tiryns. Und als Schliemann Dörpfeld zu einem baldigen Besuch in Orchomenos einlud, wurde diese Einladung mit freundlicher Bereitwilligkeit angenommen.

Dieser einzige Tag der Begegnung mit Dörpfeld wurde für Schliemann und die archäologische Wissenschaft von ebenso entscheidender Bedeutung wie jene fünftägige Reise zum Ida mit Rudolf Virchow. Die Versöhnung Schliemanns mit seinem Vaterland und die Verbindung mit der deutschen Wissenschaft war endlich zustande gekommen.

Wie Mykene so lag auch Orchomenos, die ganze Ebene beherrschend, auf einem vorgeschobenen Bergplateau.

Wieder war es Pausanias, der Schliemann den Weg wies. Da beklagte sich der griechische Schriftsteller in einer seiner Reisebeschreibungen darüber, daß seine alles Ausländische bewundernden Kollegen die ägyptischen Pyramiden aufs genaueste beschrieben, »während sie das Schatzhaus des Minyas und die Mauern von Tiryns, die doch nicht weniger wunderbar sind, keines Wortes würdigen. Das Schatzhaus aber, ein runder Bau aus Stein, der sich oben stumpf zuspitzt, ist ein Wunderwerk, das keinem andern Gebäude in Griechenland oder sonstwo nachsteht«.

Es muß daher dem Schatzhaus des Atreus, dem Kuppelgrab in Mykene, ähnlich sein und also – schloß Schliemann sofort – aus der gleichen Zeit stammen.

Und da waren im neunten Gesang der »Ilias« die Worte des Achilleus, mit denen er die verlockenden Angebote des mykenischen Königs verwirft:

Mir sind seine Geschenke verhaßt, ich achte wie Spreu sie;
wenn er auch zehnmal mir und zwanzigmal Größeres gäbe
als er heute besitzt und künftig dazu noch erwürbe,
selbst alles Gold aus Orchomenos und dem ägyptischen Theben,
wo doch am reichsten das Gold im Innern der Häuser gehäuft
liegt ...

Nur drei Städte waren es, denen Homer das Beiwort »goldreich« zulegte: Troja, Mykene und Orchomenos. Die beiden ersten hatten sich durch die darin zutage gebrachten Schätze wirklich als goldreich erwiesen. Wenn nun auch Orchomenos ...?

Die Bewohner des Dorfes Skripu, das an der Stelle des alten Orchomenos liegt, erzählten Schliemann, daß schon früher, vor etwa zwanzig Jahren und zu ihrer Großväter Zeiten, fremde Herren hier nach Schätzen gesucht, aber die Grabungen bald wieder aufgegeben hätten.

Schliemann dingte 100 Arbeiter, Griechen und Zigeuner, Männer und Frauen, und machte sich ans Werk.

Zahlreiche Gräben und Schächte erbrachten keine wesentlichen Funde. Als er das Schatzhaus in Angriff nahm, zeigte sich, daß er dem unterirdischen Bauwerk nicht vom völlig verschütteten Eingang her, sondern nur von oben beikommen konnte. Der ganze Kuppelraum war mit einer neun bis zehn Meter tiefen Schuttschicht ausgefüllt. Darunter lagen meterhoch behauene Blöcke, die einst den oberen Teil der zusammengestürzten Kuppel bildeten. Der leicht ovale Raum hatte einen Durchmesser von vierzehn Metern, das Tor eine Höhe von fünfeinhalb Metern. Löcher in den Steinquadern und Reste von bronzenen Nägeln zeugten davon, daß einmal die Wände des Kuppelraumes mit Bronzeplatten bekleidet waren. Das Türgesims war aus polierten dunklen Marmorblökken gefügt, die einst mit kostbarem Schmuck überladen gewesen sein mußten.

Inzwischen war zu Schliemanns großer Freude Dörpfeld mit zweien seiner Mitarbeiter zu Besuch gekommen.

»Sie kommen im richtigen Augenblick!« sagte Schliemann. »Schauen Sie sich an, was wir Herrliches fanden!«

Die Herren war entzückt von der meisterlichen Konstruktion des Raumes, und Dörpfeld begann sogleich zu messen.

»Die Bauweise und die Maße der beiden Kuppelgräber, hier und in Mykene, stimmen so genau überein, daß sie wohl dem gleichen Architekten zugeschrieben werden müssen«, stellte er fest.

Noch aber stand die wertvollste Entdeckung in Orchomenos bevor. Im Schutt des in den Fels gehauenen, halb zerstörten Nebengemachs, das durch einen zweieinhalb Meter langen Gang mit dem Kuppelraum verbunden war, fand sich eine große Zahl von Bruchstücken grüner Schieferplatten. Sie trugen Reliefs mit Rosetten und von S-Spiralen umrankten Lotosblüten.

»Die Decke der Grabkammer, der man mit dieser Verkleidung einen ganz besonderen Schmuck geben wollte!« sagte Dörpfeld.

Unter Mithilfe Sophias und des hinzugezogenen Direktors der Athener Antikensammlung wurde die Decke in mühseliger Arbeit wieder zusammengesetzt.

Ein Gegenstand der Bewunderung war diese herrliche und eigenartige Grabkammerdecke auch für die zeitweiligen Mitarbeiter, den Architekten Ziller und den Orientalisten der Universität Oxford, A. H. Sayce. Der eine sah in dem Verzierungssystem ein orientalisches Teppichmuster, der andere führte es auf assyrische Vorbilder zurück.

»Das Rosettenmotiv und die Spiralmuster habe ich auch schon in Troja und Mykene vorgefunden!« erklärte Schliemann. »Siehst du, Sophia, wie gut ich daran tat, auch hier in Orchomenos zu graben? Aufs neue taucht – so wie nach den erstaunlichen Funden in Mykene – die Frage nach der Herkunft dieser dreitausend und mehr Jahre alten hochentwickelten Kultur auf!«

»Etwa eine ›mykenische Kultur‹, meinen Sie Herr Schliemann?« fragte Dörpfeld. »Wer weiß ... eines Tages werden wir klarer sehen!«

Trotz der so erfolgreichen Grabungen in Troja und im Peloponnes und ihrer ebenso erstaunlichen wie bedeutenden Ergebnisse nahmen die Angriffe der Neider und Gegner Schliemanns kein Ende. Immer wieder mußte er sich Freund Virchow gegenüber seine Bedrängnis und seinen Ärger vom Herzen schreiben.

»Es geht mir nicht ums Rechthaben, sondern vor allem anderen um die wissenschaftliche Wahrheit... Und sollte es mein Untergang sein, so würde ich doch die Wahrheit sagen!«

Zwei Jahre waren seit Virchows Besuch in Troja dahingegangen. Unablässig hatte inzwischen der Freund in Reden und Aufsätzen und Fürsprachen bei höchsten Staatsmännern um Anerkennung für den verkannten genialen Dilettanten und um die verdiente Würdigung seiner außerordentlichen wissenschaftlichen Leistung geworben. Es war ihm selbst eine Genugtuung, als er an den verehrten Freund in Athen schreiben konnte: »Sie haben aus der Ernennung zum Ehrenmitglied der Archäologischen Kommission ersehen, daß man jetzt darauf hält, Ihnen einen Teil der alten Schuld abzutragen ... Ich werde es als eine Ehrenpflicht betrachten, dazu mitzuwirken, soweit ich kann, daß Ihr Gedanke, die trojanischen Schätze dem Vaterlande zu übergeben, in würdigster Weise sich verwirklicht.«

Sophia hätte die Sammlung auch weiterhin lieber in ihrem Haus in Athen gehabt. Sie gab aber gern ihr Einverständnis zu der Schenkung, als ihr der Erbprinz Bernhard von Sachsen-Meiningen in einem an sie persönlich gerichteten Telegramm versicherte, daß »dies Geschenk die höchste Würdigung und Anerkennung« im Vaterland ihres Mannes finden werde.

Schliemann fuhr selbst nach London, um die Überführung der Schätze aus dem Kensington-Museum zu veranlassen. In vierzig riesigen Kisten verpackt traf die Sammlung zu Anfang 1881 in der Reichshauptstadt ein und wurde von Schliemann und Sophia in zwei Sälen des Museums für Völkerkunde aufgestellt und geordnet, als ein Geschenk, »dem deutschen Volke zum ewigen Besitze und ungetrennter Aufbewahrung gegeben«.

Dann, am 4. Juli 1881, wurde Schliemann die höchste Ehrung zuteil. Im Festsaal des Berliner Rathauses wurde er in feierlicher Weise zum Ehrenbürger der Reichshauptstadt erhoben, eine Auszeichnung, die vor ihm nur Bismarck und Moltke verliehen worden war.

Während Virchow die Festrede hielt, dachte Schliemann an ähnliche Erlebnisse längst vergangener Zeiten: als er bei seinem Aufenthalt in Kalifornien amerikanischer Staatsbürger wurde ... als er zum Großhändler Erster Gilde und Direktor der Kaiserlichen Staatsbank zu St. Petersburg aufstieg und der Zar ihn zum erblichen russischen Ehrenbürger ernannte. Vor Jahrzehnten war das gewesen ...

Und nun saß er wie berauscht an Sophias Seite und nahm den Ehrenbürgerbrief Berlins entgegen.

In einem Handschreiben sprach ihm Kaiser Wilhelm I. seinen Dank und seine volle Anerkennung für die Schenkung der für die Wissenschaft so hochbedeutenden Sammlung aus und bestimmte, daß die zu ihrer würdigen Aufbewahrung bestimmten Säle immer den Namen Schliemanns tragen sollten.

Nach ihrer Rückkehr nach Athen schrieb Virchow hocherfreut an den Freund: »Sie werden das Allerhöchste Handschreiben Seiner Majestät erhalten haben, welches bei uns in allen Zeitungen steht, in denen Ihnen die gesamte deutsche Presse aller Schattierungen endlich die verdiente Anerkennung und Bewunderung zollt. Nach meinem Gefühl ist dies Schreiben eigentlich mehr als alle Orden, und der offizielle Abdruck im Reichsanzeiger stempelt es zu einer Ehrenbezeigung vor der ganzen Welt.«

Mit Dörpfeld in Troja

Sophia war glücklich über diese Wendung. »Freund Virchow sei Dank!« sagte sie. »Er hat dir den Weg geebnet!«

»Das sei ihm unvergessen! Nun wird dieser Weg lichter und freier sein. Heute empfinde ich eine wirkliche Freude bei dem Gedanken, daß ich für Deutschlands Ehre und Ruhm arbeite. – Im Frühjahr werde ich auf Hissarlik weitergraben. Das ist auch Virchows Ansicht... Niemand, der neidlos anerkennt und bei der Wahrheit bleibt, wird uns unsere Erfolge abstreiten können. Doch ich muß auch manchen Zweifel meiner Gegner anerkennen. Warum soll ich's mir verhehlen?«

»Und dein Glaube an Homer, Heinrich?«

»Gerade weil ich so unerschütterlich an ihn glaube, Sophia. Dieses Troja, das ich bis jetzt zutage förderte, ist zu klein, um dem von Homer geschilderten zu entsprechen. Seit ich Mykene sah, zweifle ich selbst, ob diese hübsche kleine Stadt mit ihren Ziegelmauern, die kaum dreitausend Bewohnern Unterkunft bieten konnte, mit der großen und ruhmvollen Ilios gleich sein kann... Diese quälende Frage läßt mir keine Ruhe.«

»Du solltest dich entlasten. Nimm das als guten Rat, den mir meine Liebe zu dir eingibt!«

»Und den ich dir, Sophidion, darum schon im voraus erfüllte, – ich habe schon die Zusage des mir empfohlenen Architekten Höfler aus Wien. Aber ich habe noch eine erfreulichere Nachricht für dich: Dörpfeld kommt mit nach Troja! Es würde ihm, schrieb er mir, eine große Ehre sein und er könnte sich kaum etwas Schöneres denken als mein wissenschaftlicher Mitarbeiter bei den Ausgrabungen zu werden.«

»Ich habe bei unserem Besuch in Olympia den besten Eindruck von ihm gewonnen. Er ist der richtige Mann für dich.«

»Das glaube ich, und wenn du es sagst, Sophidion, muß es wahr sein. Ich brenne vor Begierde, auch die Unterstadt und einige der sonderbaren kleinen Hügel in der Troas auszugraben. Dazu reicht jedoch der bisherige Genehmigungsschein nicht aus. Er lautet nur auf Hissarlik und ist übrigens abgelaufen. Ich muß eine Grabungserlaubnis für die ganze Troas erlangen, und sie muß nicht nur auf zwei, sondern auf wenigstens fünf Jahre lauten.«

»Dieser Ferman müßte doch über den Kronprinzen oder Bismarck in Konstantinopel leicht zu erreichen sein.«

»Müßte – denkst du. Dachte ich auch. Nahezu ein Jahr warte ich nun schon darauf. Ich habe an Virchow, Schöne, Gladstone, den Kronprinzen und Bismarck geschrieben. Sie taten alles, was möglich war; doch Konstantinopel tut, als höre es gar nicht. Das Britische Museum hat von der türkischen Regierung einen großzügigen Erlaubnisschein für ganz Mesopotamien erhalten. Mir verweigert man ihn für die kleine Troas! Das ist unerhört! Und schimpflich und kränkend für Deutschland, das Gesuch des Reichskanzlers nicht zu beachten! Ärger und wieder Ärger, der mir an die Nerven geht! Dabei kann einem alle Lust vergehen!«

Es brauchte den persönlichen Einsatz von vier Gesandten der europäischen Großmächte, bis schließlich Ende Oktober der neue Ferman eintraf.

Am 1. März 1882 konnte Schliemann zusammen mit den Architekten Dörpfeld und Höfler die Grabungen in Troja wieder aufnehmen. Der alte Oberaufseher Nikolaos Zaphyros Giannakis, der schon zwölf Jahre in Schliemanns Diensten stand, hatte für die nötige Anzahl griechischer und türkischer Arbeiter aus den umliegenden Dörfern gesorgt. Da die armen Leute gerade zu Ostern sehr wohl Geld brauchen konnten, rückten jeden Tag mehr an, so daß ihre Zahl bald 160 betrug.

Aus Athen hatte Schliemann einen zuverlässigen Diener und eine Köchin mitgebracht, die er in Oedipus und Jokaste umbenannte.

Drei tüchtige Aufseher, Peloponnesier, die sich schon unter Dörpfeld in Olympia bewährt hatten, überwachten die Arbeitsgruppen.

Es war nicht leicht, die vielen Leute mit gutem Trinkwasser zu versorgen. Ein Mann und ein Knabe waren mit dieser besonderen Aufgabe betraut. Der Junge hatte das Wasser an einer etwa 400 Meter von Hissarlik entfernten Quelle in Fässer zu schöpfen; ein Esel brachte sie unter Führung des Mannes zu den Gräben und in die Baracken. Obwohl zehn Fässer fortwährend in Gebrauch waren, war es oft, besonders an heißen Tagen, nicht möglich, hinreichend Wasser herbeizuschaffen.

Einer der Aufseher, Georgias – von Schliemann »Laomedon« genannt – war ein Riese an Körper und Kraft.

»Solche Gestalten suche ich mir gerne aus«, erklärte Schliemann, »vor ihnen haben die Leute den meisten Respekt. Kraft überzeugt immer und macht folgsam.«

Gleich am ersten Tag machte er mit Dr. Dörpfeld einen Orientierungsgang durch die umfangreichen Ausgrabungsstätten.

»Ein wahres Labyrinth, Herr Doktor!« meinte Dörpfeld. »Die verschiedenen Bauschichten liegen, oft sehr schwer unterscheidbar, kreuz und quer übereinander. Wir müssen sie nacheinander abheben lassen und in genauen Plänen festhalten.«

Er ließ seinen Blick prüfend über das Kartenblatt von Hissarlik gleiten, das Schliemann auf dem Tisch ausgebreitet hatte. »Sie gestatten mir doch, sehr verehrter Herr Doktor, daß ich meine Meinung klar und aufrichtig zum Ausdruck bringe?«

»Natürlich, Herr Dörpfeld! Zu welchem Nutzen für die Sache – und um die allein geht es mir – hätte ich Sie sonst hieher geholt? Auch Sie, Herr Höfler, bitte ich um Ihr offenes Wort. Ich liebe Offenheit, das klare Geradeheraus – das müssen Sie wissen! Ich, im wahrsten Sinne des Wortes ungeschulter Mann, war in meinem Leben immer bereit zu lernen und mir von jedem, der seine Sache verstand, etwas sagen zu lassen. Ich hasse aber Gegner, die sich als üble Querulanten und alles besser wissen wollende Dummköpfe erweisen!«

»Darin stimme ich vollkommen mit Ihnen überein, Herr Schliemann«, erwiderte Dörpfeld. »Die Erfahrung lehrt aber, daß sich wissenschaftliche Fragen nicht durch Schimpfen, sondern nur durch sachliche Beweise entscheiden lassen. Und was nun unsere Angelegenheit, die so heiß umstrittene trojanische Frage betrifft, so rate ich, diesen ganz ungenauen Aufriß von Troja nicht zu veröffentlichen. Nur durch einen korrekten, genau der Wirklichkeit entsprechenden Plan werden wir die Gegner vollständig zum Schweigen bringen können.«

Der beiden Architekten wichtigste Aufgabe war es nun, zu vermessen und Pläne zu zeichnen; mit ihnen hatten die Ausgrabungsarbeiten Hand in Hand zu gehen.

Dörpfeld bestellte daher in Olympia einen Meßtisch, der nach kurzer Zeit auf Hissarlik eintraf.

Dieser Meßtisch löste eine Kampagne von Schikanen aus. Schliemann hatte sich wieder mit zwei türkischen Aufsichtsbeamten abzufinden. Den einen stellte die Lokalbehörde, den andern, Beder Eddin Effendi, das Ministerium für Volksaufklärung in Konstantinopel. »Viele Jahre lang«, schreibt Schliemann, »habe ich archäologische Forschungen in der Türkei gemacht, aber noch nie hatte ich bis dahin das Unglück gehabt, ein Ungeheuer von Aufseher wie Beder Eddin Effendi zu haben, dessen Vermessenheit und Eigendünkel nur seine totale Unwissenheit gleichkam, und der es als sein alleiniges und einziges Amt ansah, mir alle nur erdenklichen Schwierigkeiten und Hindernisse in den Weg zu legen.«

Dörpfeld verfolgte zunächst die äußere Mauer der sogenannten »gebrannten« Stadt und machte dabei die Entdekkung, daß die kolossale, auf einem mächtigen Fundament unbearbeiteter Kalksteine ruhende Ziegelmauer in nordöstlicher Richtung weiterging und die ganze östliche Vorstadt einschloß. Sie war erstaunlich gut erhalten und ragte nach der Ausgrabung auf langer Strecke bis zu zweieinhalb Meter Höhe auf. Er vermochte auch schon nach wenigen Wochen nachzuweisen, daß das, was Schliemann für Ringmauern der dritten Stadt gehalten hatte, Mauerreste zweier riesiger Bauten der zweiten Stadt waren. In einem engeren Bezirk wurden fünf bis sechs weitere kleine Gebäude derselben Siedlungsschicht ans Licht gebracht.

»Das war die Pergamos, die Herrenburg der zweiten Stadt, Herr Doktor!« stellte Dörpfeld fest. »Und wissen Sie, was das bedeutet? – Daß diese Burg räumlich nur für die herrschende Oberschicht ausreichte und also eine Unterstadt für das Volk bestanden haben muß!«

»Meine Überzeugung schon seit Jahren«, erwiderte Schliemann. »Ich stellte auch durch Anlegen einer Anzahl von Versuchsschächten im südlichen Vorgelände des Hügels große Mengen von Topfscherben fest.«

»Auf das Vorhandensein einer Unterstadt ist auch darum mit ziemlicher Sicherheit zu schließen, weil die Umfassungsmauer auf der Südflanke mehrere Tore aufweist. Wäre keine Unterstadt dagewesen, hätte man sich, schon der besseren Verteidigungsfähigkeit wegen, mit *einem* Tor begnügt.«

Dörpfelds weitere Entdeckungen – Erfolge einer systematischen und mit überlegenem Können durchgeführten Ausgrabungsarbeit – ergaben ein ganz neues Bild der bisher angenommenen Schichtenfolge. Eine schmerzliche Erkenntnis für Schliemann, der sich aber um der wissenschaftlichen Wahrheit willen beugte.

Trotz des langanhaltenden schlechten Wetters und des eisigkalten Nordsturms, unter dem alle sehr zu leiden hatten, machten die Säuberungs- und Ausgrabungsarbeiten gute Fortschritte.

Die neu gewonnenen Erkenntnisse waren in mancher Hinsicht umwälzend. Dörpfeld wies nach, daß die untersten, sieben Meter tiefen Schuttschichten nicht aus zwei aufeinanderfolgenden Ansiedlungen stammten, sondern die Überreste einer einzigen Siedlung waren. Dagegen gehörte die ungeheure Aschenschicht der »verbrannten Stadt« nicht bloß einer Stadt, sondern zwei verschiedenen, sehr alten Siedlungsstufen an.

Dörpfeld konnte ermessen, wie schwer die Erkenntnis Schliemann treffen mußte, nicht das Haus und nicht den Schatz des Priamos gefunden zu haben. Doch er hatte die Kraft, die Wahrheit zu ertragen.

»Der ›Brandschutt‹, wie Sie ihn bezeichneten, Herr Doktor, besteht übrigens in Wirklichkeit aus halb oder ganz verbrannten Lehmziegeln; nur ein ganz geringer Teil ist Holzasche. Die bäuerlich armselige dritte Siedlung wurde zweifellos auch durch Feuer zerstört; die zweite, große Stadt aber muß in einer beispiellosen Feuersbrunst zugrunde gegangen sein.«

»Wind und Feuer sind in jeder Beziehung in der Troas zu Hause«, sagte Schliemann. »Vor kurzem ließ uns noch der Nordsturm das Blut in den Adern gefrieren, jetzt brennt die Sonne jeden Tag erbarmungsloser auf uns nieder.«

Nach einer Pause, in der er sich Sand und Schweiß von der Stirne wischte, fuhr er müde fort: »Meine Augen sind durch den furchtbaren Staub entzündet. Ich habe Stapel von Briefen, die beantwortet sein wollen, auf meinem Schreibtisch liegen. Am Tage – Sie sehen ja selbst – komme ich nicht dazu; abends bei Licht wage ich aber nicht, viel zu schreiben ...«

»Diktieren Sie mir, Herr Schliemann! Ich wüßte nichts, was mir mehr Freude machen würde, als Ihnen behilflich sein zu dürfen.«

»Ich weiß es, mein junger Freund. Darum ist Ihnen auch der alte Schliemann sehr gewogen und – dankbar. Ich nehme Ihr freundliches Anerbieten gerne an. Kommen Sie um acht! Oedipus wird uns eine gute Flasche Wein kredenzen!«

Die kleine Stehuhr schlug elf, als Schliemann das Briefdiktat beendete. »Nun muß ich aber noch einen eigenhändig schreiben, einen Liebesbrief – Sie verstehen. Gute Nacht! Bis morgen.«

Und der Sechzigjährige schrieb nach diesen Tagen bitterer

Enttäuschung an Sophia: »Ich brenne vier Kerzen, aber es bleibt dunkel im Zimmer, während Deine Augen alles hell machen würden. Das Leben ohne Dich ist nicht auszuhalten ... Unmöglich, Dir zu schildern, wie ich leide, ohne Deine holde Stimme und die Lieder und das Schreien unserer lieben Andromachidion ... Du mußt mit dem nächsten Schiff zu mir kommen und hier wenigstens zwei Wochen bleiben, wenn Du nicht länger magst.«

Und Sophia kam und brachte beide Kinder mit. Ein nettes Zimmer war in der großen, neugebauten Baracke für sie eingerichtet worden. Nikolaos und eine Dienerin, ein junges, munteres Mädchen aus seiner Verwandtschaft, standen zu ihrer alleinigen Verfügung.

Auf der höchstgelegenen Terrasse des Burghügels konnte Dörpfeld die Grundrisse der beiden großen Gebäude der zweiten Stadt in dem vom Trümmerschutt völlig geräumten Gelände aufdecken. Er zeigte sie Schliemann und Sophia.

»Ein Tempel?« fragte Schliemann.

»Man kann es mindestens annehmen, den Ausmaßen und der Ähnlichkeit mit frühgriechischen Tempelgrundrissen entsprechend: 30 Meter in der Länge und zehn Meter in der Breite; genau ein Drittel der Länge ist Vorhalle. Und hier, sehen Sie, wenigstens zum Teil erhalten: Steinfundamente, die zweifellos Holzsäulen trugen, auf denen die Hallendecke ruhte. Die Konstruktion der Decke ist kaum anders denkbar, als daß sie aus runden oder behauenen Balken bestand, auf denen das aus Lehm- und Schilfmörtel hergestellte horizontale Dach lagerte. Den Fußboden bildeten grüne Schieferplatten oder – wie in mehreren Räumen der anderen Gebäude deutlich erkennbar ist – gestampfte Kieselsteine.«

»Siehst du, Sophidion«, sagte Schliemann mit glücklichem Lächeln, »du darfst nur in der Nähe sein und schon ist Fortuna uns hold! Morgen soll dir zu Ehren ein Feiertag sein!«

Wie ein Gewitter brach jedoch in die fröhliche Stimmung

der Befehl, den ein türkischer Offizier im Auftrag des Festungskommandanten von Kum Kaleh überbrachte.

Beder Eddin Effendi – »ein Ungeheuer von Aufseher«, wie ihn Schliemann bezeichnete – hatte dem Militärgouverneur in den Dardanellen von den Messungen und Planzeichnungen berichtet, und dieser hatte sogleich dem Großmeister der Artillerie in Konstantinopel, Said Pascha, Meldung erstattet mit der Bemerkung, daß die Herren die Ausgrabungen in Troja nur als Vorwand benutzten, um die Pläne der Festung von Kum Kaleh aufzunehmen.

Umgehend wurde durch das Kriegsministerium mit sofortiger Wirkung verboten, auf Hissarlik zu fotografieren und zu zeichnen, irgendwelche Notizen zu machen, Pläne anzulegen oder gar Vermessungen vorzunehmen. Ein Kommissar mit etlichen Gendarmen als Gehilfen hatte die strenge Einhaltung dieses Befehls zu überwachen.

»Was soll diese verdammte Schikane? Dieser aufgelegte Unsinn!« fuhr Schliemann den Beamten Beder Eddin an. Er hätte in dieses grinsende Idiotengesicht hineinschlagen mögen, als ihm der Aufpasser erklärte:

»Nach Ansicht des Großmeisters der Artillerie sind Sie ein Spion! Sie brauchen die Ausgrabungen in Troja nur als Vorwand, um Pläne der türkischen Festungen am Hellespont zu machen!«

»Kum Kaleh liegt einige Kilometer weit entfernt und ist von hier aus gar nicht zu sehen! Oder sehen Sie es vielleicht? – Alles Ausflüchte, Lügen, an die selbst der nicht glaubt, der sie ausgesonnen hat. Scheren Sie sich! Ihr Kanonenmeister mag selbst kommen und sich überzeugen, daß wir hier Wichtigeres und Nützlicheres zu tun haben als unsichtbare Forts am Hellespont in Geheimakten aufzunehmen!«

»Ich werde hier bleiben und meinen Befehl ausführen«, grinste der Türke. »Und wenn diese Herren ihm zuwiderhandeln, werde ich sie von den Gendarmen in Fesseln nach Konstantinopel bringen lassen!«

Schliemann war außer sich. Ein Dutzend wütende Briefe und Telegramme gingen nach Berlin und Konstantinopel. Ohne Erfolg. Er schrieb an den Erbprinzen Bernhard: »Ich bin nicht eitel; ich bitte nichts für mich selbst, aber ich habe den Stolz meiner Menschenwürde und dieser empört sich bei einer solchen Behandlung!«

Er schrieb an den Generaldirektor der Staatlichen Museen in Berlin, Schöne, den stillen, aber einflußreichen Förderer Schliemanns: »Bitte erlangen Sie von Seiner Majestät dem Kaiser einen autographen Brief an den Sultan wegen Aufnahme der Pläne von Hissarlik, denn sonst kommen wir ja nie zum Ziel... Daß seine Majestät bäte, die albernen Einwände eines unwissenden Offiziers durch ein Machtwort zu beseitigen und Befehl zu geben, daß es augenblicklich gestattet werde, Pläne der Akropolis und der Unterstadt von Hissarlik mit dem Meßtisch aufzunehmen...«

Natürlich gelang es, ungeachtet der Wachsamkeit Beder Eddins, alle Notizen, die benötigt wurden, zu machen; aber an Messungen war nicht zu denken.

Und dabei, um das Maß des Unerträglichen voll zu machen, brütete nun die sengende Sonnenhitze in den Sümpfen drunten die giftigsten Fieber aus.

Sophia und die Kinder waren noch rechtzeitig vor dem Ausbruch der Seuche nach Athen zurückgereist.

An einem wolkenlos heißen Tag schien plötzlich die Sonne sich zu verfinstern. In kürzester Zeit verschwanden die hellgestrichenen Wände der Holzhütten bis zum Dach unter einer dicken schwarzen Schicht von Heuschrecken, Milliarden von Heuschrecken! Nach zwei Tagen waren Wiesen und Kornfelder leergefressen. Die Ernte des Jahres war vernichtet, den Schaf- und Ziegenherden kaum noch ein Büschel Gras und Kräuter übriggelassen.

Die Zahl der Malariakranken nahm in erschreckendem Maß zu. Schliemann ging dem Fieber mit bitterem schwarzen Kaffee und Unmengen von Chinin zu Leibe.

Und doch mußte gerade diese so höchst bedeutsame Ausgrabung zu einem bestimmten Abschluß kommen.

»Nur noch zwei Wochen! Wir müssen durchhalten!«

Da wurde auch Schliemann von hartnäckigem Keuchhusten und einem heftigen Malariafieber befallen. »Es geht mir höchst traurig«, schrieb er Freund Virchow. »Ich erhielt vor vier Tagen ein sehr heftiges Malariafieber, auf welches weder Chinin noch Kaffee die geringste Wirkung hatte.« Den Tag danach aus der Dardanellenstadt: »Soeben bin ich zu Pferd von Hissarlik gekommen, um zu versuchen, durch den Luftwechsel zu genesen. Die Strecke, welche ich hundertmal in sechs Stunden hin und zurück durchjagte, vollendete ich jetzt mit größter Mühe in sechseinhalb Stunden. Da ich fortwährend einschlief, so mußte auf jeder Seite ein Diener neben mir reiten.«

Nach einigen Tagen fühlte er sich wieder gesund und kräftig genug, die Rückreise nach Hissarlik anzutreten, um dort den Aufbruch in die Wege zu leiten.

Fünf Tage lang war eine kleine Kamelkarawane hin und her unterwegs, um die neu gemachten Funde von Troja bis zum Hafen zu bringen.

Noch einmal – es war Ende Juli geworden – stand Schliemann mit Dörpfeld und Höfler zusammen auf dem Hügel der Troas. »Wir können zufrieden sein!« sagte er und drückte beiden anerkennend die Hand.

»Du, mein alter Getreuer«, wandte er sich an Nikolaos, »sieh nach dem Rechten und bleibe gesund, bis ich wiederkomme! Uns beide läßt Troja nicht mehr los, – vielleicht wird es uns einmal ganz behalten. Die Götter wissen's.«

Im warmen Sand vor dem Holzhaus rekelte sich die Katze mit ihren vier Jungen.

»Wie werden die Katzen reisen?« fragte Schliemann.

»Sie werden hierbleiben, Herr.«

»Nein, sie kommen mit! Bringe sie in einem Korb aufs Schiff!«

Dort sah man die Passagiere nicht gern. Man verweigerte

dem Diener einen Teller, als er einen solchen erbat, um den Tieren das Fressen vorsetzen zu können.

»Gib mir Orangen, Oedipus!« sagte Schliemann, zog sein Taschenmesser, halbierte die Orangen, höhlte sie aus – und die Teller waren fertig. Und so fütterte Schliemann die Katzen täglich in Orangenschalen mit Milch, bis sie alle wohlbehalten in Athen ankamen.

Besuch in der Heimat

Mitte November 1882 endlich erwirkte nach einer Intervention des Reichskanzlers Bismarck der deutsche Botschafter in Konstantinopel vom Sultan persönlich die Erlaubnis zur Anfertigung von genauen Meßtischplänen der Akropolis und der trojanischen Unterstadt. Schliemann schickte sofort seine beiden Architekten nach Hissarlik, damit sie das Versäumte – das heißt bisher stur Verbotene – noch vor Anbruch des Winters nachholen konnten. Von einer großen Sorge befreit, atmete er auf. Ohne diese Pläne wäre die Arbeit der vergangenen fünf Monate umsonst gewesen.

Im August hatte er sich mit Sophia zur Erholung nach Marienbad begeben. Dann ging die Reise über Dresden nach dem französischen Bad Boulogne sur Mer. Plötzlich wurde Schliemann wieder vom Malariafieber befallen und mußte wochenlang, fast ohne Hoffnung auf Genesung, in Paris liegen. Er war glücklich, Ende Oktober endlich wieder in Athen und in seinem schönen neuen Haus zu sein.

Könige besuchten ihn, bei Königen war er zu Gast – in seiner ganzen Haltung selbst ein König, dem alle Liebedienerei und Unterwürfigkeit ein Greuel war.

Den Geringsten im Volke, aus deren Armut er selbst emporgestiegen war, bewahrte er immer ein freundliches Herz. Wo es Not zu lindern galt, da schenkte er gerne und reichlich. Wie oft beschenkte er Kinder, stieg, wenn er einen Blinden oder Krüppel am Straßenrand kauern sah, von seinem Wagen, trat zu dem Armen und legte ihm ein Geldstück in die Hand.

Bäume liebte er, besonders die hohen, einsamen und windumwehten, die auf karger Erde Wind und Wetter trotzten.

Und immer mußten Tiere um ihn sein. Zu den offenen Fenstern des Arbeitszimmers, die den Blick zur Akropolis freigaben, drang das Gurren der Tauben herein, von denen er einen ganzen Schwarm im weißgestrichenen Taubenhaus seines Gartens hielt, und die Katzenfamilie hatte ihr eigentliches Daheim auf den Bücherregalen und dem Schreibtisch des Hausherrn.

Pünktlich war ein fester Tagesplan vom Aufstehen bis zum Zubettgehen einzuhalten. Nach dem täglichen Bad im Meer wollte er den Morgen über ungestört sein. Manchmal aber, wenn Agamemnons helle Knabenstimme oder Andromaches fröhliches Singen durch das Haus hallten, legte er die Feder aus der Hand und lauschte, von Glück erfüllt, dem lebenslustigen Treiben.

Andromache wagte es aber doch, gelegentlich den Kopf durch den Türspalt zu stecken und mit einschmeichelnd lieber Stimme zu fragen:

»Darf ich?«

»Was hat mein kleines Mädchen wieder auf dem Herzen?«

»Du wirst doch Wort halten, Vater? Ja? Und heute abend von Ankershagen erzählen ... Weißt du, von deiner Freundin Minna und dem See Silberschälchen und der goldnen Wiege im Hünengrab ...«

»Ja, Andromachidion – heut, gerade heut ... Sag mal, siehst du durch Wände und Türen? Oder siehst du gar in mich hinein?«

»O ja, das tu ich! Ich sehe ganz tief da hinein«, antwortete Andromache und drückte den ausgestreckten Zeigefinger auf den Rock über des Vaters seltsam erregtem Herzen.

»Weißt du, daß ich soeben an ein altes liebes Mütterchen, das Minna heißt, nach Mecklenburg geschrieben habe, ob sie sich noch an die schönen Jugendtage in Ankershagen erinnere und daß ich sie bald einmal wiedersehen möchte? – Mir ist, es sei eine Ewigkeit her, seit ich von zu Hause in die Welt hinausgezogen bin.«

Lange noch, nachdem Andromache wieder leise durch die angelehnte Tür entschlüpft war, saß Schliemann in Gedanken versunken am Schreibtisch. Noch nie war in ihm das Verlangen nach einem Besuch in der Heimat so sehnsüchtig laut gewesen wie in diesen Tagen. Er mußte noch einmal heim nach Ankershagen. Bald ... ehe es zu spät war.

In der Dämmerung, die Sonne war gerade purpurfarben über der Akropolis untergegangen, standen Schliemann und das Töchterchen auf dem Dach des Hauses. Da fragte Andromache: »Vater, was ist Ewigkeit?«

Da wies er nach einem kurzen Schweigen mit der Hand zum Meer hin und sagte:

»Denke dir, Andromache, ein Marmorblock, so groß wie von hier bis zum Piräus, und alle tausend Jahre wird ein Stück Seide darauf entlanggezogen, – bis dann der Marmorblock durchgescheuert ist, das ist die Ewigkeit.«

Einmal noch mußte er seine Heimat wiedersehen – Ankershagen, das Vaterhaus, die Freunde alle, denen er im Herzen immer verbunden geblieben war. In Ankershagen wollte er sich einmal, von aller Arbeit fern, ausruhen, und nirgend anderswo als im alten Pfarrhaus wollte er dann wohnen.

Er hatte schon vor längerer Zeit bei Pastor Becker angefragt, ob er bereit wäre, ihm und seiner Familie einen Sommeraufenthalt im Ankershagener Pfarrhause zu gewähren: vier bis fünf Wochen, den ganzen oberen Stock, für fünf Personen bei voller Verpflegung.

»Wie sehne ich mich danach«, hieß es da in dem Brief, »mich einmal eine Woche lang am Mühlensee hinzulegen und auszuruhen, denn ich habe mich seit Jahren überarbeitet.«

Der gute Pfarrer wollte seinen Augen nicht trauen, als er die Summe las, die Schliemann in seinem Angebot nannte. Es fiel ihm nicht schwer, ja zu sagen.

Nun war also das Telegramm eingetroffen, das Schliemanns Besuch für Anfang Juni anmeldete. Frau Pastor und die Kinder sorgten dafür, daß die große Neuigkeit wie ein Lauffeuer durchs Dorf ging. Ganz Ankershagen war in heller Aufregung.

»Nu hürt mal tau! De rik Hinrich Schliemann?«

»Den möten wi uns mal ankieken, wat ut em woll worden is! So wat erlewen wi nich all Dag, dat ut so'n arm Pasturnjung en Millionär un Herr warden tut, wo alle Welt run'um mit Namen kennt!«

»Blivt aberst de Frag, ob hei ok Lust hett, uns tau kennen.«

Sie erwarteten einen Mann, der sich furchtbar vornehm gab, nichts als Ansprüche stellte und auf ihr plattdütsches Gesnack nur mit einem Lächeln und Kopfschütteln antworten würde.

Und dann fuhren eines Tages um die Mittagszeit zwei Kutschen vor dem Pfarrhaus vor. Was Beine hatte, war herbeigelaufen und drängte sich neugierig, aber doch in gemessenem Abstand um die Wagen.

Ein hagerer, bleicher Herr, dessen feine Kleidung den reichen Mann verriet und der mit seiner hohen Stirn und der goldenen Brille wie ein richtiger Gelehrter aussah, trat mit einem freudestrahlenden Blick in die Runde dem Pastor entgegen und sagte: »Gauden Dag tausamen! Dor wiern wi also nu ennlich mal wedder tu Hus!«

»Wat heww ick seggt?« war da die laute Stimme des alten Fischer-Jehann zu vernehmen. Er kannte nämlich den Heinrich noch von der Schulzeit her. »Uns Hinrich is en richtigen Meckelnbörger bliewen, wo sin Herkamen nich vergeten hett!«

»Un ob hei en Meckelnbörger bliewen is! En gauder Ankershagener bün ick, min leiwer Jehann!« sagte Schliemann lachend und schüttelte ihm und allen, die gerade um ihn herstanden, herzlich die Hand.

Und während er seinen Blick über die ihn umdrängenden Landsleute hingehen ließ und in ihre guten, frohen Gesichter sah, sagte er: »Jo, dor hewwt ji's nu in de leiwen Heimat tau Glück un Ihr (Ehre) bröcht, mitdewil müßt ick mi in wider Firn herümmerstriden un abpisacken!«

Das war ein Staunen und Raunen über die junge, schöne, dunkeläugige Frau und die beiden Kinder mit den fremdländischen Namen. Nun hatte man einmal ein Ereignis im Dorf, das reichlich Anlaß zu Gesprächen und Erinnerungen gab.

Als sich die Leute wieder verlaufen hatten, galt Schliemanns erster Gang der alten Linde im Pfarrgarten. In ihren Stamm hatte er als Zehnjähriger die Anfangsbuchstaben seines Namens eingehauen – und zu seiner Freude waren sie noch, nach fünfzig Jahren, deutlich zu erkennen.

Dann trat er durch die quietschende Tür ins Pfarrhaus. Ja, es war das alte, liebvertraute Haus, wie er es aus seinen Jugendtagen als lebendige Erinnerung in sich bewahrt hatte. Da war die geräumige, dämmrig-kühle Diele, in der sie sich einst als Kinder getummelt hatten, die große Wohnstube, die immer noch knarrende Treppe in den oberen Stock, wo im Giebel gegen den Garten hin sein Arbeitszimmer lag.

Hier war er hinter seinen Büchern und Heften gesessen. Hier hatte ihn der Vater die ersten Anfänge des Latein gelehrt, und dort war zum ersten Male das Zauberwort Troja an sein Ohr gedrungen.

Troja ...

In Ankershagen – so konnte man sagen – wurden Hacke und Spaten zur Ausgrabung von Troja geschmiedet. Hier begann es, unter diesem Dach in einem armseligen mecklenburgischen Tagelöhnerdorf. Und nun, nach mehr als fünfzig Jahren, lagen die goldenen Schätze jener untergegangenen Königsburg, von ihm aus dem Schutt der Jahrtausende wieder ans Licht gehoben, unter dem Dach eines schimmernden Palastes in Athen.

Was für ein wundersames, abenteuerliches Leben lag dazwischen!

Schliemann stand am Fenster der Dachstube und blickte

hinaus über Garten, Wiesen, Kolk und Heide zu dem niedrigen Föhrenhügel am fernen Horizont. In der mächtigen Krone der alten Linde rauschte der Wind, Vögel sangen, Enten schnatterten am Teich, und der Storch flog nahe an ihm vorbei zum Nest auf dem strohgedeckten Scheunendach. Wie einst...

Die Kinder riefen nach ihm. Trappelten die Treppe herauf. Tuschelten zusammen vor der Tür.

»Vater, Frau Pastor läßt fragen, was du zum Abendessen haben möchtest«, berichtete Andromache.

»Dickgrütt will ick hüt abends eten, un morrn tau Middag Arvten mit Swinsuhren!«

Andromache lachte hellauf und versuchte ein paar Worte nachzusprechen. »Dick..grütt und Swins..uhren – lustig klingt das, Vater!«

»Schön klingt das, Andromachidion. Rein un klor un läwig is uns Meckelbörger Sprak. Du mußt sie lernen, solange wir in Ankershagen sind! Dann kannst du schon sechs Sprachen und hast mich bald eingeholt.«

Und die sprachbegabte Andromache lernte mit Eifer und großem Spaß das mecklenburgische Platt und war mächtig stolz, nach ein paar Wochen mit dem Vater und den Ankershagener Mädchen in schönstem Plattdütsch snaken zu können.

In den ersten Tagen zwar waren die Kinder immer etwas verlegen, wenn man sie von den Spielkameraden weg mit ihren langen, seltsamen Namen rief.

»Ich möchte auch lieber, wie Küsters Mädchen, Miken heißen und Agamemnon lieber Jochen«, sagte Andromache zum Vater.

»Wat du för Snicksnack in'n Kopp hest! Jüstament anners herüm maken wi dat!« antwortete er und taufte die ganze Pastorenfamilie samt Knecht und Magd auf Homerisch um. Sie hießen für die ganze Feriendauer Demosthenes, Hekuba, Nausikaa, Astyanax, Bellerophontes und Kirke.

»Un nu, Andromachidion, mak't ok so bi de lütten Dörpmäken.«

Die Kinder fühlten sich in Pfarrhaus, Dorf und Umgebung rasch daheim und wußten nicht genug von kleinen und lustigen Erlebnissen zu erzählen. Gerne hätte Andromache mit dem Vater »up Platt gesnackt«, denn er hörte und sprach am liebsten nur noch Ankershagerisch. Aber die arme Mutter sollte doch auch mitreden können, und so wurde, wenn auch nicht das gewohnte Griechisch, so doch Französisch und Englisch gesprochen.

Der fünfjährige Agamemnon durfte nur unter der Obhut der Dienerin ausgehen; Andromache aber war schon ein großes Mädchen und konnte allein ihre Streifzüge unternehmen. Sie war doch schon zwölf Jahre alt.

Nun waren sie aber den dritten Tag hier und wollten endlich mal mit dem Vater alle Plätze aufsuchen, an denen die schönen Geschichten spielten, die er ihnen zu Hause erzählt hatte. So mußte denn der Vater einmal für einen Tag seine Besuche bei alten Freunden und Bekannten aufschieben und mit ihnen den kleinen runden See »Silberschälchen« und den »Wall«, in dem die goldene Wiege begraben lag, und den runden Turm und das uralte graue Schloß des Henning Bradenkierl aufsuchen.

»Was sind das für Steinkisten, Vater, mitten drin in der Heide?« fragte Agamemnon.

»Das sind Hünengräber, mein Junge.«

»Gräber? Hu! In Griechenland sind sie viel größer.«

»Vielleicht liegen aber darunter germanische Könige begraben.«

»Hatten die auch so große Goldschätze wie die Könige in Troja und Mykene?«

»Nein, so schöne und reiche sicherlich nicht.«

»Dann brauchst du auch hier nicht zu graben und unnötig Geld auszugeben. Nicht wahr, Vater?«

»Du hast recht, Agamemnon«, erwiderte der Vater. »Lassen wir's. Oder – graben wir, wenn wir wiederkommen. Wer weiß.«

Andromache entdeckte in einem Birkenwäldchen Rehe. Ein Hase sprang ein paar Schritte vor ihnen über den sandigen Heideweg. Rebhühner rauschten aus einem Roggenfeld auf, und ein Bussard kreiste, heisere Rufe ausstoßend, über dem dunkeln Kiefernwald.

»Die weißen Birken mit ihren wehenden blonden Haaren gefallen mir«, sagte Andromache. »Wenn wir abreisen, mußt du eine mitnehmen nach Athen und sie in unsern Garten pflanzen.«

»Und wo ist nun das Grab des bösen Raubritters Henning zu sehen und sein linkes Bein mit dem schwarzen Seidenstrumpf, das aus dem Grab herauswächst?« fragte ungeduldig der kleine Agamemnon.

»Auf dem Friedhof bei der Kirche«, sagte der Vater. »Wir wollen nachher daran vorbeigehen. Aber das Bein war längst schon abgebrochen, als ich noch ein Junge war wie du. Der Küster Prange und der Totengräber Wöllert haben mir nur davon erzählt.«

»Schade«, seufzte Agamemnon, »das Bein hätt' ich gerne gesehen.«

»Und wen, meinst du, wen ich jetzt gerne mal anschauen möchte, Agamemnon? Die Mutter! Die ihr stundenlang allein in Pastors Stube sitzen laßt, wo sie sich gewiß langweilt. Holt sie schnell in den Garten! Sagt ihr, die Immen summen so schön im Lindenbaum und die Maikäfer fliegen.«

Ein Frühaufsteher blieb Schliemann auch während seiner Ankershagener Ferientage, und sein gewohntes Freibad mochte er sich keineswegs entgehen lassen.

Früh um vier Uhr stand er auf und ritt auf dem braven alten Schimmel des Pfarrers zu dem einige Kilometer entfernten Bornsee. Dort ließ er sich von seinem Jugendfreund, dem Fischer Ihlenfeld, auf den See hinausrudern und sprang vom Kahn aus ins Wasser.

Auf dem Heimritt suchte er meist alte Bekannte auf, unterhielt sich ein Viertelstündchen mit ihnen und drückte ihnen beim »Up-Wedderseihn-Sagen« verstohlen einen Taler in die Hand.

Wenn er dann gegen sieben Uhr zurückkam, nahm er ein einfaches Frühstück zu sich, stieg in sein Arbeitszimmer hinauf und blieb bis Mittag unsichtbar. Ganz ohne etwas zu tun, hielt er es nirgends aus, und die Post sorgte auch in Ankershagen schon dafür, daß ihm die Arbeit nicht ausging. Fast täglich schleppte ihm der Briefträger einen Packen Druckfahnen in Deutsch, Englisch und Französisch ins Haus; die mußten korrigiert werden, damit sein neues Buch über Troja rechtzeitig erscheinen konnte.

Noch ehe die erste Ferienwoche zu Ende war, rückten die Besuche an. Sie kamen teils zu Fuß, teils mit Pferdegespannen angefahren. Vaters Schwestern, die Tante Luise und die Tante Düz, freundliche liebe Landfrauen mit großen bunten Blumensträußen und Körben voller Torten und Süßigkeiten.

Sie alle hatten dem großen Mann, ihrem Hinrich, zu danken, der sie durch all die vielen Jahre regelmäßig mit reichen Geldgeschenken bedacht hatte. – Er hatte dem Vater einen Hof im Ostpreußischen gepachtet und ihm und den Schwestern eine jährliche Rente ausgesetzt. Und nicht nur sie, die nächsten Verwandten, auch zahlreiche alte Tagelöhner und arme Weiblein aus Ankershagen klopften bei Gelegenheit im Pfarrhaus an und drückten dem guten, verehrten Freund die Hand für die gespendeten Taler, mit denen er ihnen so oft aus ihrer Not geholfen hatte.

»Nu lat man gaud sin, is al in Ornung, Mudding. – Snack nich so vel, leiwer Krischan, büst en oller Kirl, der't woll bruken kunn«, antwortete Schliemann und fing von andern Dingen zu sprechen an.

Dann traf eines Tages aus Neustrelitz ein graues, altersschwaches Männlein ein, dem die Tränen in den Augen standen, als Schliemann ihm mit offenen Armen entgegeneilte.

»Andreß! Mein guter oller Korl!«

Sophia mußte sogleich kommen, den lieben »Professor« von

einst zu begrüßen, der den Zehnjährigen als Hauslehrer in Kalkhorst das Latein gelehrt und sein Herz für die Griechen und Trojaner entzündet hatte.

Welch eine Freude war es für Schliemann, nach fünfzig Jahren den lieben, hilfreichen Freund wiederzusehen!

»Oolt sind wi tausamen worden, oolt, Hinrich. Un en Lewen vull Mäuhen un Arbeit ... jo, jo. Äwerst ick heww ümmer seggt, de Hinrich giwwt noch woorhaftig en berühmten Mann.«

Andreß blieb auf Schliemanns Einladung über die ganze Zeit seines Aufenthalts in Ankershagen, damit er sich einmal ein bißchen erhole.

»Ach, Herr Schliemann«, sagte der Alte gerührt, »wenn ich Sie nicht hätte, wäre ich längst verhungert. Wie soll ich Ihnen danken?«

»Nich so vel snacken, leiwer Andreß!«

Ein ebenso freudiges Ereignis war der Besuch Minna Meinckes, der geliebten Jugendfreundin, die nun Richers hieß und eine zufriedene Gutspächtersfrau war. Als die Kutsche vor dem Pfarrhaus vorfuhr, lief Schliemann ans Gartentor, hob ein dickes Frauchen in schwarzem Seidenkleid aus dem Wagen und küßte es in überschwenglicher Freude bald links bald rechts auf die roten Backen.

»Minna! Meine liebe alte Minna!« konnte er nur immer wieder sagen, indes die gute Frau, verwirrt und sehr verlegen, die ihr allzu stürmisch erscheinende Begrüßung über sich ergehen ließ.

Siebenundvierzig Jahre war es her, daß sie einander zum letzenmal sahen.

»Weißt du noch, damals ...? Kannst du dich noch entsinnen ...?«

Mit solchen Fragen führte Schliemann die Gefährtin seiner Jugend in das verlorene Kinderland zurück.

»Ich hatte immer eine besondere Neigung für alles Geheimnisvolle und Wunderbare«, begann er. »Doch wenn mich auch alle andern verlachten, du allein hast mit mir geglaubt, daß ich einmal das versunkene Troja ausgraben werde, und in den dunkelsten Tagen in Fürstenberg, in Hamburg und Amsterdam hat der Gedanke an dich mir die Kraft zum Durchhalten gegeben. Einmal mußte ich dir das sagen; und heute tu ich's, spät genug, aber aus ehrlichem Herzen. Das Schicksal, das mit uns Menschen nach seinem Willen spielt, hat mir nicht früher Gelegenheit dazu gegeben.«

»Aber das Schicksal war dir gut, Heinrich, und dafür kannst du ihm nur dankbar sein. Dabei denke ich nicht nur an den reichen Mann und den Entdecker Trojas«, sagte sie und wies mit den Augen zu Sophia hinüber, die mit den Kindern durch den Garten ging: »Sie ist der größte Schatz, den du entdeckt hast!«

»So komm, meine alte Freundin, und begrüße sie«, erwiderte er froh bewegt und führte Minna zu seiner jungen Gattin.

Wie so ganz anders war ihr Leben verlaufen, als sie beide es sich damals gedacht hatten. Nun war jene Jugendzeit in Ankershagen nur noch eine ferne, schöne Erinnerung. Verklärte Erinnerung... Und unvergeßlich wie sie würde auch dieser Tag des Wiedersehens in der Heimat in ihren Herzen bleiben.

Und noch einmal wurden längstvergangene Zeiten wach. Eines Abends trat ein ziemlich ergrauter und von der Arbeit gebeugter Mann in Schliemanns Studierstube.

»Wenn de Herr Dokter wullt so fründlich sin un erlowen, dat de olle Niederhöffer ok mal wedder tau em reinkikt?« fragte er, die mehlbestaubte Mütze in der Hand. Und alsbald begann er, wenn auch nicht in einwandfreiem Griechisch, homerische Verse aus der »Ilias« zu zitieren.

»Woorhaftig, hei is't – de Niederhöffer! De Möllergesell von dunnemals im Kramladen in Fürstenberg!«

Es werde wohl angebracht sein, wenn sie das Wiedersehen bei einem Gläschen Kornschnaps feierten, meinte Schliemann mit einem Augenzwinkern. Damals, als sie einander zum erstenmal begegnet seien, hätten sie ja auch Schnaps gegen Homer getauscht.

Da lachte der alte Niederhöffer und ließ den armen Kaufmannslehrling hochleben, der inzwischen zu einem reichen und berühmten Mann geworden sei.

»Jojo, dat is binah nich tau glöwen«, sagte er, »wenn man sick so beim Taurüggschaun öwerleggen deiht, wat in viertig Joor nich allens passiren kann!«

Schliemann war glücklich. Die Heimat und ihre Menschen, die Jugend, die so lebendig gegenwärtig an ihm vorüberzog, belebten und verjüngten ihn.

Kleine Ausfahrten mit der Familie führten ihn gelegentlich zu seinem Schulfreund Wilhelm Rust nach Neustrelitz; nach Kalkhorst, wo er im Hause des Onkels zwei Jahre lang gelebt und Lateinstunden bei dem Kandidaten Andreß bekommen hatte, und natürlich auch nach Fürstenberg in Hückstädts Krämerladen.

»An Fürstenberg, wo ich fünfeinhalb kostbare Jugendjahre nutzlos verbrachte, habe ich keine guten Erinnerungen«, sagte Schliemann. »Du, Sophia, und auch ihr Kinder sollt jedoch alle Stätten, soweit sie uns erreichbar sind, gesehen haben, mit denen ein Stück meines wechselvollen und abenteuerlichen Lebens verbunden ist.«

Mitte Juli nahmen sie von Ankershagen Abschied und fuhren nach Athen zurück.

»In eure Heimat, die nun längst auch die meine, meine schöne Wahlheimat geworden ist«, sprach Schliemann mit einem glücklichen Lächeln auf dem Gesicht.

Eine kleine weiße Birke aus der mecklenburgischen Heide reiste mit ihnen nach der fernen Küste Griechenlands.

Tiryns

Durch die Veröffentlichung der beiden Bücher »Ilios« und »Orchomenos« und nicht zuletzt durch die Ausstellung der Schliemannschen trojanischen Sammlung in Berlin war das Interesse an der Persönlichkeit des Forschers und am hellenischen Altertum neu belebt worden. Die europäische Presse brachte Berichte der Zustimmung und Bewunderung.

Auch aus Frankreich ließ sich wieder eine anerkennende Stimme hören. Der bedeutende Pariser Kunsthistoriker George Perrot, der zusammen mit dem Architekten Charles Chiepiez an einem großen Werk über die »Geschichte der antiken Kunst« schrieb und anfänglich ein Anhänger der Bunarbaschi-Theorie Lechevaliers gewesen war, hatte sich schon 1882 in einem Vortrag über Troja und Mykene zu Schliemanns Ansichten bekannt. Nun bedankte er sich herzlich für »das schöne Buch ›Troja‹«, das ihm der Verfasser zugesandt hatte und versicherte ihm: »Sie können gewiß sein, daß Sie einen großen und schönen Platz in meiner Kunstgeschichte erhalten werden.«

Besonders in England erkannte und achtete man die Großtat des Selfmademan. In seiner Vorrede zu Schliemanns 1884 erschienenem Buch »Troja« schrieb der Oxforder Assyriologe A. H. Sayce: »Es ist kein Wunder, wenn eine so wunderbare Aufdeckung einer Vergangenheit, an welche zu glauben wir aufgehört hatten, viele Kontroversen erweckt und in unsern Vorstellungen von der griechischen Geschichte eine stille Umwälzung hervorgebracht hat. Es ist kein Wunder, wenn anfänglich der Entdecker, welcher die festgewurzelten Vorurteile des Geschichtsschreibers so ungestüm bekämpft hatte, einem Sturm von empörter Opposition oder versteckter Angriffe begegnete ... Kein fachgelehrter Archäologe in Griechenland oder in Westeuropa bezweifelt jetzt die durch Dr. Schliemanns Ausgrabungen festgestellten hauptsächlichen Tatsachen ... Er hat im Studium des klassischen Altertums eine neue Ära eingeführt; er hat in unsern Vorstellungen über die Vergangenheit eine Umwälzung hervorgebracht; er hat den Sporn gegeben zu jener ›Forschung mit dem Spaten‹ ... Die prähistorische Archäologie im allgemeinen verdankt Dr. Schliemanns Entdeckungen ebenso viel wie das Studium der griechischen Geschichte und der griechischen Kunst ihnen verdanken ... Dr. Schliemann hat sich in der Tat einen Namen geschaffen, der nie vergessen werden kann.«

1883 durfte er mit berechtigtem Stolz die höchste wissenschaftliche Anerkennung durch die Universität Oxford erleben, als ihm und dem König von Holland am 16. Juni das Doktordiplom überreicht wurde. Gleichzeitig ernannte ihn das Königliche College zum Ehrenmitglied.

Zweiundsechzig Jahre war Schliemann alt, als er sich mit der gewohnten Energie an eine große Aufgabe machte, die er zwar schon einmal begonnen, dann aber aufgeschoben hatte – die Ausgrabung der Königsburg Tiryns in der Ebene von Argos.

»Das ringsummauerte Tiryns«, wie Homer es in seiner »Ilias« nennt, lag auf einer niedrigen, langgestreckten Felsenhöhe, eineinhalb Kilometer vom Golf von Nauplia entfernt.

Wie die Mauern Mykenes, so lagen auch die ihrer Schwesterburg als gewaltiges Trümmerwerk offen zutage, kyklopisch aufgetürmt als Zeugen uralter Vergangenheit. Proitos, ihr erster König – so berichtet die Sage – habe einst sieben Kyklopen aus Lykien kommen lassen, damit sie die riesigen Mauern von Tiryns erbauten. Und es war nur natürlich, daß der stärkste aller griechischen Helden, Herakles, aus der Burg mit den mächtigsten Mauern der Welt stammte und von dort auszog, um seine zwölf berühmten Arbeiten zu verrichten.

Im Dunkel der Sage war diese historische Stätte versunken,

als ob sie nie wirklich gewesen wäre. Die Archäologen waren bisher achtlos daran vorbeigegangen. Sie sahen in diesen Mauertrümmern keine Überbleibsel vorhellenischer Zeit, sondern hielten sie für Reste einer mittelalterlichen Burg.

Schliemann aber glaubte wie in Mykene auch hier der Reisebeschreibung des Pausanias, in der er Tiryns' Mauern als ein Wunderwerk den Pyramiden Ägyptens gleichstellte. Er hatte bei seinem Besuch 170 nach Christus die Ringmauer noch stehen sehen, »erbaut aus unbehauenen Steinen, deren jeder so groß ist, daß ein Gespann von zwei Maultieren nicht einmal den kleinsten von der Stelle bewegen könnte«.

»Und diese Mauern, lieber Dörpfeld, sollen nicht erhalten sein?« sagte Schliemann mit einem ungläubigen Lächeln. »Wir werden sie finden!«

Als sie beide anfangs März 1884 in der Argolis eintrafen, prangten die Bäume bereits in üppigem Grün und die Wiesen in buntem Blumenschmuck. Schwärme von Kranichen, die hier kurze Zeit Rast gehalten, zogen am blauen Himmel nach Norden.

Am 17. März begannen die Ausgrabungsarbeiten. Schliemann hatte für die 60 bis 70 Arbeiter, meist Albanesen, seine erfahrenen und zuverlässigen Aufseher Georgios und Nicetas aus der Troas herübergeholt. Leider konnte er seinen alten, treuen Nikolaos, der fünfzehn Jahre an seiner Seite gewesen war, nicht mehr zu sich rufen; er war im August des vergangenen Jahres im Skamander ertrunken.

Als Depot für die Werkzeuge und Wohnung der Aufseher hatte Schliemann in einem alten Pachthof unterhalb der Burg einige Räume und einen Stall für sein Reitpferd gemietet.

Er selbst mit dem Diener Oedipus und Dr. Dörpfeld wohnten im Hotel in Nauplia. Und auch hier ließ er trotz seines Alters nicht ab von seinem gewohnten Tageslauf. Früh um ein Viertel vor vier Uhr stand er auf, schluckte eine Dosis Chinin gegen das Fieber und machte sich bereit, sein Bad zu nehmen. Pünktlich um vier Uhr erwartete ihn ein Bootsmann im Hafen und ruderte ihn in die offene See hinaus, in der er fünf bis zehn Minuten herumschwamm. Die Rückkehr in das Fahrzeug bedurfte einiger Übung und Gewandtheit: Schliemann mußte am Ruder emporklettern, um wieder in das schwankende Boot zu gelangen. Dann trank er im Hafencafé »Agamemnon« eine Tasse bittern schwarzen Kaffee. Sein Pferd stand schon beim Kaffeehaus bereit, und in 25 Minuten trabte er nach Tiryns hinauf, wo er noch vor Sonnenaufgang eintraf. Dann schickte er einen Diener mit dem Pferd nach Nauplia zurück, um Dr. Dörpfeld abzuholen.

»Was haben Sie heute vor, lieber Dörpfeld?« fragte er mit einem freundlichen Blick auf seinen jungen Mitarbeiter. »Es soll ganz nach Ihrem Kopf gehen. Ich vermute, hier keine großen Schätze zu finden; aber ich denke, dieses Tiryns muß einem Architekten wie Ihnen ganz besondere Freude machen.«

Und Dörpfeld machten das Vertrauen Schliemanns und die ihm gestellte große Aufgabe wirklich Freude. Das Ergebnis der insgesamt fünf Monate währenden Ausgrabungen erwies ihn als einen genialen Meister seines Faches.

Was sie antrafen, war eine wild von Gras und Buschwerk überwachsene, terrassenförmig ansteigende Bergfläche, da und dort von Mauertrümmern überragt. Bald aber wuchs aus dem 300 Meter langen und 100 Meter breiten Hügel eine gewaltige Burganlage, wie sie bisher auf europäischem Boden nicht gefunden worden war. Aus der natürlichen Gliederung des Bergrückens (25 bis 30 Meter über dem Meer) ergab sich für die einstigen Erbauer ganz von selbst eine Unter-, Mittel- und Oberburg. Doch es mußte erst eine drei bis sechs Meter hohe Schuttschicht beseitigt werden, ehe sich aus den Bauresten der Grundriß eines großen, in den Hauptzügen deutlich erkennbaren Fürstensitzes ergab.

Die Stärke der Umfassungsmauer betrug durchschnittlich sieben bis acht Meter; auf der Oberburg, wo der Königspalast lag, zwölf Meter und mehr. Einzelne Steinblöcke von zwei bis drei Metern Länge, einem Meter Höhe und einem

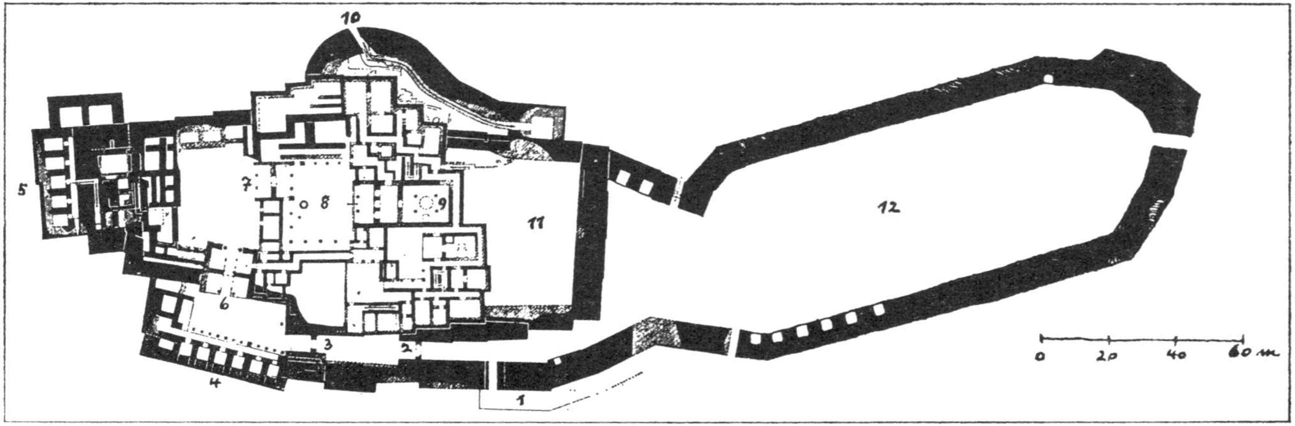

Plan der Burg von Tiryns: *1* Auffahrtsrampe, *2 u. 3* Festungstore, *4 u. 5* Kasematten, *6 u. 7* Hoftore, *8* Palasthof mit Altar, *9* Megaron, *10* Ausfallpforte, *11* Mittelburg, *12* Unterburg (Fluchtburg)

Meter Dicke – das bedeutete ein Gewicht von 100 Doppelzentnern – waren keine Seltenheit.

»Wahrhaftig, wie von Riesen erbaut! Aber – da es keine Riesen im Sinne von Märchen und Sage gegeben hat: Wie war es rein technisch möglich, Herr Dörpfeld, solche Mauern zu erstellen? Der Gesteinsart der Gegend nach sind die Blöcke nicht hier gebrochen, mußten also hertransportiert werden. Doch wie, ohne Kräne und Lastfahrzeuge, die es doch damals noch nicht gab?«

»Nicht anders als die ägyptischen Pyramiden, Herr Schliemann, – durch Menschenkraft, auf Rollen und Schleppschlitten!«

»Mit Tausenden von Sklaven und peitschenschwingenden Antreibern ... unter Flüchen und Blut! Es schaudert einen, nur daran zu denken!«

Schliemann ließ sich von seinem Assistenten führen, als wäre er ein Besucher. Sie stiegen die Festungsmauer entlang die vier Meter breite Rampe zum Haupteingang in der Mitte der Ostseite empor. Ein Torturm, der noch bis zu einer Höhe von sieben Metern erhalten war, flankierte zur Rechten diese äußere Burgeinfahrt. Dann führte zwischen düster aufragenden Mauerwänden langsam ansteigend ein fünf Meter breiter Gang zum zweiten Tor, das in seiner Gesamtanlage dem Löwentor von Mykene glich.

»Das ist ja ganz und gar mykenisch!« rief Schliemann.

»Ja. Aber sehen Sie hier drüben im Süden und Südosten – etwas völlig Neues!«

»Galerien? Spitzbogen?

»Und Kasematten, Magazinkammern für Waffen und Lebensmittel innerhalb der Festungsmauer. Die Mauer der oberen Burg ist, wie Sie sehen, in zwei Absätzen erbaut: eine Untermauer, die direkt auf dem Felsen steht, und eine um etwa acht Meter zurücktretende Obermauer, in der die Längsgalerien angelegt sind. Eine Verteidigungsanlage erster Ordnung!«

Über einige flache Treppenstufen führte der Weg zur Vorhalle des inneren Tors, in den geräumigen Außenhof und zuletzt durch ein großes, einst wohl sehr eindrucksvolles Prunkportal zu den eigentlichen Palastanlagen.

Der ganze Palastbereich war unter Dörpfelds Aufsicht sorgfältig ausgegraben und vom Trümmerschutt der eingestürzten Mauern, Wände und Decken gesäubert worden. Klar lag der Grundriß zutage. Es brauchte wenig, um vor der Phantasie des Beschauers wiedererstehen zu lassen, was hier einmal vor Jahrtausenden prachtvolle Wirklichkeit gewesen war: Ein weiträumiger Innenhof breitete sich vor dem Königspalast aus. Schattige Säulenhallen umgaben ihn auf drei Seiten. Dem Palasteingang gegenüber stand ein Altar, vielleicht Zeus oder der Erdgöttin Hera geweiht.

Zwei niedere Stufen führten von dem mit einem mosaikähnlichen Estrich belegten Hof zum Hauptgebäude empor. Zunächst in die säulengeschmückte Vorhalle. Drei hohe Flügeltüren verbanden sie mit dem Vorsaal, an den sich dann der große Männersaal, das Megaron, anschloß. In der Mitte des Saals lag die kreisrunde Herdstelle; vier mächtige Holzsäulen, die sie im Rechteck umstanden, trugen die weitgespannte Balkendecke.

»Und wie wundervoll dieser Fußboden! Wie ein buntes Teppichmuster!« rief Schliemann entzückt aus.

Er war aus Kalkestrich hergestellt und durch eingeritzte Linien in Quadrate eingeteilt. Die Quadrate waren rot, die schmalen Streifen dazwischen blau bemalt. Weiße Alabasterplatten bildeten den Sockel der Saalwände. Die Säulen waren mit leuchtenden Farben bemalt, die Wandpfeiler mit kostbaren Edelhölzern verkleidet.

Eine Seitentür des Vorsaals führte durch Korridore in zahlreiche kleinere Gemächer, darunter ein Badezimmer, dessen Fußboden drei auf vier Meter aus einem einzigen blauen Kalksteinblock bestand! Nach Dörpfelds Berechnung hatte er ein Gewicht von mindestens 400 Zentnern. Er lag leicht geneigt, damit das Wasser nach einer Seite durch unterirdische Röhren abfließen konnte. Über einer tönernen Wanne waren zwei Tongefäße, einst mit wohlriechendem Salböl gefüllt, in die Wand eingelassen.

»Mit welchem Prunk haben diese mächtigen Könige hier einst gelebt! Man möchte dies alles einmal mit Augen gesehen haben!« sagte Dörpfeld.

»Sie können es sehen, lieber Dörpfeld! Hören Sie Homer, wie er uns in der ›Odyssee‹ den Saal im Palast des Menelaos schildert:

Staunend schauten die Gäste sich um in dem Saale des mächtigen Königs.
Denn da war ein Glanz, als schienen der Mond und die Sonne
in dem stolzen Palast des ruhmgepriesnen Atriden ...
sahen rings in dem hallenden Hause den Glanz des Erzes und Goldes,
all das Elfenbein und Silber und glitzernden Bernstein ...
Und inmitten der Schar, da sang ein göttlicher Sänger
zu der Harfe ein Lied, und wie es begonnen, so traten
unter das fröhliche Volk zwei Tänzer und tanzten im Kreise ...
Als sich aber ihr Auge an all dem Schauen gesättigt,
stiegen sie zum Bad in blank geglättete Wannen,
dann mit Öl gesalbt und gebadet von dienenden Frauen
und mit wollenen Mänteln und Untergewändern bekleidet,
setzten sie sich auf Sessel, dem König Menelaos zur Seite.«

Schliemann, der seine Ahnung wieder einmal bestätigt sah, war glücklich über diesen Grabungserfolg in Tiryns.

Eine große Freude war es für ihn, als sein Verleger Eduard Brockhaus, der mit seinem Sohn Arnold auf einer Mittelmeerreise unterwegs war, auch einen kurzen Besuch in Tiryns machte. Eine besondere Ehre widerfuhr ihm aber durch den Erbprinzen Bernhard von Sachsen-Meiningen, der für drei Wochen Schliemanns Gast war und großes Interesse für seine Ausgrabungen zeigte.

Daß man seine Tätigkeit als wissenschaftliche Leistung allmählich auch in Deutschland gebührend einschätzte, verdankte er zu einem guten Teil dem Wirken einiger an der Archäologie interessierten Laien, die in Aufsätzen und kleinen Schriften Schliemanns Namen im Volk bekannt machten, – wie dem Direktor der Großherzoglichen Gemäldegalerie in Schwerin, Friedrich Schlie, und dem Gerichtsrat und Landtagsabgeordneten Schels in Regensburg, der schon 1873 Schliemann in Troja besucht hatte. Ihm schrieb Schliemann Ende 1884: »Zum Umschwung in der öffentlichen Meinung in Deutschland über mich haben Sie zuerst den kräftigsten Anstoß gegeben... Ich werde nie vergessen, daß Sie *alles* taten, meine Arbeiten zur Anerkennung zu bringen zur Zeit, als ich die ganze Presse und in der Tat die ganze öffentliche Meinung gegen mich hatte.« Und Schels antwortete ihm umgehend: »Sie beschämen mich. Was ich vor Jahren getan habe, ist nicht der Erwähnung wert. Aber *eines* freut mich stets: daß ich, Laie, niemals im Glauben an Ihre Entdeckungen und Aufstellungen gezweifelt habe, während die großen Sachverständigen zweifelten und selbst spotteten. Der Grund ist leicht zu finden: Das Gefühl des Neides war mir fremd, *ich* hatte keine Veranlassung dazu, aber die hochgelehrten Professoren, die Herren von der Zunft, gegenüber dem Autodidakten, dem self-made-man! Die Welt ist doch oft recht niederträchtig!«

Plötzlich überkam den Arbeitsbesessenen wieder das Verlangen, Frau und Kinder zu sehen. Er nahm das nächste Schiff und fuhr nach Athen. Schon nach wenigen Tagen brach er aber nach Breslau auf, um an der Jahreshauptversammlung der Deutschen Anthropologischen Gesellschaft teilzunehmen.

Die Nachricht, daß Schliemann zum Kongreß kommen und über seine jüngsten Ausgrabungen berichten werde, löste stürmische Freude aus. Die Stadt brannte zu Ehren der Gäste ein Feuerwerk ab. Den Höhepunkt der Illumination bildete der Augenblick, in dem am Ufer der Oder, in Feuerschrift geschrieben, die Namen der beiden bedeutendsten Männer dieses Kongresses aufleuchteten: Virchow und Schliemann.

Schliemann stand am Heck des Dampfbootes, das auf dem Fluß nach der Stadt zurückfuhr, und blickte sinnend auf das langsame Verlöschen der Schriftzüge am jenseitigen Ufer... Welcher der beiden Namen wohl zuerst erlosch? Es war der seine.

Im Gespräch mit einem Freund kam er später auf jenes eigenartige Feuerwerk zurück. »In Rußland«, spann er seine Erinnerung fort, »ist es bei einer Hochzeit Sitte, für Bräutigam und Braut zwei Kerzen aufzustellen. Der, dessen Licht zuerst erlischt, werde vor dem andern sterben – heißt es im Volke... So wird es auch hier sein. Niemand wird von mir mehr sprechen, wenn Virchows Name noch in aller Munde ist.« – Als ob er eine Vorahnung gehabt hätte, daß seine Zeit bald abgelaufen sei. Immer wieder ließ er in Briefen seinen vertrautesten Freunden gegenüber dieses dunkle Gefühl anklingen... »Es stehen noch so viele Forschungen auf meinem Programm... Ich möchte gerne noch Kreta ausgraben, ehe es mit mir zu Ende geht.« Dem alten Gladstone hatte er schon im Oktober 1883 geschrieben, mit seiner Gesundheit stehe es nicht gut. »Es mag mir wieder besser gehen«, fügte er an, »wenn ich mir etwas Ruhe gönne. Wenn dies der Fall ist, werde ich darangehen auf Kreta zu graben, das archäologisch noch jungfräulicher Boden ist. Doch dies auszuführen besteht kaum Hoffnung, da meine Tage gezählt sind.«

Gladstone säumte nicht, ihm in einem herzlichen Trostbrief zu antworten: »Ihr Brief bringt mir warnende und traurige Nachricht über Ihre Gesundheit. Sie haben nach meinem bescheidenen Urteil unserer Epoche Ihr Zeichen aufgedrückt und haben sich in der Urgeschichte der Menschheit einen unsterblichen Namen verdient. Vor den Augen unseres 19. Jahrhunderts haben Sie ein Beispiel wahrer Hingabe und Begeisterung gegeben, die dem Zeitalter des Glaubens Ehre gemacht hätte oder jedem anderen. Indes, ich hoffe, es möge Gott gefallen, Ihr Leben, Ihre Körperstärke und geistige Energie zu verlängern, um anderer fruchtbarer Arbeiten willen ... um Ihren

Ruhm noch weiter zu vermehren. Kommt dann der Tag, der uns allen bevorsteht, dann möge Ihr Blick so klar, Ihr Glaube so fest in Ihrer Vision der kommenden Welt sein, als sie es waren, da Sie mit sicherem Instinkte die Vergangenheit in großem Stile erforschten.«

Aus der ewigen Unruhe seines Wesens heraus trieb es ihn entweder zu neuen Ausgrabungszielen oder auf Reisen.

»Ich muß eben mal nach London! Einen Anzug probieren«, konnte er zu Sophia sagen. »Brauche auch dringend ein paar Hüte, und Hüte, wirkliche Hüte, gibt es nur in London zu kaufen!«

Es war möglich, daß er schon nach fünf, sechs Tagen wieder zurückkehrte. Doch ebensogut konnte es ihm einfallen, bei dieser Gelegenheit gleich ein Museum in Brüssel oder Madrid oder Paris zu besuchen. Paris insbesondere; denn dort hatte er stets auch geschäftliche Angelegenheiten zu erledigen.

»Ich wäre ein schlechter Haushalter und ein noch schlechterer Kaufmann, wenn ich alles meinen Vertretern überließe und mich nicht persönlich um meine Besitztümer kümmern würde!« sagte er. »Wenn eines meiner Häuser in Paris leersteht, so kostet mich das zwei schlaflose Nächte.«

Täglich studierte er aufmerksam die Börsenberichte – und wenn er es nur tat, solange er beim Mittagstisch seine Suppe löffelte.

»Ich werde in Bälde nach Kuba reisen, Sophia!« unterbrach er die Lektüre. »Mit den havannischen Eisenbahnaktien ist es nicht ganz geheuer. Vierhunderttausend Schilling stehen auf dem Spiel! Ich fahre hin und stoße die Papiere ab, ehe alles verloren ist!«

»Und Tiryns?« fragte Sophia besorgt.

»Dr. Dörpfeld wird die Ausgrabungen inzwischen allein weiterführen. Er hat, wie du weißt, mein volles Vertrauen.«

Es war eine Gelegenheit, für einige Monate den Spaten aus der Hand zu legen. Und, so unlieb es ihm war, – er durfte auch den in den letzten Jahren wiederholten Rat des *Arztes* Virchow nicht überhören, der ihm schrieb: »Als ich Ihren Brief meiner Frau vorlas, sagte sie, ich möchte Ihnen nur schreiben, daß Sie (verzeihen Sie den Ausdruck) ›nicht so unvernünftig arbeiten‹ sollten. Ich kann es nur bestätigen ... Ihre Hast und Ungeduld macht Sie krank und raubt Sie zugleich Ihrer Familie. Ihre Frau und Ihre Kinder haben doch auch einen Anspruch auf Sie. Der berühmte Mann allein genügt nicht, sie brauchen den Gatten und Vater und zwar in einer gewissen Behaglichkeit des Genusses. Sie werden sich schon an eine größere Ruhe gewöhnen müssen.«

Ruhe ...? Nun ja, reisen war jedenfalls keine Arbeit. Und – ein angenehmer Himmels- und Klimawechsel auf den Antillen würde auch seine gute Seite haben.

Zunächst begab er sich nach London, um die ihm von der britischen Königin verliehene Große Goldene Medaille des »Royal Institute of British Architects« persönlich entgegenzunehmen.

Dann schiffte er sich nach Kuba ein. Daß ihm an seinen Aktien nichts verlorenging, verdankte er seiner genialen kaufmännischen Taktik. Er ließ vor seiner Ankunft durch seinen Bevollmächtigten in Havanna überall bekanntmachen: Schliemann kommt!

»Der millionenschwere Kaufmann? Der gewiegte Finanzier? Das bedeutet neue Investitionen!« So dachten sie drüben, die Konkurrenten und Börsenmakler, – und kauften Schliemannsche Aktien. Und die Aktien der Eisenbahn stiegen.

Schliemann kam. Aber er kaufte nicht, er verkaufte und kehrte mit hohem Gewinn nach Hause.

Es wurde März 1886 bis er in Athen eintraf. Er sah braungebrannt, gut und erholt aus, und konnte nicht rasch genug nach Tiryns aufbrechen.

Dörpfeld holte ihn freudig bewegt in Nauplia ab.

»Herzlichen Dank für Ihre Briefe, lieber Dörpfeld!« begrüßte er ihn. »Sie berichten ja von so großartigen Entdekkungen, daß ich darauf brenne, sie zu sehen!«

»Glaube ich Ihnen gerne, Herr Doktor. Sie werden sich freuen! Ich habe Mitte April letzten Jahres mit den Ausgrabungen an der Südwestecke der Burg begonnen.«

Dörpfeld führte Schliemann zunächst zu der im Westteil aufgedeckten Treppe, die am halbkreisförmigen Vorbau beim kleinen äußeren Tor begann. Sie stieg zuerst zwischen Felsflanken, dann zwischen gemauerten Wänden hinan. Die Treppe, von der 65 Stufen noch erhalten waren, führte zur Mittelburg und von dort zur Oberburg. Schliemann freute sich über den großartigen Eindruck, heute diese uralten Stufen hinaufsteigen zu können.

Nachdem sie eine Weile schweigend auf der Schwelle zum Megaron standen – zwölf auf zehn Meter in der Grundfläche und einst zumindest sechs Meter hoch – wandte sich Schliemann an seinen Architekten: »Glauben Sie nicht, daß auch der Palast des Priamos dem in Tiryns ähnlich gewesen ist? Und ... daß wir unsere Meinung über das in Troja aufgefundene große Gebäude ändern müssen?«

»Auch ich bin angesichts dieses Palastes Ihrer Meinung. Wir gruben in Troja keinen Tempel aus, sondern einen Königspalast.«

»Die Verwandtschaft der Bauweise von Mykene, Tiryns und Troja ist augenfällig; auch in der Form und Farbe der Töpferware, der Terrakottavasen, Waffen und Werkzeuge. Alles Spuren einer einheitlichen Kulturepoche. Welches Volk aber war die treibende Kraft?«

»Wir sind, glaube ich, nahe daran, diese Frage beantworten zu können. Tiryns ist der Schlüssel zu manchen Geheimnissen und bisher ungelösten Rätseln! – Ich habe noch eine besondere Überraschung für Sie ...«

»Und wo ist sie?«

»Hier, schauen Sie sich dies an!«

An den mit Kalk verputzten Wänden waren Reste von

Wandmalereien erhalten, und einige Fragmente hatte Dörpfeld auf dem Fußboden ausgelegt: kunstvolle Friesbänder und figürliche Darstellungen in schwarzer, weißer, roter, blauer und gelber Farbe.

»Dieses Ornament mit den Spiralmustern, Rosetten und Blüten ist ja fast genau dasselbe wie in Orchomenos!« rief Schliemann überrascht aus. »Und da: Friesreste von fast lebensgroßen Frauen, die wie in einer Prozession Gaben vor sich her tragen... Und hier wohl eine Eberjagd und eigentümliche Schilde in der Form einer 8! Das ist einmalig, lieber Dörpfeld!«

Dörpfeld ging einige Schritte weiter und wies auf ein anderes bruchstückhaftes Fresko.

Ein merkwürdiges Bild: Ein rotgefleckter, langgehörnter, wütend davonrasender Stier mit hochgebogenem Schwanz. Darüber hingestreckt ein nackter schmalhüftiger Mann – oder war es eine Frau? – im Sprung nach vorn... Ein Stierbändiger? Ein Artist?

»Dieser Stier, Dörpfeld, ruft mir lebhaft den silbernen Stierkopf mit den goldenen Hörnern ins Gedächtnis, den wir in einem der mykenischen Schachtgräber fanden. – Und hier: ein Alabasterfries aus eingelegtem blauen Glas! Wie ihn Homer im Palast des Phäakenkönigs Alkinoos schildert:

> Ehern zogen die Wände dahin zur Rechten und Linken
> weit von der Schwelle ins Innre mit glasig blauen
> Gesimsen...«

Es zog ihn wieder zurück zu dem eigentümlichen Bild mit dem Stier. Plötzlich wandte er sich nach Dörpfeld um und seine Augen hinter der Brille blitzten. »Der Schlüssel, von dem Sie vorhin sprachen, – ich hab' ihn: Kreta! Die Sage vom Minotaurus, dem Ungeheuer, halb Stier, halb Mensch, ist sie nicht auf Kreta zu Hause? Kann nicht sogar ein kretischer Künstler im Dienst des Königs von Tiryns gestanden und das Bild geschaffen haben? Kreta war reich und Herr der Meere. Homer besingt seine ›volkdurchwimmelten Städte‹, und unter den Städten ragte das hohe Knossos hervor, das Minos beherrschte. Der Einfluß Kretas auf das Festland rings um das Mittelmeer – und ich vermute das immer mehr – kann noch viel weittragender und bedeutsamer gewesen sein, als man allgemein annimmt.«

Dörpfeld nickte zustimmend. »Sie mögen recht haben, Herr Doktor.«

»Also werden wir, sobald die Arbeiten hier abgeschlossen sind, auf Kreta graben! Ich hatte dort schon vor Jahren bei meinem ersten Besuch auf der Minosinsel eine Ausgrabung geplant. Immer kamen andere, näherliegende Pläne dazwischen. Nun aber wird Kreta das nächste Ziel sein! Kreta – wo ich bestimmt bis ans Ende meines Lebens zu wühlen habe.«

An einem Nachmittag Mitte Mai machten Schliemann und Dörpfeld einen Gang um die Burg von Tiryns. Ein leiser Wind vom Meer her bewegte die schlanken Wipfel der Zypressen und die breiten Schirme der Pinien, über denen sich der seidig blaue Himmel spannte. Golden rann das Licht über die grünen Hügel und die Meeresbucht, auf der die weißen, orangenen und roten Segel trieben. Die hellen Häuserterrassen stiegen aus dem Golf die dunkelgrünen und silbrigen Kiefern- und Olivenhaine hinan. Orangen und Akazien standen in Blüte, goldgelbe Ginsterbüsche hingen über die Felsen und Geröllhalden unter den Burgmauern. Der Wind trug den würzigen Kamillen- und Lavendelduft bis auf die höchste Kuppe des Burghügels.

»Welch prachtvolles Panorama!« sagte Schliemann entzückt. »Ich muß mich unwillkürlich fragen, ob ich denn nicht auf meinen vielen Reisen schon Schöneres gesehen habe – sei es vom Gipfel der Vorberge des Himalaya, sei es in der üppigen Tropenwelt auf den Sunda-Inseln oder den Antillen, sei es von den Zinnen der großen Chinesischen Mauer, in den herrlichen Tälern Japans oder im weltberühmten Yosemite-

Tal in Kalifornien. Aber dies hier ist prachtvoller als alles, was ich an Naturschönheiten je gesehen habe.«

Sie genossen den einzigartigen Ausblick bis die Sonne unterging und der Abend sich auf die kaum von Wellen bewegte Bucht von Nauplia senkte.

Schliemann wandte den Blick zu seinem Gefährten und sagte: »Wir wollen uns nachher in unserem Quartier bei einem Glase Wein zusammensetzen, lieber Dörpfeld. Ich möchte Ihnen ein Weniges von mir erzählen. Sie müssen über die dunkle Saga, die von Schliemann umgeht, besser als andere Bescheid wissen, – und mir tut es gut, mich einmal einem vertrauten Menschen gegenüber aussprechen zu können.«

Der Wirt hatte einen Krug besten Samoswein, Brot und Ziegenkäse auf die Terrasse gebracht und sich verabschiedet. »Ich war zwanzig Jahre Kaufmann in Petersburg, wie Sie wissen«, begann Schliemann. »Ich war zweiundvierzig, als ich mein sehr einträgliches Geschäft liquidierte. Halten Sie das für die Manier eines Kaufmanns, dem es nur um Reichtum und Golderwerb geht? Ich meine, wenn einer auf dem Höhepunkt seines Lebens und Erfolges als Großkaufmann zur Wissenschaft überwechselt, dann muß dies seinen besonderen Grund und Anlaß haben. Sie werden mir glauben, daß dieser eigenartige Entschluß keine bloße Marotte war. Wohl hing mein Herz jetzt am Gelde, aber nur, weil ich dasselbe als Mittel zur Erreichung meines großen Lebenszieles betrachtete.

Was kriege ich aber zu hören, wo ich auch, mit wenigen Ausnahmen, hinhöre: Schliemann habe seinen Reichtum durch Schmuggel und Betrug erworben und verschwende, vom Ehrgeiz getrieben, zum Schaden seiner Kinder, die er dereinst mittellos zurücklassen werde, sein ganzes Vermögen an seine archäologischen Ausgräbereien.

Nie in meinem Leben habe ich mit irgend jemand über mein Vermögen gesprochen, – Ihnen, hochgeschätzter Dr. Dörpfeld, will ich heute abend sagen, daß sich mein jährliches Einkommen auf 200 000 Mark beläuft; während meine Jahresausgaben, einschließlich der Kosten für die Ausgrabungen, nicht mehr als 100 000 Mark betragen. Ich kann also jährlich noch 100 000 Mark dem Kapital zuschlagen, und hoffe also jedem meiner Kinder ein Vermögen hinterlassen zu können, das ihnen erlauben soll, ihres Vaters wissenschaftliche Bemühungen fortzuführen, ohne dabei jemals ihr gesetzlich sichergestelltes Kapital anzugreifen.«

Dörpfeld dankte Schliemann für das große Vertrauen, das er ihm schenke und versicherte, er kenne keine größere Ehre, als sich seinen Mitarbeiter nennen zu dürfen. »Ihnen allein«, fuhr er fort, »der Begeisterung des Knaben für Homer, Ihrem angeborenen Forscherdrang und unbeirrbaren Glauben an den Wirklichkeitsgehalt der homerischen Dichtungen ist es zu verdanken, wenn die Welt heute sichere Kunde hat von Troja und einer dreitausend Jahre lang verschollen gewesenen Kultur. Sie haben sich durch diese Tat und Ihre bedeutenden archäologischen Entdeckungen unvergänglichen Ruhm erworben.«

»Einen schwer erkauften ... Aber, lieber Freund, wissen Sie auch, welches mein größter Fund war? Andere sagten es zwar, doch ich stimme von Herzen zu: Meine größte Entdeckung sei Wilhelm Dörpfeld gewesen! Ihre Ruhe und meine Unrast, Ihr Wissen und mein Ahnen, Ihr kühles Denken und meine unbändige Phantasie ergeben am Ende zusammen etwas Gutes und Rechtes. Wir wollen noch lange beisammen bleiben! Es gibt so viele große, noch übrige Werke, die nur wir beide vereint machen können.«

Die Arbeiten, die insbesondere an der Ostseite der Burg, wo die große Rampe zum Palast hinaufführte, die größte Mühe machten, schritten in den nächsten Wochen gut voran. Bei Eintritt der großen Hitze wurde die mittägliche Ruhezeit von einer Stunde auf zwei Stunden verlängert. Einen breiten indischen Hut über das Gesicht gelegt, einen Stein als Kopfkissen, legten auch Schliemann und sein Mitarbeiter eine längere Rast ein.

»Glauben Sie mir, lieber Dörpfeld«, sagte Schliemann in die Mittagsstille hinein, »man ruht nie besser, als wenn man sich recht müde gearbeitet hat. Ich habe noch nie einen erquickenderen Schlaf genossen als hier auf dem harten Lager in der Akropolis von Tiryns!«

Nach Abschluß der Ausgrabungen machte er sich sogleich an die Niederschrift seines Buches »Tiryns«, eines fast fünfhundert Seiten starken Bandes mit siebenundzwanzig meist farbigen Tafeln und genauen Plänen, die Dörpfeld angefertigt hatte. Da Schliemann die deutsche, englische und französische Ausgabe gleichzeitig vorbereitete, überforderte er seine Kräfte wieder in bedrohlicher Weise. Freund Helbig in Rom gestand er: »Die alles Maß übersteigende Arbeit hat mich sozusagen ausgepumpt. Beim Zeus, diese anstrengenden Arbeiten haben mich so stark mitgenommen, daß ich unbedingt längere Zeit ausspannen muß, sonst geht es mit mir in kurzer Zeit zu Ende... Zunächst fahre ich nun zu meiner Frau und den Kindern nach Lausanne, wo ich voraussichtlich zwei Wochen verbringen werde... Meine Frau hat sich entschlossen, nicht vor dem Spätherbst 1886 nach Athen zurückzukehren, da sie sich nicht von unserer Tochter Andromache trennen mag, die dort zur Schule geht.«

Sein Plan, anschließend zur Erholung eine Nilreise zu machen, war bald wieder vergessen.

Bitterer Verzicht

Wie lange war es her, daß der Gedanke, auf Kreta zu graben, in ihm auftauchte? Freund Virchow gegenüber hatte er ihn zum erstenmal schon vor drei Jahren angedeutet, und der hatte ihn sogleich aufgegriffen. »Ihr Plan Kreta«, schrieb er aus Berlin, »hat meinen ganzen Beifall. Hätten Sie mich vorher um einen Vorschlag ersucht, so würde ich denselben gemacht haben. Nichts ist geeigneter, eine Zwischenstation zu finden zwischen Mykene und dem Osten.«

Auch George Perrot, der französische Kunsthistoriker und Kenner der frühen Kulturen des vorderen Orients und Griechenlands, hatte Schliemann wiederholt auf Kreta aufmerksam gemacht. »Kreta ist es«, schrieb er ihm, »das so wenig bekannt ist und eine bedeutende Rolle in der frühesten archaischen Periode gespielt haben muß...

Sie haben die Hauptzüge im Gesamtbilde Griechenlands wiederhergestellt, ... doch all das läßt sich noch nicht zusammenschauen. Sie müssen nach Kreta gehen und uns einige Dinge finden wie die Gräber und die Goldfunde von Mykene... Ich bin voll Zuversicht. Man sagt, Sie hätten eine glückliche Hand; Sie haben aber vor allem einen unerschütterlichen Willen; Sie haben den Glauben, nicht den, der Berge versetzt, aber den, der sie öffnet und erforscht und die verborgenen Schätze ans Licht hebt...

Wenn Sie das graue kretische Altertum entdecken und ausgraben, werden wir endlich so weit sein, uns ein Bild des vorgeschichtlichen Griechenland machen zu können, und Sie werden es sein, der es uns als Erster nahegebracht hat... Uns den Palast des Minos oder eines seiner Nachfolger wiederzugeben, das ist Ihrer würdig.«

Die dringlichen Hinweise und Ermunterungen der Freunde bestärkten Schliemann in seinem Vorhaben; doch erst nach den bedeutsamen Funden in Tiryns ging er daran, seinen Plan zu verwirklichen.

Mitte Mai 1886 fuhr er mit Dr. Dörpfeld nach Kreta. Es war im besondern der Hügel Kephala Tschelebi in Knossos, der ihre Aufmerksamkeit fesselte. Er lag in einem ins innere Bergland führenden Tal nahe bei Herakleion. Spuren eines großen prähistorischen Palasts waren hier schon früher durch den für das Altertum begeisterten Kaufmann Minos Kalokairinos aus Herakleion aufgedeckt worden. In einem der Korridore war dieser auf zwölf aufrecht nebeneinander stehende, große Pithoi gestoßen, die mit geometrischen Mustern in Relief geziert waren und alle Linsen oder Erbsen enthielten. Zu ernsten wissenschaftlichen Ausgrabungen war es jedoch nicht gekommen.

Der Gouverneur der damals noch türkischen Insel hatte Schliemann die Erlaubnis zum Graben erteilt, jedoch nur unter der Voraussetzung, daß der Besitzer des betreffenden Geländes einwilligte. Als Schliemann aber mit dem schlauen kretischen Ölbauern zu verhandeln begann, lehnte der es rundweg ab, nur den Hügel Kephala zu verkaufen. Entweder das ganze Grundstück, einschließlich aller Olivenbäume darauf und aller Schätze darunter, für die Summe von 100 000 Goldfranken, oder gar nichts.

»Zweitausendfünfhundert Ölbäume, schöne, fruchtbare Ölbäume, Herr! Sie machen noch ein gutes Geschäft dabei!« versicherte der Bauer.

»Behalte sie, samt deinem dürren Grashügel, und mache dein gutes Geschäft mit wem du willst!« antwortete Schliemann und wandte dem unverschämten Forderer den Rücken. Der schaute verdutzt drein, als der Handel, den er sich mit einem Millionär viel einfacher vorgestellt hatte, so plötzlich in die Brüche ging.

Verärgert kehrte Schliemann nach Athen zurück. Wenn er

auch fürs erste kein Interesse an dem Objekt bekundete, – aufgegeben hatte er noch nicht. Der Kerl würde eines Tages gewiß wieder auf ihn zukommen und sich mit dem halben Preis begnügen. Ein bißchen Geduld hatte er im Alter immerhin erworben. Und – wenn er es auch vor niemand zugab – seine Kräfte ließen nach, er durchwachte Nächte und wurde manches Mal von dunklen Gedanken heimgesucht. Sein Ohrenleiden verschlimmerte sich; die Schmerzen wurden oft unerträglich.

Er entschloß sich, den Winter im Süden zu verbringen. »Nach siebzehnjährigen mühevollen Arbeiten«, schrieb er dem befreundeten Anthropologen Johannes Ranke, »bin ich endlich einmal auf einige Monate frei und möchte die Zeit dazu benutzen, eine Nilreise zu machen.« Sophia sollte ihn begleiten. Am Tag der Abreise konnte sie sich jedoch mit Rücksicht auf die beiden Kinder und in übergroßer Angst vor Seekrankheit nicht entschließen, Heinrichs Wunsch zu erfüllen. So hatte er die Dahabije, ein Wohnboot mit Kabinenaufbau, ganz für sich allein. Das Boot war zum Segeln, Staken und Treideln eingerichtet. An Bord befanden sich der Schiffseigner aus Beirut, acht Matrosen, ein Kapitän, ein Steuermann, ein Diener und ein Koch nebst etlichen Eseln für kurze Landausflüge. Das Unternehmen kam täglich auf vierzig türkische Pfund zu stehen. Mit der Schiffsbesatzung verkehrte Schliemann drei Monate lang ausschließlich auf Arabisch; es war seine Gewohnheit, grundsätzlich die Sprache des Landes zu gebrauchen, in dem er gerade weilte.

In sein Reisetagebuch trägt er am 29. Dezember 1886 ein: »... Die Zeit ist mir niemals so schnell vergangen wie jetzt... Um 7 Uhr stehe ich auf, bade und gehe eine halbe Stunde an Deck auf und ab, trinke Tee, esse drei Eier, gehe noch eine Stunde umher und rauche dabei. Gleich danach nehme ich mir für eine Stunde ein arabisches Buch vor und für zwei Stunden den Euripides. Danach frühstücke ich, gehe wieder eine Stunde umher und lese weiter wissenschaftliche Bücher... Abends wandle ich noch eineinhalb Stunden umher und atme die erfrischende Luft aus der Wüste...«

10. Januar (bei Assuan): »Obwohl nur schwacher Wind war, fuhren wir um 8 Uhr morgens stromaufwärts; mal wurden wir von sechzig Mann gezogen, mal machten wir Fahrt mit dem Wind. Die meiste Freude machte es, zwischen den mächtigen Klippen von schwarzem Syenit hindurchzufahren, die aussahen wie Pech. Bald hier bald da verengert sich der Nil. Daher geht seine Breite oft nicht über sechzig oder siebzig Meter hinaus...

Außer dem üblichen Lotsen oder Lotsenkommandanten haben wir noch drei ihm unterstellte Lotsen für die Kataraktstrecke... Überall da, wo die Strömung besonders stark ist, springen einige Matrosen in das Beiboot, fahren voraus und machen an einem Felsen in einiger Entfernung das Schiffstau fest. An anderen Stellen tun sie dasselbe schwimmend. Bei einem Bruch des Taues wäre das Schiff gegen die Felsen geworfen worden und zerschellt...

Das Schreien der Lotsen, das taktmäßige Rufen der Matrosen beim Treideln, das Rauschen und der Widerhall der stürzenden Wasser, die aufragenden schwarzschimmernden Felsen, der leuchtende Sand der Wüste – alles das wird dem Reisenden, der da hindurchfährt, ein unvergeßlicher Eindruck bleiben...«

Aus Abu Simbel schrieb er am 30. Januar an seinen alten Freund Wilhelm Rust: »... Vor allem muß ich Dir sagen, daß dies die herrlichste Reise ist, die man überhaupt in der Welt machen kann; der herrliche, wolkenlose Himmel, die schöne Frühlingsluft, die goldene Ruhe, der unaufhörliche Wechsel der prachtvollsten Landschaften, die riesigen Tempel aus dem fernsten Altertum – alles dies wirkt wohltätig auf Geist und Körper... Der Augenblick, wo man das Gestade von Abu Simbel betritt, ist epochemachend im Leben... Hier nämlich sind die gewaltigsten Kunstwerke der Welt; die riesigsten Werke der Griechen und Römer, ja selbst die Pyramiden sind nur Arbeiten von Zwergen hiergegen. Hier in der Wüste hat König Ramses II., in der Mitte des 14. Jahrhunderts v. Chr., in einsamer Felswand zwei ungeheure Tempel mit allen ihren Säulen und Bildsäulen ausgespart; der eine derselben enthält 14 Säle, wovon einer 17 Meter lang, 16 Meter breit und 12 Meter hoch ist; und vor dem Tempel sind vier sitzende Kolosse des Ramses, jede 19 Meter hoch. Die bildlichen Darstellungen und Inschriften, welche die Wände und Decken aller 14 Säle bis aufs kleinste Fleckchen bedecken, wurden in Relief in den Fels gemeißelt, mit dünnem Stuck überzogen und bemalt. Bewundernswürdig ist die Farbenfrische dieser 3200 Jahre alten Wandgemälde, die Schlachten, Belagerungen, Friedensabschlüsse, Opferszenen usw. darstellen. Der kleinere Tempel, vor dem sechs aus dem Felsen gesparte neun Meter hohe Bildsäulen des Königs und der Königin stehen, ist ebenso mit Skulpturen und Wandgemälden geschmückt wie der große ...«

Schliemanns Leidenschaft zu reisen, anfänglich in Unternehmungslust und innerer Ruhelosigkeit begründet, hat allmählich andere Antriebe. Standen in früheren Jahren, bis zur Aufgabe seiner Kaufmannsgeschäfte, wirtschaftliche Interessen im Vordergrund seiner Reisen, so trat nun immer mehr sein Bedürfnis hervor, den eigenen Gesichtskreis zu erweitern und sein Wissen zu bereichern, – sie wurden zu ernsten und fruchtbringenden Bildungsreisen.

Er war von dieser Nilreise so begeistert, daß er sie im nächsten Frühjahr wiederholte. Er lud Freund Virchow dazu ein, dem er auf diese Weise seinen Dank abstatten wollte. Einen Monat vor dem mit Virchow vereinbarten Zeitpunkt traf Schliemann in Alexandrien ein. Er wollte diese vier Wochen dazu verwenden, die dort vermuteten Gräber Alexanders des Großen und der Ptolemäer auszugraben. Die allgemeine Erlaubnis zu schürfen war ihm zuerst vom Ministerpräsidenten erteilt, dann aber nur auf den Bereich außerhalb der Stadt beschränkt worden.

Schliemann setzte irgendwo draußen den Spaten an und

hatte Glück. Als er Virchow am 22. Februar im Hafen von Alexandria abholte, konnte er ihm einen prachtvollen marmornen Frauenkopf zeigen, den er in zwölf Meter Tiefe im Wüstensand gefunden hatte. »Die Experten der Antikensammlung«, bemerkte er, »halten ihn für das Porträt einer ptolemäischen Prinzessin, wahrscheinlich der siebten Kleopatra. Ich muß gestehen: ich habe mich so in den Kopf verliebt, daß ich ihn gerne bis zu meinem Ende in meiner Schreibstube stehen haben möchte, um ihn jeden Augenblick ansehen zu können.« Später aber wollte er ihn – wie er dem Direktor der Berliner Museen, Richard Schöne, schrieb – in der trojanischen Sammlung in Berlin aufgestellt wissen.

Schliemann hatte für die Nilfahrt eine Dahabije vorgesehen; der derzeitigen Aufstände wegen benutzten sie aber den Postdampfer, der unter 40 Mann starker militärischer Sicherung stand. Bei herrlichstem Wetter fuhren sie nilaufwärts. Die Hitze am Tag war erträglich, die Nächte waren angenehm kühl. Am 28. Februar trafen sie in Assuan ein, andern Tags schon jenseits des ersten Katarakts. Da erst zeigte sich, wie nötig der militärische Schutz war. In einem Brief an Freund Rust vom 13. April aus Kairo berichtet er: »... Gefahrlos war die Reise doch nicht, denn bei dem Ort Gebel Alagi in Nubien, an einer Stelle, wo das Dampfboot wegen der Sandbänke gezwungen ist, unmittelbar neben dem östlichen Ufer zu fahren, wurde unser Dampfboot am 1. März plötzlich von den hinter den Mauern eines alten Festungswerkes versteckten aufständischen Derwischen oder deren Verbündeten vom Stamme Ababde mit einem Regen von Kugeln begrüßt, den die 40 Soldaten, die wir an Bord hatten, lebhaft erwiderten. Die Schlacht dauerte etwa zehn Minuten, da ein oberhalb der Stelle befindliches Kanonenboot das Schießen hörte und durch Kanonenschüsse kundgab, daß es uns zu Hilfe eilte, infolge dessen die Feinde das Feuer einstellten. Von denselben wurde einer getötet und vier verwundet, während wunderbarerweise auf unserm Schiff niemand getroffen war, denn die Feinde zielten zu niedrig und so fielen ihre Kugeln neben dem Schiff ins Wasser ...«

Nahe beim Felsentempel Abu Simbel, in dem kleinen Berberdorf Ballany am linken Nilufer, gelang es ihnen schließlich an Land zu kommen. Die meisten muselmanischen Bewohner waren sehr freundlich zu den Fremden, und Schliemann und Virchow wurden von dem alten Scheich in seinem hart am Rande der Wüste gelegenen Hause gastlich aufgenommen.

Die Vertrautheit mit den Dorfbewohnern wuchs von Tag zu Tag. Es wurde bald bekannt, daß Virchow Arzt war, und schon hatte er eine Praxis in der Wüste Ägyptens, die rasch wuchs.

Schliemann aber stand schon vom ersten Tag an im Mittelpunkt des Interesses. Was war das für ein sonderbarer Fremder? Im ganzen Dorf gab es nur einen einzigen, der Arabisch lesen konnte, den Imam. Dieser Mann mit der hohen weißen Stirn und den blinkenden Gläsern vor den Augen konnte aber nicht bloß lesen, sondern auch schreiben! Mit großem Staunen sahen ihm die Leute zu, wenn er die arabischen Schriftzeichen in sein Notizbuch malte. Sie betrachteten ihn als einen Wundermann.

»Seine höchsten Triumphe feierte er jedoch abends« – erzählte später Virchow – »wenn die Nacht plötzlich niedersank und die Sterne über uns zu glänzen begannen, fern über dem Horizont das Kreuz des Südens erschien und außer dem leisen Rauschen des gewaltigen Stromes kein Geräusch mehr hörbar blieb. Dann kamen die Nachbarn herbei, und Schliemann rezitierte ihnen Abschnitte des Korans ... Unter dem gewaltigen Blätterdache eines Lebbachbaumes hielt Schliemann jeden Abend nach unserem Nachtmahl eine Art von Gebetstunde ab.

Eine kleine Laterne, unsern Stallaternen ähnlich, wurde in den Sand gestellt; er setzte sich davor auf eine kleine Holzbank, die Nubier hockten auf der Erde und bildeten einen großen Kreis um die Laterne. Innen blieb ein freier Raum, um den sich bald die Käfer sammelten, die in geschäftiger Eile dem ungewohnten Licht zustrebten und mit ihren Hinterleibern sonderbare Zeichnungen in den Sand einschnitten.

Dann begann Schliemann aus dem Gedächtnis eine Sure des Korans vorzutragen. Seine anfangs dumpfe Stimme hob sich mehr und mehr, und wenn er dann in der ihm eigenen ekstatischen Weise die Schlußworte sprach, so neigten alle ihr Haupt und berührten mit der Stirn die Erde.«

Vor ihrer Abreise machten sie eine Bootsfahrt in die zweiten Katarakte und zum Felsen von Abusir mit den beiden Tempeln Ramses II. Auf ihrer Rückfahrt studierten sie jeweils eine Woche lang aufs genaueste die bedeutendsten und größten Bauwerke Ägyptens: den Felsentempel Abu Simbel, den Tempel von Abydos, Luksor und Karnak-Theben.

Erholt, gekräftigt, voll großer Erlebnisse und neuer Pläne kehrte Schliemann mit Virchow im Mai nach Athen zurück. Die Jahreszeit war zu weit vorgerückt, um die Ausgrabungen in Troja fortzusetzen. So wurde das Jahr 1888 vollends zu einem Reisejahr. Ende Mai schon war er mit Sophia in Paris, August in Marienbad, September in Berlin und Hamburg.

Im Januar 1889 – nach fast dreijähriger Pause in den Verhandlungen um den Erwerb des Hügels Kephala – schrieb Schliemann an Freund Rust: »Ich möchte die Arbeiten meines Lebens mit einem großen Werk schließen, nämlich mit der Ausgrabung des uralten, prähistorischen Palastes der Könige von Knossos in Kreta, den ich vor drei Jahren entdeckt zu haben glaube.« Und an Virchow: »Nach den letzten Mitteilungen aus Kreta ist zu erwarten, daß ich jetzt endlich den Ankauf der Baustelle des alten Knossos zu Stande bringen und die Ausgrabung des prähistorischen Königspalastes daselbst anfangen kann, von der ich mir viel für die Wissenschaft verspreche. Dr. Dörpfeld wird auch dort mein Mitarbeiter sein.« Er war inzwischen Direktor des Kaiserlichen Deutschen Archäologischen Instituts in Athen geworden.

Auf Dörpfelds Drängen hatte Schliemann die Verhandlungen wieder aufgenommen. Mittelsmann war der Arzt und Gründer des Museums in Herakleion, Chatzidakis, der feststellte, daß unmündige Kinder die Besitzer des Landgutes waren. Statt der anfangs 100 000, dann 70 000 Goldfranken, wurden nur noch 40 000 Franken in Gold gefordert. Schliemann war bereit, diese Summe zu bezahlen; doch der Kaufmann in ihm wurde argwöhnisch, als Chatzidakis ihn um Zusendung einer Vollmacht und eines Schecks von 5000 bis 8000 Francs bat und von einem Besuch auf Kreta dringend abriet, da dies den Preis wieder hochtreiben könnte.

Mit dem nächsten Schiff fuhr Schliemann nach Kreta, um sich dort genauestens umzusehen, – und was mußte er erleben?: der größte Teil des Grundstücks war anderweitig abgegeben, das ihm jetzt angebotene Gelände umfaßte nur noch ein Drittel des ihm vor drei Jahren vorgeführten Ackerfeldes und statt 2500 Ölbäumen waren es noch 888.

In kaum beherrschter Wut erzählte er Dr. Dörpfeld von der neuen Betrügerei dieses Türken Hadjidakis. »Er ist übrigens, wie ich auch herausgebracht habe, nur Eigentümer von einem Drittel des Hügels, zwei Drittel gehören einem andern! Wie richtig ist doch, was der Apostel Paulus sagt: ›Die Kreter sind Lügner, allzumal Lügner!‹«

Dörpfeld suchte den mit Recht Aufgebrachten zu besänftigen.

»Weiß Gott«, fuhr Schliemann fort, »ich hätte dies alles noch hingenommen, denn das verkleinerte Stück Ackerland umfaßt auch jetzt noch den Hügel Kephala, unter dem der Palast des alten Königs liegt; nun bestehen aber derzeit große politische Schwierigkeiten im Parlament, dessen überwiegende Mehrheit alle archäologischen Ausgrabungen auf Kreta ablehnt. Vor den Neuwahlen ist eine Grabungserlaubnis nicht zu erwarten, und ob man mit den hinterhältigen Burschen überhaupt zu einem Abschluß kommen kann, scheint mir sehr zweifelhaft.«

»Das soll Sie aber nicht hindern, Herr Doktor, den nach meiner Ansicht vielversprechenden Knossosplan doch im Auge zu behalten!«

Auch Rudolf Virchow, den Schliemann über seine Vorhaben stets auf dem laufenden hielt, gab noch einmal zu bedenken: »Daß Ihre Reise nach Kreta ein so schlechtes Resultat gehabt hat, will mir noch immer nicht in den Kopf. Wer hätte mehr Anrecht darauf, daß die Götter ihm das kretische Labyrinth eröffnen, als Sie! Ich meine, diesen Erfolg müssen Sie noch erreichen. Alles andere steht demgegenüber eigentlich in zweiter Linie.«

Sollte hier auf Kreta, wo er sein Lebenswerk hätte krönen können, der Mann, der seiner Leidenschaft für die Archäologie ein Vermögen geopfert hat, wegen des Ärgers mit einem geldgierigen betrügerischen Bauern den rechnenden Kaufmann in sich über den begeisterten Ausgräber haben siegen lassen?

Um Ehre und Wahrheit

In der Einleitung zu seinem 1884 erschienenen Buch »Troja« hatte Schliemann geschrieben: »Meine Arbeit in Troja ist jetzt für immer beendet; sie hat mehr als zehn Jahre gedauert – eine Zeitspanne, die mit der Legende der Stadt in einem gewissen Verhältnis steht. Wie viele Jahrzehnte lang ein neuer Streit darüber hinwüten mag, überlasse ich den Kritikern: das ist ihr Werk; das meinige ist vollendet.«

Die eigentliche Ursache für die Zurückstellung des Kretaplanes waren nicht die betrügerischen Machenschaften des türkischen Grundbesitzers, sondern ein sich nun schon über sechs Jahre hinziehender unwissenschaftlicher, bösartiger, verleumderischer Kampf, den Schliemann, und neuerdings auch Dr. Dörpfeld, mit einem Artilleriehauptmann a. D. namens Bötticher zu bestehen hatte.

Ein Mann, der Troja nie gesehen hat, ohne alle archäologischen Kenntnisse, hatte 1883 in einigen Zeitschriften und Zeitungen einen Schmähartikel veröffentlicht, in dem er das von Schliemann aufgefundene Troja für nichts anderes als ein riesiges Krematorium erklärte. Ungeachtet aller entrüsteten Abwehr von seiten Schliemanns, setzte Bötticher in weiteren »Sendschreiben« seine Angriffe fort. Nach Veröffentlichung des Buches »Tiryns« 1886 schreckte er nicht davor zurück, den Mitarbeiter Dörpfeld einen Fälscher und Betrüger zu nennen und neben Schliemann auch Virchow schmählich anzugreifen. Schliemann traf besonders schwer, daß der von ihm wegen seiner großen Fachkenntnisse sehr geschätzte französische Archäologe Salomon Reinach die völlig haltlose Schrift Böttichers öffentlich verteidigte.

Nun, mitten hinein in die unsauberen Kaufverhandlungen

auf Kreta, erschien – gleichzeitig mit einem Sendschreiben, das aggressiver war als jedes andere zuvor – ein in französischer Sprache abgefaßtes Buch Böttichers mit dem Titel »Schliemanns Troja, eine Feuernekropole«. Darin stand zu lesen: »In Hissarlik ist nicht die Spur einer Akropolis und einer Stadt gefunden worden. Grundfalsch ist das Bild, das dort Befestigungen malt. Es gibt dort keine Burgmauer, keine Türme, keine Burgtore.« Alle sogenannten »Häuser« seien Gebäude gewesen, in denen Leichen verbrannt oder Knochen aufbewahrt wurden – wie die Tausende von aufgefundenen Schädeln und Skeletten bewiesen. Auch die großen Pithoi und die von Schliemann als ›Eulenvasen‹ bezeichneten Gesichtsvasen hätten zur Aufbewahrung der Totenasche gedient.

Dieser Bötticher hatte leider eine Handhabe für seine irrige Theorie in Schliemanns eigenen Berichten aus den frühesten Grabungsperioden. »Ich habe allerdings«, schrieb er Ende Juli 1884 an Virchow, »viele große Gefäße als Leichenurnen angesehen, die nichts mit Totenasche zu tun gehabt haben können; auch vielfach Ziegelschutt für Holzasche angesehen. Es war aber (damals alles) eine neue Welt für mich, das Richtige konnte erst mit der Zeit herausgefunden werden.«

Warum mußte ihm ein durch unwiderlegliche Ausgrabungserfolge längst korrigierter Irrtum auf so böswillige und verleumderische Weise nachgetragen werden? Hier ging es nicht um wissenschaftliche Wahrheit, hier tobten sich nur verbissene Streitsucht und Haß aus.

Er ging gegen die, wie er sagte, »wahnsinnige Theorie des Lügners und Schmähschreibers« an und rief entrüstet Virchow, Dörpfeld und den befreundeten Archäologen Ernst Fabricius in Freiburg zu einer energischen Pressefehde auf. Virchow antwortete: »Der Mann ist allerdings bösartig. Sie nehmen aber die Sache zu tragisch... Ich bin überzeugt, daß kein verständiger Mensch in ganz Deutschland an die Feuernekropole glaubt und daß die (von Bötticher) behauptete Zustimmung großer Gelehrter einfacher Humbug ist.«

Als sich aber der Kampf mit dem unbelehrbaren und bösartigen Quertreiber hinzog und Böttichers verletzende Art der Streitführung jedes Maß überschritt, trat Virchow mit der überzeugenden Kraft seiner Autorität Schliemann zur Seite und wies auf einem Kongreß der Berliner Archäologischen Gesellschaft die jeder Grundlage entbehrenden Behauptungen Böttichers mit scharfen Worten zurück. »Was für ein furchtbarer Unsinn wird hier von Bötticher zusammengetragen!« erklärte er. »Troja ein Friedhof? Eine Totenverbrennungsstätte! In dem ganzen Hügel von Hissarlik sind nur drei ganze Skelette und sechs menschliche Schädel gefunden worden. Wenn man im Laufe der Jahrhunderte dort ein paar Leute begraben hat, so ist das nichts Ungewöhnliches; das passiert überall, ohne daß man jede Stätte, wo man ein Grab findet, für ein Gräberfeld erklärt! Und was die Böttichersschen ›Brennöfen‹ betrifft: Es wurde nicht eine einzige Urne gefunden, in der erkennbar menschliche Überreste, auch nicht Asche, enthalten waren. Wenn man in den Pithoi etwas Erkennbares fand, so waren es verbranntes Getreide und Hülsenfrüchte. Das kann ich durch Augenscheinnahme bezeugen! – Das Bedauernswerteste an der ganzen Sache aber ist, daß dieser Unsinn sogar von sonst achtbaren Zeitungen abgedruckt wird und verhängnisvolle Verwirrung unter dem wissenschaftlich interessierten Publikum anrichtet!«

Fabricius hatte große Bedenken, ob eine Entgegnung auf Böttichers Artikel am Platze sei, hielt sie sogar für »im höchsten Grade unklug« und entwickelte Schliemann ausführlich seine Gründe: »Was könnte man mit einer Erwiderung auf Böttichers Artikel erreichen? Da es keinen irgendwie urteilsfähigen Menschen gibt, der die Artikel von Bötticher über Hissarlik und Tiryns überhaupt noch ernsthaft liest, geschweige denn den Blödsinn glaubt, den Bötticher in die Welt setzt, so hat man auch nicht den mindesten Grund, für urteilsfähige Leute den Nachweis der Unrichtigkeit der Ansichten Böttichers zu liefern. Im Gegenteil, man würde sich damit nur lächerlich machen in den Augen aller derjenigen, die die Frage beurteilen können. Für urteilsunfähige Menschen aber schreibt doch kein vernünftiger Mensch und es ist gänzlich einerlei, was sie glauben. Auch bei der Masse kann sich eine so verrückte Theorie, wie Bötticher sie vertritt, niemals auf die Dauer einbürgern. Das einzige Mittel, durch das verhindert werden kann, daß die Theorie von Bötticher Boden gewinne, ist, daß man seine Artikel vollständig ignoriert. Denn je mehr wir dagegen schreiben, um so frecher und um so häufiger wird Bötticher auftreten... Je mehr man ihn widerlegt, um so mehr wird er schreiben und toben. Es wäre ein Kampf gegen Windmühlen! Wollen Sie der Sache ein Ende machen, so beachten Sie Böttichers Artikel nicht länger, lassen Sie ihn schreiben und schimpfen, bis er müde wird...

Der Tiryns betreffende Artikel von Bötticher, in welchem Ihnen und Dörpfeld absichtliche Fälschung untergeschoben wird, entfernt sich – um von Anderem zu schweigen – dermaßen von dem, was wir unter anständiger Diskussion wissenschaftlicher Fragen verstehen, daß darauf nicht mehr geantwortet werden kann... In anständiger Weise aber antworten, das wäre eine Ehre, die der Mensch nicht verdient. Man würde dadurch Böttichers Artikeln einen Wert beilegen, den sie nicht besitzen. Ich habe noch keinen Menschen gefunden, der an die Feuernekropole Hissarlik glaubte. Wo ich anfrage bei Anderen, erhalte ich nur immer zur Antwort: es ist ja alles Blödsinn!...

Wenn die Franzosen sich die falschen Angaben Böttichers zu Nutz gemacht haben, so zeigt das nur, wie Mißgunst und Chauvinismus die wissenschaftliche Urteilsfähigkeit zu trüben vermögen. Aber weil hier absichtliche Verkleinerungssucht mit im Spiele ist, wäre es töricht, dagegen ankämpfen zu wollen... Wenn ich glauben könnte, der Wissenschaft und damit auch Ihnen einen Dienst erweisen zu können durch eine Entgegnung auf Böttichers Artikel, so würde ich dazu mit Vergnügen bereit sein.«

Konnte Schliemann angesichts von Böttichers Theorie nicht voller Wut und Ironie fragen: »Wo war denn die Stadt der *Lebenden,* wenn Hissarlik die Feuernekropole war?« War alles, was der wütende Artillerist vorbrachte, nur »wahnsinniger Unsinn und ein Gewebe von abscheulichsten Lügen« – die Unterstellung der absichtlichen Fälschung der Pläne von Troja und Tiryns bedeutete für Schliemann und Dörpfeld eine an die Ehre gehende Beleidigung, die sie nicht hinnehmen konnten.

Dörpfeld fand die richtige Taktik, mit der Bötticher beizukommen war: Er fertigte ihn in der Berliner Nationalzeitung scharf und schlagkräftig ab und forderte ihn auf, entweder seine falschen Anklagen öffentlich zurückzunehmen oder, bei Erstattung des Reisegeldes, mit ihm nach Troja zu fahren, wo er ihm auf alle Fragen Rede und Antwort stehen werde. »Dann mag jeder Leser selbst entscheiden, auf wessen Seite wohl die Wahrheit liegt, ob auf der Seite der Techniker und Gelehrten, die Hissarlik besucht und erforscht haben, oder auf der Seite des Herrn Bötticher, welcher, obwohl er Hissarlik niemals gesehen hat, unsere Pläne und Beschreibungen verdächtigt und über Erdschichten und Bauwerke in Troja ein besseres Urteil abgeben zu können meint. – Wenn es Herrn Bötticher wirklich um den ›streng wissenschaftlichen Beweis wissenschaftlicher Wahrheit‹ zu tun ist, so darf er nicht zögern, die ihm angebotene Gelegenheit zur Erforschung der Wahrheit wahrzunehmen!«

Es spricht für die kluge Taktik Dörpfelds, daß er sich bemühte, den Artilleriemajor Steffen zur Teilnahme als neutraler Zeuge zu einem Besuch auf Hissarlik zu gewinnen. Der Major, so bemerkte er, werde dem Hauptmann doch noch »über« sein.

Schliemann stimmte Dörpfelds Vorschlag sofort zu und fügte bei: »Da es unmöglich ist, diesem Greuel auf andere Weise ein Ende zu machen, werde ich die Ausgrabungen in Troja in größtem Maßstab fortsetzen – und zwar in Gesellschaft einer Gelehrtenkommission, unter Böttichers Augen!«

Schliemann erbat sich die beiden deutschen Kommissionsmitglieder von der Reichsregierung, wandte sich aber zugleich auch an die wissenschaftlichen Akademien in Wien und Paris, um diesem für ihn und sein Werk so wichtigen Treffen durch die internationale Zusammensetzung der Kommission Gewicht zu verleihen.

Es bedurfte einer mehrmaligen Aufforderung an Bötticher, bis er schließlich zusagte. In seinem Einladungsschreiben an die Pariser Akademie war Schliemann darauf bestanden, daß der Verteidiger der Böttícherschen Theorie, Salomon Reinach, nach Troja delegiert werde, – doch die Pariser Fakultät hüllte sich in Schweigen.

Am 30. November 1889 trafen neben Bötticher Major Steffen als Vertreter der Berliner Akademie und der Altertumsforscher Professor George Niemann als Vertreter der Wiener Akademie der Bildenden Künste in Hissarlik ein. Sechs Tage lang führten Schliemann und Dörpfeld die Herren durch die Ausgrabungsstätten, gemeinsam mit den beiden unparteiischen Zeugen »unablässig beschäftigt, Bötticher zu beweisen, daß alle Angaben Virchows mit der Wahrheit übereinstimmen ... und daß in den Plänen nichts gefälscht ist«.

Nach ihrer Abreise veröffentlichten Niemann und Steffen eine Erklärung, die in den wesentlichen Teilen wörtlich lautet: »... Hauptmann a. d. Bötticher hat bekanntlich in seinem Buche ›La Troie de Schliemann une nécropole à incinération‹, sowie in Aufsätzen und Flugschriften die Ruinen zu Hissarlik als eine ›prähistorische Feuernekropole‹ zu erklären versucht und dabei gegen Dr. Schliemann und Dr. Dörpfeld die Beschuldigung erhoben: durch Verbergung von Tatsachen, beziehungsweise Zerstören von Bauwerken, absichtlich die Ergebnisse der Ausgrabungen entstellt zu haben.

Als unparteiische Zeugen waren die Unterzeichneten erschienen. Bei Untersuchung der von Dr. Schliemann aufgedeckten Bauanlagen erwiesen sich die von Hauptmann a. D. Bötticher erhobenen Beschuldigungen als durchaus unbegründet, und es wurde von den Unterzeichneten die Übereinstimmung der in den Werken ›Ilios‹ und ›Troja‹ von Dr. Schliemann und Dr. Dörpfeld gegebenen Darstellung mit dem wirklichen Sachverhalt anerkannt.

Hauptmann a. D. Bötticher hat diese Übereinstimmung in mehrern wichtigen Punkten eingeräumt und die Beschuldigung der Entstellung der Ausgrabungsergebnisse zurückgenommen ... Die Unterzeichneten erklären, daß sie in den zu Hissarlik aufgedeckten Ruinen nicht eine ›Feuernekropole‹ erblicken, sondern Wohnstätten, beziehungsweise Tempel und Befestigungsanlagen.«

Bötticher mußte sich – wohl unter Respekt vor dem höheren Dienstrang Steffens – dem Druck der Tatsachen beugen. Obwohl er aber das Protokoll anerkannt hatte, lehnte er es schroff ab, seine Anschuldigungen öffentlich zurückzunehmen

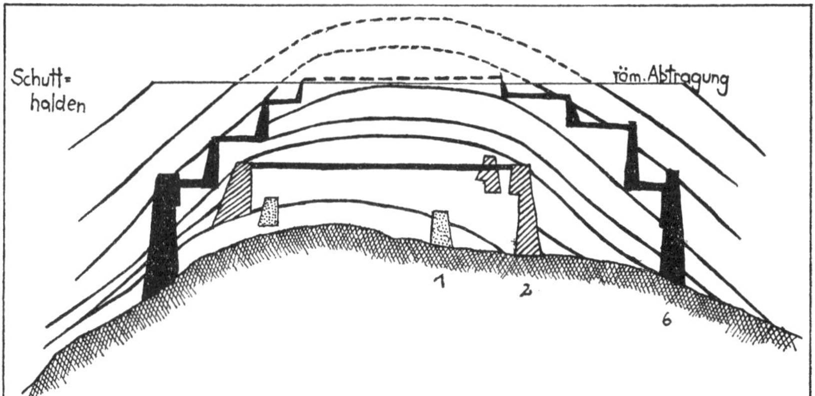

Schnitt durch den Hügel von Hissarlik mit den Siedlungsschichten von Troja von 3000 v. Chr. bis 400 n. Chr.:
1 Troja I, *2* das Schliemann'sche Troja II, *6* das mykenische (homerische) Troja

und sich bei Dr. Schliemann und Dr. Dörpfeld zu entschuldigen. Darauf ließ ihm Schliemann durch einen seiner Diener mitteilen, daß fortan jeglicher Verkehr zwischen ihnen unmöglich wäre und daß zwei Pferde für ihn bereitständen, um ihn nach der Dardanellenstadt zu bringen.

Kaum war Bötticher aus Troja zurück, veröffentlichte er einen Zeitungsartikel und ein weiteres Sendschreiben, in denen er den Lesern vorsetzte, seine Theorie habe sich bei der Nachprüfung an Ort und Stelle vollauf bestätigt. »Nun bin ich also an Ort und Stelle gewesen«, schrieb er. »Man kann mir nicht mehr entgegenhalten, daß ich die Dinge nur von der Studierstube aus beurteile. Und was ist das Ergebnis meiner Besichtigung von Schliemanns Troja? Die Befestigung meiner Überzeugung, daß dies elende Gemäuer weder Troja noch andere Wohnstätten darstellt, sondern als ›Feuernekropole‹ dem Totenkult gedient hat.«

Schliemann sah sich veranlaßt, für Ende März 1890 Einladungen zu einer zweiten, größeren internationalen Konferenz ergehen zu lassen. Zehn Archäologen und weitere Gelehrte ersten Ranges aus Konstantinopel, der Dardanellenstadt, Washington, Paris und Deutschland – darunter Rudolf Virchow und Frank Calvert – wohnten den seit 1. März wieder aufgenommenen Ausgrabungsarbeiten bei und untersuchten eingehend die Trümmer auf Hissarlik. Nach Schluß der Konferenz stellten sie in einem ausführlichen Protokoll fest, »in keinem Teile der Ruinen irgendwelche Anzeichen gefunden zu haben, die auf Leichenverbrennung schließen lassen ... Und daß wir es in Hissarlik mit einem befestigten Platze zu tun haben, der Jahrtausende lang bewohnt gewesen ist.«

»Das mag uns genügen, lieber Dörpfeld. Und es ist nun genug!« sagte Schliemann. »Wir wollen das angefangene Werk zu Ende führen – so die Götter wollen!«

Am Ende der Fahrt

Als Abwehr gegen die sein Lebenswerk bedrohenden Angriffe Böttichers hatte er die Konferenz einberufen. Objektive und einsichtige Wissenschaftler sollten die Ausgrabungsstätte besichtigen und sich ihr Urteil bilden über das, was sie mit eigenen Augen sahen. Nun sollten auch Altertumsfreunde aus allen Ländern Einblick in die Grabungen auf Hissarlik nehmen können.

Schliemann hatte frühzeitig mit den nötigen Vorbereitungen begonnen, Obdach für die vielen Besucher zu schaffen. Am Südabhang des Hügels hatte er ein kleines Barackenlager erstellen lassen, in welchem vierzehn Gäste Unterkunft fanden – scherzweise von ihnen »Schliemannopolis« genannt.

Nachdem die Gelehrten wieder abgereist waren, ging er mit aller Energie an die neuen Grabungen. Die Unbilden der Jahreszeit machten sowohl den Arbeitern als ihm selbst bald schwer zu schaffen. Nach Athen ging ein Brief: »An Sophidion Schliemann, die beste aller Frauen! Heil Dir! Prahlend hatte ich Dir vom warmen Wind geschrieben, den wir genießen... Aber den Göttern ist alles Prahlen verhaßt. Darum wurde ich von ihnen bestraft. Denn nach furchtbarem Blitz und Donner kam hier Nordwind auf und brachte solche Kälte mit, daß ich ohne die Winterdecken zugrunde ginge... Meine Hand kann die Feder kaum halten, es schneit, von Ausgraben keine Rede. Die Decke wollte ich damals nicht mitnehmen, Du aber bestandest fest darauf. Also muß ich Deine Weisheit und Vorsicht bewundern! Wie beneide ich die Schafe, denn ihre Wolle schützt sie vor Kälte, sie frieren nicht und leben sorglos dahin.«

Zu Anfang März 1890 nahm Schliemann die Grabungen

wieder auf. 70 Arbeiter waren eingesetzt, und zum ersten Mal besorgten drei Feldeisenbahnen den Abtransport der riesigen Schuttmassen, die bewegt werden mußten.

Er überließ die Leitung vertrauensvoll dem jungen Dörpfeld. »Es ist uns viel Zeit verloren gegangen, lieber Doktor«, sagte er; »und die Arbeit ist viel gewaltiger als ich sie mir vorstellte. Sie schreitet zwar gut voran, aber lange nicht rasch genug für meine Ungeduld. Übrigens ist mir diese ungeheure Schuttanhäufung vor der West- und Südmauer der zweiten Stadt ein Rätsel.«

Dörpfeld nickte. »Ich sehe auch noch nicht ganz klar«, entgegnete er. »In ein paar Wochen wird sich das Bild nach meinem neuen Grabungsplan deutlicher abheben.«

»Neuer Plan? Warum sprachen Sie mit mir bisher noch nicht von ihm?«

»Weil ich ihn erst heute bei einer erneuten Besichtigung der Anlagen gefaßt habe. Wir sollten nicht mehr nur von der Mitte des Hügels nach außen, – wir müssen einmal, besonders im Süden und Südwesten, vom äußersten Abhang her nach innen vorstoßen!«

Dörpfeld war auf diesen Gedanken gekommen, weil die Arbeiter, die außerhalb der Ringmauer der zweiten Stadt nahe dem Südwesttor gruben, auf die Reste zweier großer Gebäude gestoßen waren. Das Hauptgebäude war in seinem Grundriß megaronartig mit Vorhalle und Saal. Das sofort in die Augen Fallende aber war, daß beide durch Größe, gute Bauart und Stärke der Mauern sich vor den Bauten aller anderen Schichten auszeichneten. Die nahe Verwandtschaft mit den Palästen von Mykene und Tiryns war nicht zu übersehen.

Durch die Scherbenfunde wurden beide in ihren Vermutungen noch mehr bestärkt. »Sehen Sie sich diese Vasenbruchstücke an, Dörpfeld«, sagte er. »Topfscherben sind das Füllhorn archäologischer Weisheit! Das habe ich schon früh erkannt. Die stilisierten und naturalistischen Schmuckmuster in Rot,

Blau, Gelb, Schwarz und Weiß; auch die Gefäßformen und insbesondere die ›Bügelkannen‹ sind bisher nur in Mykene gefunden worden.«

Wie, sagte sich Dörpfeld, wenn diese keramischen Reste einer Burg zugehörten, deren Umfassungsmauern noch gar nicht aufgedeckt sind, noch im Schutt vor den Ringmauern der zweiten Stadt ruhen?

Er legte Schliemann seine Gedanken dar. Sie stellten die Lage der Fundschicht innerhalb der bestehenden Siedlungsschichten fest und fanden, daß sie die vierte von oben gerechnet, die sechste über dem Felsgrund war.

Die Spannung auf die weiteren Ergebnisse der Grabungen am West- und Südhang des Burghügels wuchs von Tag zu Tag. In der Nähe des Westtors, etwa 40 Meter vor der Ringmauer der zweiten Stadt stießen die Arbeiter unter einer bis zu 17 Meter dicken, steinharten Schuttschicht auf eine siebeneinhalb Meter breite, mit großen Steinplatten gepflasterte Rampe, die von der Burg in die Unterstadt führte.

Im Südwesten hatte der stark geböschte Mauersockel aus behauenen Bruchsteinen eine Dicke bis zu zehn Metern und war stellenweise bis zu einer Höhe von achteinhalb Metern erhalten. Die Wände des darauf gegründeten sechs Meter hohen Oberbaus bestanden, wie in Mykene und Tiryns, aus an der Luft getrockneten Lehmziegeln. Verkohlte Balkenreste ließen vermuten, daß der Oberbau, wie bei den achäischen Burgen, eine Galerie trug; das ergab eine Höhe der Burgmauer von insgesamt etwa 17 Metern.

War es diese Mauer, die einst die herrlich ragende Feste des Priamos umgab? Diese Frage im kommenden Jahr zu lösen, war Schliemann fest entschlossen; denn an eine Vollendung der gewaltigen Arbeiten bis zum Ende des Sommers war nicht zu denken.

Seit Juni waren die Ausgrabungsarbeiten vom herrlichsten Wetter begünstigt. In verschiedenen Siedlungsschichten waren die Arbeitstrupps auf interessante Funde gestoßen: Sie entdeckten eine große Zahl von mannshohen Pithoi, die meisten noch mit Deckplatten versehen. In einem der Vorratskrüge fanden sich zweihundert Kilogramm kleine Erbsen. Im Südosten der Burgmauer gelang es, ein kleines römisches Theater aus der ersten Kaiserzeit aufzudecken. Innerhalb des Runds wurden zwei marmorne Statuen und zwei Marmorblöcke mit Inschriften gefunden, deren eine aus der Zeit des Tiberius stammte.

Voller Freude konnte Schliemann Mitte Juli dem inzwischen wieder nach Berlin zurückgekehrten Freund Virchow berichten: »Zwischen den Fundamenten eines Gebäudes fand ich einen Schatz von unermeßlichem Wert, der selbst über die mykenischen Schätze hin weit erhaben ist... Gold ist verhältnismäßig nicht viel dabei; der riesige Wert liegt in vier kolossalen Äxten, deren drei von herrlichstem grünen Nephrit sind. Die eine davon ist dreiunddreißig Zentimeter lang; alle haben Durchbohrungen, sind wunderbar poliert und mit Reihen von Rosetten und Fischrücken ornamentiert; nur ein Ende läuft in eine Schneide, die andere in einen Hammer aus... Die vierte Axt ist aus veilchenblauem Stein, der merkwürdigerweise mit schwarzen parallelen Streifen durchsetzt ist ... Lapislazuli. Alle Äxte sind sehr schwer, die größte Nephritaxt muß gegen fünf Kilogramm wiegen.«

Der Fund, der im Beisein Wilhelm Dörpfelds in der zweiten Siedlungsschicht gemacht wurde, enthielt außer den vier Prunkhämmern sechs Knäufe aus poliertem Bergkristall, die einst vielleicht als Stabknäufe oder Szeptergriffe dienten, 45 kleine und größere polierte Linsen aus Bergkristall, eine Menge goldene und silberne Nägel mit flachen Köpfen, roh gehämmerte Stiftchen aus Gold und Elektron, Gold- und Elektronperlen, zwei Perlen aus Bernstein und eine aus Karneol.

Daß ihm das Glück zuteil wurde, die herrlichen Prunkbeile, Symbole höchster fürstlicher Würde, aufzufinden, empfand Schliemann als eine besondere Gunst Pallas Athenes, die sich ihm schon so oft in seinem Leben gewogen gezeigt hatte.

So ist es sehr wohl zu begreifen, wenn er in seiner schwärmerischen Verzücktheit die Göttin leibhaftig inmitten der Trümmer Trojas vor sich stehen und ihm die prunkvollen Beile darreichen sah. – Sechs Monate nach diesem Erlebnis, vierzehn Tage vor seinem Tode, schilderte er in einem Brief aus Halle seinem Berliner Freund Alexander Conze seine Vision in großer Ergriffenheit: »... So kam es denn, als ich Ende Juni die Pallas vor mir stehen und in den Händen die Schätze halten sah, die weit mehr wert sind als die, welche ich in Mykene aufgedeckt habe, daß ich in heftige Erregung geriet. Ungewollt fiel ich vor ihr auf die Erde nieder. Ich weinte vor Freude, streichelte und küßte ihre Füße. Von Herzen sagte ich ihr Dank und bat sie eindringlich, daß sie mir fürderhin gewogen bleibe und mir immerdar gnädig sein möge.«

Mit neuem Eifer ging er die zweite große Aufgabe an, die er sich, von Virchow angeregt, für dieses Jahr gestellt hatte: die Erforschung und Ausgrabung der Unterstadt, in der er die prähistorische Nekropolis zu finden hoffte. Gelänge ihm dieser Nachweis, wäre ein Hauptschlag gegen Bötticher getan. Es mußten aber Berge von Schutt weggeschafft werden, wenn dieses Ziel, vielleicht im nächsten Jahr, erreicht werden wollte.

Es mußten aber noch Jahre vergehen, bis der Hügel von Hissarlik sein großes Rätsel preisgab, das Schliemann nur zu ahnen vergönnt war. In der sechsten Schicht grub Dörpfeld nach Schliemanns Tod das mehr als 20 Jahre lang gesuchte homerische Troja aus. Dieses Troja endlich war eine Burg, die an Größe und Macht ihres äußeren Eindrucks den Herrschersitzen in Mykene und Tiryns gleichkam. Seine Burgmauer umfaßte den ganzen Hügel von Hissarlik und hatte eine Gesamtlänge von 540 Metern. Besonders stattlich und vorzüglich erhalten war die Mauer im Süden und Osten des Hügels. Das Süd- und Osttor, von mächtigen Bastionen und Türmen geschützt, konnte vollständig aufgedeckt werden. Zwei tiefe Schöpfbrunnen aus regelmäßig behauenen Steinen, innerhalb der Mauern gelegen, versorgten neben der Quelle am Westhang die Burgbewohner mit frischem Wasser.

Weder Schliemann noch Dörpfeld hätten zu hoffen gewagt, daß die heilige Ilios in so großartigen Resten erhalten sein würde. Und doch nur in Resten. Denn vom eigentlichen Königspalast, der die höchste Terrasse des Burghügels gekrönt haben mußte, war keine Spur mehr erhalten. Als die letzten Besiedler dieser historischen Stätte, die Römer, in Novum Ilium ihre großen Palast- und Tempelbauten anlegten, trugen sie den ganzen mittleren Teil des Hügels bis zur fünften Siedlungsschicht vollständig ab und benutzten die Schuttmassen zur Verbreiterung des Hügelplateaus.

Das merkwürdige Bild, das der Burghügel von Hissarlik darbot, gewann für Dörpfeld immer mehr an Klarheit. Es war durch Jahrtausende immer so gewesen: ein Geschlecht nach dem andern hatte hier gewohnt, und jedes spätere, das sich auf den Trümmern der vorhergegangenen zerstörten Stadt ansiedelte, hatte von neuem den Platz eingeebnet, indem es die Masse der Trümmer beiseite räumte und über den Rand des Abhanges hinunterschüttete.

Nach der letzten großen Einebnung durch die Römer konnten also die Gebäude der sechsten bis achten Schicht nur noch in den äußeren, künstlich aufgeschütteten Teilen des Hügels erhalten geblieben sein, – und dort war Schliemann gleich zu Beginn seiner Ausgrabungen auf Reste des homerisch-mykenischen Troja gestoßen, hatte aber diese Mauern der viel späteren Zeit Alexanders des Großen und seines Feldherrn Lysimachos zugeschrieben. Wären die Burgmauern an der Nordseite und die Innenhäuser der sechsten Schicht noch vorhanden gewesen – schrieb später Dörpfeld – so würde Schliemann sie nicht nur gefunden und bewundert, sondern vermutlich auch als das von Homer beschriebene Bauwerk erkannt haben. – Ein dunkles Geschick ließ ihm dieses Glück nicht zuteil werden.

Es war nicht nur die Hitze und das Sumpffieber, die allmählich unerträglich wurden und Schliemann den Entschluß fassen ließen, die Ausgrabungsarbeiten für dieses Jahr einzustellen. Noch ein anderes zwang den Achtundsechzigjährigen, eine Ruhepause einzulegen. Nur Virchow, der Arzt und Freund, kannte den entscheidenden Grund: Schliemann war schon monatelang fast taub. Sein Ohrenleiden hatte sich so sehr verschlimmert, daß er es nicht mehr länger verhehlen konnte. –

Nachdem die Konferenz der Fachgelehrten zu Anfang April 1890 beendet war, blieb Virchow noch vierzehn Tage allein bei Schliemann in Troja, und sie benützten die Osterwoche zu einem Ritt zum Ida. Am 13. April erklommen sie einen der beiden Gipfel, den 1770 Meter hohen Sarikis. Von seiner Spitze aus sahen sie, wie Virchow berichtet, »die ganze Troas vor sich ausgebreitet von Meer zu Meer wie ein großes Reliefbild. Als wir die Spitze erreichten, brauste ein so gewaltiger Sturm, daß wir uns nur kriechend oder hinter Felskanten fortbewegen konnten. Dichtes Gewölk mit fast horizontal geschleuderten Regentropfen umhüllte uns. Aber von Zeit zu Zeit zerriß das Gewölk ... dann sahen wir den Hellespont und das Ägäische Meer, Samothrake, Lemnos und Tenedos, fast senkrecht zu unseren Füßen den Golf von Edremit, Mitylene und die lange Wasserstraße bis nach Chios und Smyrna. Wir sahen die ganze Kette des Ida bis zum Vorgebirge Lekton, die Berglandschaft um das mittlere Skamandertal und die troische Ebene mit Sigeion und den Hügel Hissarlik.« Sie kamen an die Stelle, wo »in 500 Meter Höhe der Skamander aus einer mächtigen Marmorwand hervorbricht und in die Tiefe stürzt«. Am andern Tag zog die kleine Karawane, sieben Berittene und zwei Packpferde, über den Paß auf die Südseite des Gebirges.

Und hier war es, wo Virchow bemerkte, daß die Schwerhörigkeit des Freundes fast an Taubheit grenzte. Er klagte über große Schmerzen im Ohr und gestand Virchow, daß er schon vor 25 Jahren einen Ohrenspezialisten in Würzburg aufgesucht habe und sich während seiner Weltreise auf Java einer Operation auf dem linken Ohr habe unterziehen müssen. Im Laufe der Jahre, besonders auf Hissarlik, sei das Leiden schlimmer geworden; seit einigen Wochen aber gingen die Schmerzen ans Unerträgliche. In ihrem Quartier in einem Gebirgsnest untersuchte Virchow, soweit es ohne Hilfsmittel möglich war, Schliemanns Ohren und fand in dem einen so starke Anschwellungen, daß der Gehörgang vollkommen verschlossen schien.

Sie traten sogleich die Rückreise nach Hissarlik an, und hier ergab sich, daß die Anschwellung hauptsächlich aus einer knochenartigen Auftreibung, einer sogenannten Exostose bestand und daß auch im andern Ohr, wo noch eine Narbe von der früheren Operation zu erkennen war, eine ähnliche Auftreibung saß.

Ehe Virchow etliche Tage später nach Berlin zurückkehrte, empfahl er dem Freund, sich so bald wie möglich in die Behandlung eines Spezialisten zu begeben und nannte ihm den berühmten Ohrenarzt Professor Schwartze in Halle. Er verschwieg ihm nicht, daß die Beseitigung der Knochenauswüchse nur auf dem Wege einer schweren Operation möglich sei, und riet ihm daher, die Operation nur im äußersten Notfall vornehmen zu lassen. Er kannte die Ungeduld Schliemanns und seine Gewohnheit, sobald er sich einmal die Umstände überlegt hatte, einen schnellen Entschluß zu fassen und ihn unweigerlich durchzuführen, – nur um eine Sache endlich los zu sein und neuen Plänen nachgehen zu können.

Virchow war der festen Überzeugung, daß Schliemann bei einer gewissen Rücksichtnahme auf sein Leiden noch eine Reihe von Jahren würde leben und wirken können. Das tägliche Bad im salzigen Meerwasser, weit mehr aber die kalten Nordstürme, die fast unablässig den Hügel von Hissarlik umbrausten, hatten durch Jahre hin das Übel mehr und mehr verschlimmert.

Nun waren acht Monate vergangen seit Virchow auf der Reise zum Ida die schwere Erkrankung des Freundes erkannt und ihm zu einer Operation geraten hatte. War ihm trotzdem der Ernst seines Zustandes nicht bewußt geworden? War er ihm gleichgültig in dem verbissenen Kampf um Ehre und Ansehen mit Bötticher?

Sollte er Troja, das er zu neuem Leben erweckt, sein eigenes Leben zum Opfer bringen müssen?

Am Tag, als die erste Konferenz in Troja stattfand, mitten im kalten und stürmischen Winter der Troas, schrieb Virchow dem Freund: »... Daß Sie in jetziger Jahreszeit in der Troas bleiben wollen, um bis Weihnachten zu arbeiten, erscheint mir fast tollkühn. Denken Sie denn an Ihre Gesundheit gar nicht? Ich rate dringend, Ihren Aufenthalt abzukürzen und bessere Jahreszeit abzuwarten. Das sind Sie Ihrer Familie, Ihren Freunden und sich selbst schuldig.«

Diese Warnung seines um ihn besorgten Arztes und Freundes traf Schliemann. Er fühlte selber, daß es höchste Zeit war, daß er oft aller Arbeit müde und von dunklen Ahnungen erfüllt war. Er besprach mit Dörpfeld die Pläne der zukünftigen Ausgrabungen, ordnete seinen Nachlaß, damit er »alles in größter Ordnung zurücklasse für den Fall, daß ich nicht zurückkommen sollte«, und wartete die Heimkehr Sophias und der Kinder ab, die sich auf einem Erholungsurlaub in Deutschland befanden. An Freund Virchow schrieb er: »Ich will nach Halle gehen, sobald ich die Zeit dazu finde... Daß die große Trojanische Sammlung in meinem Hause an Berlin vermacht ist, wissen Sie so gut wie der Kaiser und der Minister Gossler; außerdem wissen Sie alle, daß Sie nur ganz kurze Zeit darauf zu warten brauchen. Ich könnte aber jetzt schon die Dokumente zur freien Ausfuhr aus Griechenland im Ministerium in Berlin deponieren, damit man bei meinem Ableben keine Schwierigkeiten hat.«

Wie nach Abschied hatte es schon Ende September in einem Brief zum Hochzeitstag geklungen: »Sophidion! Zu unserem

Hochzeitstag möchten die Götter, das ist mein Wunsch, uns vergönnen, diesen Tag nicht nur im kommenden Jahr, sondern von heute an weitere einundzwanzig Jahre hindurch alljährlich zusammen zu feiern in Gesundheit und Wohlbefinden. Heute blicke ich zurück auf die lange Zeit, die mir im Zusammenleben mit Dir verging, und sehe, daß die Parzen uns viel bitteres Leid, aber auch viel süße Freude zugesponnen haben. Wir Menschen sind gewöhnt, was vergangen ist durch einen rosenfarbenen Schleier zu betrachten; wir vergessen dabei, was an dem Gewesenen schlecht war und behalten nur das Angenehme im Gedächtnis. Mir fehlen die Worte, unsere Ehe zu preisen. Du warst mir alle Zeit eine liebevolle Gattin, ein guter Kamerad und zuverlässiger Steuermann in schwierigen Lagen, außerdem ein lieber Weggefährte und eine Mutter, wie es kaum eine zweite gibt. Ich habe mich gefreut, wenn ich Dich so im Schmuck Deiner Tugenden sah. Darum verspreche ich Dir heute schon die Ehe auch für das künftige Leben.«

Nun, Anfang November, rüstete er sich zur Reise. Am 5. traf er in Halle ein; es war kalt und die ersten Flocken fielen. Professor Schwartze erklärte die Operation für ausführbar und nahm sie am 13. November gleichzeitig auf beiden Ohren vor. Sie dauerte eindreiviertel Stunden und war nach Ansicht des Arztes gelungen. Doch die Schmerzen kehrten wieder. Schliemann saß mit verbundenem Kopf, las und schrieb Briefe, unwillig darüber, in der Krankenstube sitzen zu müssen und von Schmerzen gepeinigt zu werden. Um die Einsamkeit überhaupt ertragen zu können, las er im arabischen Originaltext »Tausend und Eine Nacht«, das Werk, das nach seiner Meinung »in der arabischen Literatur so riesig großartig dasteht wie Homer in der griechischen«.

Die Geduld für die völlige Ausheilung aufzubringen, war jedoch für einen Mann wie ihn unmöglich. Trotz der Warnung des Arztes, daß Lebensgefahr bestehe, wenn er abreise, ehe die Schmerzen ganz verschwunden seien, verließ Schliemann am 13. Dezember 1890, vier Wochen nach der Operation, die Klinik in Halle. Er hoffte, das Weihnachtsfest mit Frau und Kindern in Athen verleben zu können.

Er fühlte seinen Zustand wesentlich gebessert und trat ohne Rücksicht auf die winterliche Kälte die Heimreise an. Obgleich die Schmerzen schon unterwegs wieder zunahmen, wählte er nicht den kürzesten Weg für die Heimfahrt. In seiner Rastlosigkeit wollte er immer so vieles zugleich erledigen, und so fuhr er zunächst auf einen Tag nach Leipzig zu seinem Verleger Brockhaus; dann weiter nach Berlin zu Virchow, mit dem er am 14. Dezember die neu aufgestellte Schliemann-Sammlung im Museum für Völkerkunde durchwanderte und Wünsche für die zukünftige Erweiterung vorbrachte. Als absonderliches Geschenk legte er Virchow zwei Schächtelchen mit elfenbeinweißen Knochen, die aus seinen Ohren gemeißelt worden waren, auf den Schreibtisch, frühstückte mit ihm, war heiter wie in seinen besten Tagen und rief ihm beim Abschied zu:

»Unsere nächste Reise geht nach den Kanarischen Inseln!«

Seinen Besuch bei Brockhaus hatte er wenige Tage zuvor mit den zuversichtlichen Worten angemeldet: »Zur Zeit, wenn die großen Arbeiten wieder anfangen, werde ich, so die Götter wollen, am Platze sein.«

So die Götter wollen ...

Als er, über Paris kommend, in Neapel eintraf, wurde er erneut von so furchtbaren Schmerzen befallen, daß er das schon bereitstehende Schiff nach Athen nicht bestieg und Sophia telegraphisch bat, mit dem Weihnachtsfest bis zu seiner Heimkehr zu warten.

Er sah sich gezwungen, einen Arzt aufzusuchen. Da sein Zustand sich nach einigen Tagen etwas gebessert hatte, entschloß er sich trotz der herrschenden Kälte zu einem Besuch der Ruinen von Pompeji.

Am andern Tag, es war der Weihnachtstag 1890, wollte der von wahnsinnigen Schmerzen Gepeinigte aufs neue den

Arzt aufsuchen, – da brach er mitten in Neapel, gelähmt und der Sprache beraubt, zusammen. Die Polizei brachte den unbekannten Fremden ins Spital. Man durchsuchte seine Taschen nach Geld und Papieren. Nichts fand sich außer einem Rezept des neapolitanischen Arztes, bei dem er gleich nach seiner Ankunft Hilfe gesucht hatte. Man holte den Arzt herbei, der seinen Patienten sofort erkannte. Er erklärte, der Kranke sei Heinrich Schliemann, der Entdecker und Ausgräber von Troja, und es sei ganz unmöglich, daß dieser reiche Mann kein Geld bei sich trage. Er griff unter Schliemanns Hemd und legte einen mit Goldstücken gefüllten Beutel bloß, den er um den Hals gehängt trug.

Der Kranke wurde in sein Hotelzimmer gebracht. Ein rasch herbeigerufener Chirurg öffnete das eiternde Ohr und stellte fest, daß die Entzündung bereits auf das Gehirn übergegriffen hatte. Noch eine Nacht ging hin. Am Nachmittag des 26. Dezember, während acht Ärzte im Vorzimmer berieten, was zu geschehen habe, schloß Heinrich Schliemann für immer die Augen.

»Schliemann ist tot!« tickten die Telegraphen von Neapel aus in die Welt. Botschafter und Gesandte aller Nationen, Vertreter der europäischen Universitäten und Akademien, Fachgelehrte und Freunde reisten zur Beisetzung nach Athen. Dörpfeld und Sophias älterer Bruder hatten den Toten heimgeholt. Beileidsbriefe aus der ganzen Welt würdigten den Mann und seine Tat.

Dem verehrten und getreuen Freund Virchow öffnete Sophia ihr leiderfülltes Herz: »... Zu meinem bitteren Schmerz gesellt sich noch der fürchterliche Gedanke, nicht bei ihm gewesen zu sein in seiner letzten Stunde. Hätte er mir doch geschrieben, daß er sich nicht wohlfühle, wie freudig wäre ich zu ihm geeilt; aber nein, der Gute wollte mich nicht ängstigen und hatte stets so viel Glauben an seine starke Natur, daß er mir niemals schrieb, es gehe ihm nicht gut. Immer hieß es – ich komme bald, sehr bald und bin ganz wohl. Noch drei Tage vor seinem Ende telegraphierte er, um zu erfahren, wie es uns geht! Nur an sich selbst dachte er niemals.«

In der großen Halle der »Hütte von Ilion«, unter der Büste Homers, stand der Sarg mit dem großen Toten, von dem Dörpfeld, der Freund und der Vollender seines Werkes, Abschied nahm mit den Worten: »Ruhe aus in Frieden, du hast genug getan!«

Der 81jährige Gladstone, der Schliemann immer bewundert und hochgeschätzt hatte, schrieb an Sophia: »... Er hatte in den ersten Stadien seiner Arbeit gegen Unglauben und Gleichgültigkeit zu kämpfen, doch beides mußte wie Nebel vor der Sonne weichen, als sich erwies, wie gewaltig und wertvoll seine Entdeckungen waren. Die Geschichte seiner Kindheit und Jünglingszeit ist so bemerkenswert wie die seines späteren Lebens. Man sollte sie auf keinen Fall gesondert betrachten, denn sie wurde von Anfang bis zu Ende von einem einzigen Ziel bestimmt.«

Er hatte Hacke und Spaten zur Hand genommen, nur um Troja zu suchen. Doch sein Ziel war ihm ferner gerückt, je näher er ihm kam, und dieses Troja war rätselvoller geworden, je mehr er den Schleier lüftete, unter dem es verborgen lag.

Schliemanns Leben war vollendet. Das Leben eines außergewöhnlichen Charakters, eines romantischen Träumers und nüchternen Realisten zugleich, eines vielseitig begabten, weltaufgeschlossenen, von leidenschaftlichem Feuer getriebenen Menschen. Er war ein Besessener, versessen in jede einmal ergriffene Arbeit, rücksichtslos und verschlossen, ledern zäh und wendig schlau, grob und gütig, großmütig und despotisch, mit liebenswerten Zügen nur im engsten Kreise; den Menschen, mit denen er umzugehen hatte, weniger Sympathie als Respekt einflößend.

Dieses Leben war zu Ende; das Werk aber noch nicht vollendet. In zwanzigjähriger Arbeit war aus dem enthusiastischen Ausgräber der erfahrene Archäologe geworden, der um der historischen Wahrheit willen schöne Illusionen aufgegeben hatte.

Troja war gefunden. Welches aber war das homerische unter den zehn oder gar noch mehr Schichten, die Schliemann unter dem Trümmerschutt der Jahrtausende im Hügel von Hissarlik entdeckte?

Nicht den Palast, nicht den Schatz des Priamos und nicht das Skäische Tor hatte er zutage gefördert. Er mußte noch selbst, wenn auch schmerzlich erkennen, daß es nicht die Leichen Agamemnons und seiner Familie waren, die er, von Gold und Juwelen überladen, in den Schachtgräbern Mykenes gefunden hatte. Sie gehörten einem Fürstengeschlecht an, das Jahrhunderte vor Agamemnon lebte. 75 Jahre nach der Entdeckung des ersten Gräberrunds durch Schliemann, fand 1952 der griechische Archäologe Papadimitriou ein zweites, wenig älteres Gräberrund mit vierzehn Schachtgräbern, das außerhalb der Burgmauer, einhundertdreißig Meter westlich des Löwentors lag.

Die Schliemannschen Ausgrabungen in Troja wurden 1890 von Wilhelm Dörpfeld fortgesetzt und 1894 beendet. Nach seiner Überzeugung war das in mykenischer Bauweise errichtete Troja der sechsten Siedlung (Troja VI) das homerische, das um 1300/1280 v. Chr. durch Feindeshand zerstört wurde. Nach Ansicht der beiden amerikanischen Archäologen Semple und Blegen, die von 1932 bis 1938 den Hügel von Hissarlik mit großer wissenschaftlicher Genauigkeit durchforschten, war die Siedlungsschicht VII A das Troja des Königs Priamos. Es handelte sich jedoch um eine ziemlich notdürftige Wiederherstellung der älteren Burganlage VI, die höchstens zwei Generationen lang bestanden hatte. Als Wilhelm Dörpfeld 1937 auf Einladung der amerikanischen Troja-Expedition die Ausgrabungsstätte besuchte, hielt er an seiner Ansicht fest, die auch heute die Zustimmung namhafter Fachgelehrter findet.

Das homerische Troja liegt, soweit es überhaupt noch aufdeckbar war, zutage. Daß es aber überhaupt gefunden und als solches erkannt werden konnte, war allein den Entdekkungen zu verdanken, die Schliemann in Mykene und Tiryns gemacht hatte. Das Gold, das er den »Schatz des Priamos« genannt hatte, stammte nicht aus dem Troja des großen Kriegs, sondern aus einer Zeit, die tausend Jahre früher lag.

Die mit mächtigen Mauern umgebene Burg, die Homer besang, hat Schliemann nicht mehr gesehen. Diese Entdeckung mußte er seinen Nachfolgern überlassen; so wie es ihm vom Schicksal nicht vergönnt war, durch die Ausgrabung von Knossos auf Kreta seinem Werk den letzten, krönenden Erfolg hinzuzufügen. Dort hat zehn Jahre nach Schliemanns Tod Arthur Evans entdeckt und nachgewiesen, was jener geahnt und erkannt und doch nicht völlig zu enträtseln vermocht hatte: daß in Kreta der Schlüssel zu allen Geheimnissen verborgen lag, daß Kreta das Mutterland der Kultur war, zu deren herrlichsten Blüten auch Mykene, Tiryns, Orchomenos und Troja gehört hatten.

Daß er sich in manchem irrte, daß er, zumindest am Anfang seiner Ausgrabungen, der Wissenschaft manches Wertvolle nicht zu bewahren verstand, ist kein Makel an seinem Entdeckerruhm.

Was seine Ausgrabungen in Mykene betrifft, schrieb Georg Karo 1930 in seinem zweibändigen Werk »Die Schachtgräber von Mykenai«: »Kein Kundiger wird Schliemann und seiner jungen Gattin die höchste Anerkennung für ihre Leistung versagen. Galt es doch, ohne technische oder methodische Vorbereitung, ohne die heute geläufigen Hilfsmittel Tausende von Gegenständen zu heben... Die Funde mußten in einer kleinen, primitiven Hütte geborgen werden, wo alle die dafür nötigen Sicherheiten und Bequemlichkeiten fehlten... Erwägt man dies alles, so staunt man über die Sorgfalt des Entdeckerpaares... Nur große Liebe und Hingabe an sein Werk hat Schliemann dies alles erreichen lassen.«

In seiner »Geschichte des Altertums« zollte der Althistoriker Eduard Meyer Schliemann uneingeschränkte Anerkennung: »Für die Wissenschaft hat sich das unmethodische Vorgehen Schliemanns, direkt bis auf den Urboden zu gehen, als höchst segensreich erwiesen; bei einer systematischen Ausgrabung wären die älteren Schichten, welche der Hügel birgt, und damit diejenige Kultur, welche wir als die eigentlich ›Trojanische‹ bezeichnen, schwerlich jemals aufgedeckt worden.«

Rudolf Virchow schrieb: »Welche lange Zeit der mühseligsten Vorbereitung hat dieser Mann durchgemacht, um sich zunächst nur die Mittel und dann das geistige Handwerkszeug zu beschaffen, die dazu gehörten, so großen Zielen nachzustreben! Er hat manche Wege vergeblich durchmessen, manche Arbeit umsonst getan, aber stets hat er den Hauptweg wiedergefunden, der seinem prophetischen Geiste vorgeschwebt hatte. Er hat Großes gewollt und Großes vollbracht. Was er erreicht hat, ist von ihm durch eigene Kraft erzwungen worden. Unter allen Wechselfällen ist er sich treu geblieben. Seine einzige Sorge war das Streben nach höherer Erkenntnis.«

Schliemanns Lebenswerk, mit Enthusiasmus und aufopferungsvollem Forschersinn geleistet, war sowohl auf dem Gebiet der Archäologie als auch der verwandten Geisteswissenschaften epochemachend. Er öffnete die Tore nicht allein zur griechischen, sondern zur europäischen Kulturgeschichte. Er erschloß in der Kretisch-Minoischen Kultur die älteste Hochkultur Europas und wies zugleich auf die Zusammenhänge der großen frühgeschichtlichen Kulturkreise hin. Wenn der Vorgeschichtsforscher Carl Schuchhardt 1930 schrieb: »Wir graben heute überhaupt nicht auf Funde, sondern auf große Probleme, die ganze Kultur- und Geschichtsperioden aufhellen sollen«, so muß man dem das Wort des Biographen Schliemanns, Ernst Meyer, anfügen: »Gerade darin war Schliemann seiner Zeit um über 50 Jahre vorangegangen.«

Eine ehrende Würdigung, 66 Jahre nach seinem Tod, wurde dem großen Mann zuteil, als ihm die beiden Entzifferer der Linear-B-Schrift, M. Ventris und J. Chadwick, ihr wissenschaftlich bedeutendes Werk mit den Worten widmeten: »Zum

Andenken an Heinrich Schliemann, den Vater der Mykenischen Archäologie«.

Heinrich Schliemann war kein Vollender, aber ein bedeutender Bahnbrecher. Niemand wird ihm das Verdienst absprechen können, der Begründer der modernen Archäologie gewesen zu sein.

Nachwort

Dieser Lebensgeschichte Heinrich Schliemanns liegen seine sämtlichen Werke, Grabungsberichte und Aufsätze, die veröffentlichten Teile der Tagebücher und des Briefwechsels sowie die wichtigste bisher erschienene biographische und fachwissenschaftliche Literatur über Schliemann und seine Ausgrabungen zugrunde.

Besonderen Dank schuldet der Verfasser Herrn Dr. Ernst Meyer, Berlin-Friedenau, Herausgeber der »Briefe von Heinrich Schliemann« (1936) und »Heinrich Schliemann Briefwechsel« (I. Band 1953, II. Band 1958), sowie dessen Biographie »Heinrich Schliemann. Kaufmann und Forscher« (1969). Ihm wurde auch der Nachlaß Schliemanns von den Erben zur alleinigen wissenschaftlichen Auswertung übertragen. Waren die Briefe von 1936 nach E. Meyers eigenen Worten »nur ein einseitiges Gespräch mit seinem Fragen, seinem Kampf für seine Auffassung von Troja, seinem Streben nach Weiterbildung und seinem Ringen mit dem eigenen Temperament«, so sind die beiden Bände des Briefwechsels »ein vollgültiges zweiseitiges Gespräch... Nicht ein Nebenprodukt eines zu Weltruhm gelangten Lebenswerkes, auch keine Gelegenheitsschreiben aus Stunden der Entspannung oder philosophischer Weltbetrachtung. Sie sind Ausdruck seines Seins als erste Mitteilung, als Aussage neuer Erkenntnisse, als Weg zur Klärung strittiger Fragen und Vorbereitung seiner Bücher, in der ganzen Dichte und Treffsicherheit des Ausdrucks... In ihnen lebt Schliemann in steter Aktion. So sind diese Briefe das Bild eines rastlos tätigen Menschen des 19. Jahrhunderts in seiner Entfaltung zur doppelten Existenz des selbstherrlichen Großkaufmanns und des Ausgräbers aus Liebe; reisefreudig, vielsprachig, handelnd aus dem Glauben an das Glück und erfüllt von einer zündkräftigen Leitidee... Wenn irgendwo die Entwicklung der geschichtlichen Archäologie in ihren Anfängen und ersten Überlegungen erkannt werden kann, dann hier in seinen Briefen.« Darum wurden die Briefe zu einem wesentlichen Bestandteil dieses Buches gemacht.

Einen besonderen Charakter bei der Textgestaltung tragen die Dialoge zwischen Schliemann und seinen Gesprächspartnern. Alle wesentlichen, die Ausgrabungen, Einzelfunde, wissenschaftlichen Probleme und persönlichen Dinge betreffenden Dialogtexte sind »original«, das heißt vom Verfasser aus Buch- und Brieftexten wörtlich übernommen; dies gilt sowohl für Gesprächsäußerungen Schliemanns als auch für die Dialogpartner Virchow, Dörpfeld, Calvert u. a. Die Details des Besuchs in Ankershagen sind zwei Aufsätzen von Dr. Ernst Meyer entnommen: »Schliemann und seine Heimat« und »Heinrich Schliemanns Besuch in Ankershagen im Jahre 1883«, diejenigen über die beiden Nilreisen 1886/87 und 1888 dem Aufsatz Ernst Meyers: »Reisetagebuch von Heinrich Schliemann: Ägypten und Nubien« und dem Aufsatz von Rudolf Virchow: »Erinnerungen an Schliemann.« Die auf die Weltreise sich beziehenden Abschnitte sind Schliemanns Buch: »La Chine et le Japon, au temps présent« entnommen, das 1867 in französischer Sprache erschien.

Zeittafel zu Schliemanns Leben

1822 am 6. Januar als Sohn eines protestantischen Pastors in Neubukow im Großherzogtum Mecklenburg-Schwerin geboren.
1823–36 Jugendjahre in Ankershagen (Mecklenburg-Schwerin).
1831 raubt der Tod den 7 Geschwistern die Mutter; Schliemann lernt Lateinisch.
1833–36 Besuch des Gymnasiums, dann der Realschule in Neustrelitz.
1836–41 Handlungsgehilfe in einem Krämerladen in Fürstenberg.
1841 Aufenthalt in Rostock und Hamburg. In der Nacht vom 11./12. Dezember Schiffbruch mit der Brigg »Dorothea« vor der Insel Texel.
1842–45 Büroangestellter, Korrespondent, Buchhalter in Amsterdam. Lernt nach eigener Methode Englisch, Französisch, Holländisch, Spanisch, Portugiesisch, Italienisch, Russisch.
1846 als Agent der Firma Schröder u. Co. Amsterdam nach Rußland.
1846–64 Kaufmann mit dem Sitz in St. Petersburg.
1846 Europareise: England, Frankreich, Belgien, Westdeutschland.
1847 selbständig, Mitglied der I. Gilde der Großhändler in Petersburg.
1850–52 erste Amerikareise: Kalifornien, Goldhändler in Sacramento; lernt Chinesisch.
1852 Zweiggeschäft in Moskau errichtet.
1852–68 erste Ehe mit der Russin Katharina Petrowna Lyschin.
1853 lernt Schwedisch, Dänisch, Polnisch, Slawonisch.
1854–56 Krimkrieg, Hochkonjunktur im Geschäft.
1855 Sohn Sergej geboren.
1856–57 lernt Latein, Neu- und Altgriechisch.
1858 Tochter Natalia geboren (1868 gest.).
1858–59 Orientreise: Ägypten, Palästina, Syrien; lernt Arabisch.
1859 Spanienreise.

1861 lernt Hebräisch; Tochter Nadeshda geboren.
1864–66 Weltreise: Indien, Java, China, Japan, Amerika.
1864 lernt Hindustani; schreibt sein erstes Buch: »La Chine et le Japon, au temps présent«.
1866–70 Studium der Altertumswissenschaften in Paris; Unterbrechung durch Reisen; lernt Persisch.
1867–68 Reise nach Nordamerika und Kuba.
1868 Mittelmeerreise: Italien, Sizilien, Griechenland, Troja.
1869 Buch: »Ithaka, der Peloponnes und Troja«; Doktordiplom der Universität Rostock; Reise nach Nordamerika (Indianapolis); Scheidung der ersten Ehe, zweite Ehe mit Sophia Engastromenos.
1870 im März Kykladenfahrt; im April erste Probegrabung auf Hissarlik; lernt Türkisch.
1871 Tochter Andromache geboren.
1871–73 erste Ausgrabung in Troja.
1873 Auffindung des großen Goldschatzes (»Schatz des Priamos«).
1874 Versuchsgrabung in Mykene; Bücher: »Trojanische Altertümer« und »Atlas trojanischer Altertümer«.
1874–75 Prozeß mit der Türkei um den Goldschatz.
1876 Ausgrabung in Mykene, Fund der Schachtgräber.
1878 Buch: »Mykenae«; Sohn Agamemnon geboren.
1878–79 zweite Ausgrabung in Troja mit Virchow, Idabesteigung mit Virchow; Hausbau in Athen.
1880–81 erste Ausgrabung in Orchomenos unter Beteiligung Dörpfelds.
1881 Schenkung der trojanischen Altertümer an das deutsche Volk; Ehrenbürger der Reichshauptstadt Berlin; Bücher: »Ilios« und »Orchomenos«.
1882 dritte Ausgrabung in Troja mit Wilhelm Dörpfeld.
1883 Besuch mit der Familie in Ankershagen; Ehrendoktor der Universität Oxford; erster Plan zur Grabung auf Kreta.
1884 Buch: »Troja«; Beginn des Streits mit Hauptmann Bötticher.
1884–85 Grabungen in Tiryns mit Dörpfeld.
1885 Große Goldene Königliche Medaille für Kunst und Wissenschaft durch die Königin von England.
1885–86 Reise nach Mittelamerika (Havanna).
1886 zweite Grabung in Orchomenos mit Dörpfeld; Große Gol-

dene Medaille des Königlichen Instituts britischer Architekten; Reise nach Kreta mit Dörpfeld.

1886–87 Nilreise, allein.

1888 Nilreise mit Virchow.

1889 Reise durch den Peloponnes, Epirus, Leukas, Ithaka; erste Gelehrtenkonferenz auf Hissarlik mit Bötticher.

1890 März bis August vierte Grabung in Troja mit Dörpfeld; März zweite Gelehrtenkonferenz auf Hissarlik; im April zweiter Ritt mit Virchow zum Idagebirge; 13. November Ohrenoperation in Halle; 26. Dezember Tod in Neapel.

Zeittafel der Kulturbereiche

Kreta

2800–2200 v. Chr.	Frühminoische Zeit, Bronzezeit.
2200–1550 v. Chr.	Mittelminoische Zeit der ersten Paläste.
1550–1425 v. Chr.	Blütezeit der jüngeren Paläste, Seeherrschaft, der Palast von Knossos wird im 16. Jh. zweimal durch Erdbeben beschädigt, 1525/20 Vulkanausbruch auf der Insel Thera (Santorin), bis 1500 Linearschrift A auf Kreta verbreitet, die Linearschrift B wurde auf Kreta nur in Knossos als »Verwaltungsschrift« gefunden.
um 1425 v. Chr.	Zerstörung des Palastes von Knossos durch Brand im Kampf mit mykenischen Eroberern.
1550–1100 v. Chr.	Spätminoische Kultur.
um 1100 v. Chr.	Dorer besetzen Kreta.

Griechenland

2500–1900 v. Chr.	Frühhelladische Zeit.
1900–1580 v. Chr.	Mittelhelladische Zeit.
1580–1500 v. Chr.	Frühmykenische Kultur, Schachtgräber (schon ab 1650).
1500–1425 v. Chr.	Mittelmykenische Kultur, Kuppelgräber, Linearschrift B ist in allen Palastzentren bekannt.
1425–1100 v. Chr.	Spätmykenische Kultur (kyklopische Burgen, Löwentor, Schatzhaus des Atreus).
1190–1180 v. Chr.	Trojanischer Krieg (?)
um 1120 v. Chr.	»Dorische« Wanderung beginnt.
1150–1100 v. Chr.	Zerstörung der Burgen Mykene, Tiryns u. a.
1100–1050 v. Chr.	Nachmykenische Kultur.
750– 700 v. Chr.	Homer »Ilias« und »Odyssee«.

Troja

nach W. Dörpfeld	*nach Fr. Matz*	
3000–2500 v. Chr.	2600–2350 v. Chr.	Troja I uralte Burg, stein- und kupferzeitlich
2500–2000 v. Chr.	2350–2100 v. Chr.	Troja II prähistorische Burg, frühbronzezeitlich mit 3 Bauperioden (Schliemanns »homerisches« Troja)
2000–1500 v. Chr.	2100–1800 v. Chr.	Troja III/V Dörfer, frühbronzezeitlich
1500–1200 v. Chr.	1800–1250 v. Chr.	Troja VI hochbronzezeitlich mit 3 Bauperioden, das homerisch/mykenische
1200– 700 v. Chr.	1250–1100 v. Chr.	Troja VII A+B vorgriechische Siedlungen
700–Chr. Geb.		Troja VIII eisenzeitlich, altgriechische Siedlung
Chr. Geb.–500 n. Chr.		Troja IX spätgriechisches und römisches Ilion

Literatur

Schliemann, Heinrich, La Chine et le Japon, Paris 1867
– Ithaka, der Peloponnes und Troja, Leipzig 1869
– Trojanische Altertümer, Leipzig 1874
– Mykenae, Leipzig 1878
– Ilios, Leipzig 1881
– Orchomenos, Leipzig 1881
– Troja, Leipzig 1884
– Tiryns, Leipzig 1886
– Bericht über die Ausgrabungen in Troja im Jahre 1890, Leipzig 1891
– Briefe von Heinrich Schliemann, gesammelt und mit einer Einleitung in Auswahl herausgegeben von Ernst Meyer, Berlin und Leipzig 1936
– Heinrich Schliemann, Briefwechsel, herausgegeben von Ernst Meyer, 2 Bände, Berlin 1953 und 1958
– Heinrich Schliemann, Selbstbiographie, bis zu seinem Tode vervollständigt von Ernst Meyer, Wiesbaden 1955
– Kein Troja ohne Homer, aus Heinrich Schliemanns Aufzeichnungen ausgewählt und herausgegeben von Wieland Schmied, Nürnberg 1960
Virchow, Rudolf, Deutung von Hissarlik als Feuernekropole, 1889
– Erinnerungen an Schliemann, in Gartenlaube, Berlin 1891
Bötticher, Ernst, Hissarlik wie es ist. 5. Sendschreiben über Schliemanns Troja, Berlin 1890
Schuchhardt, Carl, Schliemanns Ausgrabungen in Troja, Tiryns, Mykene, Orchomenos, Ithaka im Lichte der heutigen Wissenschaft, Leipzig 1890
Dörpfeld, Wilhelm, Troja 1893 ein Bericht, Leipzig 1894
– Troja und Ilion, 2 Bände, Athen 1902
Correspondenzblatt der Deutschen Gesellschaft für Anthropologie, Jahrgang 1881, 1884, 1889, 1890
Zeitschrift für Ethnologie, Jahrgang 1887, 1890, 1891

Meyer, Ernst, Heinrich Schliemanns Besuch in Ankershagen im Jahre 1883, in Mecklenburgische Monatshefte 1931
– Schliemann und seine Heimat, in Mecklenburgische Monatshefte 1934
– Heinrich Schliemann, Tagebuchauszüge, in Antike 16, 1940
– Virchows Anteil an Schliemanns Werk, in Nachrichten der Gießener Hochschulgesellschaft 1953
– Schliemann und Virchow, in Gymnasium, Zeitschrift für Kultur der Antike und Humanistische Bildung, 1955
– Schliemanns ägyptisches Reisetagebuch, in Festschrift des Gymnasiums Gießen, 1955
– Heinrich Schliemann, Kaufmann und Forscher, Göttingen 1969
Karo, Georg, Die Schachtgräber von Mykenai, 2 Bände, München 1930
Ceram, C. W., Götter, Gräber und Gelehrte, Hamburg 1949
White, A. T., Versunkene Kulturen, Stuttgart 1949
Goessler, Peter, Wilhelm Dörpfeld, Stuttgart 1951
Schreiber, Hermann und Georg, Versunkene Städte, Wien 1955
Naumann, Rudolf, Architektur Kleinasiens, Tübingen 1955
Schachermeyr, Fritz, Die ältesten Kulturen Griechenlands, Stuttgart 1955
Matz, Friedrich, Kreta, Mykene, Troja, Stuttgart 1956
– Kreta und frühes Griechenland, Baden-Baden 1962
Marinatos, Spyridon, Kreta und das Mykenische Hellas, München 1959
Schadewaldt, Wolfgang, Iliasstudien, 3. Auflage, Darmstadt 1966
Weigel, Hildegard, Der Trojanische Krieg. Die Lösung, Darmstadt 1970

Stoll, Heinrich Alexander, Der Traum von Troja, Berlin 1957
Payne, Robert, Das Gold von Troja, Stuttgart 1959

Homer, Ilias, verdeutscht von Thassilo von Scheffer, Leipzig 1938
– Odyssee, verdeutscht von Thassilo von Scheffer, Leipzig 1938

Gabriele Wenzel

Hieroglyphen

Die Schriftkultur des alten Ägypten

Hieroglyphen sind für die meisten Menschen gleichbedeutend mit Zeichen voller Rätsel, geheimnisvoll und kompliziert. Dass man diese antike Schrift jedoch selbst erlernen kann, zeigt Gabriele Wenzel in ihrem Buch.

Lernen Sie jetzt Lesen und Schreiben wie die alten Ägypter: Mit Hilfe genauer Gliederungen, zahlreicher Abbildungen und Beispiele und mit praktischen Übungen führt dieses Buch Schritt für Schritt an die ägyptischen Schriftzeichen heran. Darüber hinaus gibt die Autorin einen aufschlussreichen Einblick in die Hintergründe der Schriftkultur des alten Ägypten.

216 Seiten mit 212 farb. Abb., ISBN 3-485-00891-5

nymphenburger

Lesetipp

BUCHVERLAGE

LANGEN MÜLLER HERBIG

WWW.HERBIG.NET